# TVöD

# Die Überleitungstarifverträge

Der Übergang von der BAT-Vergütung zum TVöD-Entgelt

Klaus Beckerle

Professor Dr. Klaus Hock

Dieter Klapproth

**Haufe Mediengruppe**

Freiburg · Berlin · München · Zürich

**Bibliografische Information Der Deutschen Bibliothek**

Die Deutsche Bibliothek verzeichnet diese Publikation in der Deutschen Nationalbibliographie; detaillierte bibliographische Daten sind im Internet über http://dnb.ddb.de abrufbar.

ISBN 3-448-06927-2　　　　　　　　　　　　　　　　　　　Bestell-Nr. 04237-0001

© 2005 Rudolf Haufe Verlag GmbH & Co. KG, Freiburg · Berlin · München

Hindenburgstr. 64, 79102 Freiburg, Postfach 100121, 79120 Freiburg

http://www.haufe.de, online@haufe.de

Lektorat: Ass. jur. Nicole Eberhart

Die Angaben entsprechen dem Wissensstand bei Redaktionsschluss am 13. Juli 2005. Da Hinweise und Fakten dem Wandel der Rechtsprechung, der Gesetzgebung und anderer Quellen unterliegen, kann für die gemachten Angaben keine Haftung übernommen werden. Die Informationen sind nur für den persönlichen Gebrauch des Lesers bestimmt. Dieses Werk sowie alle darin enthaltenen einzelnen Beiträge und Abbildungen sind urheberrechtlich geschützt. Jede Verwertung, die nicht ausdrücklich vom Urheberrechtsgesetz zugelassen ist, bedarf der vorherigen Zustimmung des Verlags. Das gilt insbesondere für Vervielfältigungen, Bearbeitungen, Übersetzungen, Mikroverfilmungen und die Einspeicherung und Verarbeitung in elektronischen Systemen.

Zur Herstellung der Bücher wird nur alterungsbeständiges Papier verwendet.

DTP: Text+Design Jutta Cram, 86391 Stadtbergen

Druck: Bosch-Druck, 84004 Landshut

# Vorwort

Der „alte" BAT geht, der TVöD kommt zum 1.Oktober 2005. Der BAT ist zusammen mit den ihn ergänzenden Tarifverträgen das bei weitem komplexeste Tarifwerk in Deutschland. Seine vielfältigen Regelungen sind für die von ihm betroffenen Arbeitnehmer kaum verständlich und selbst Fachleute können seine vielfältigen Regelungen kaum mehr überschauen.

Auch inhaltlich passt er nicht mehr in die Zeit. Geprägt von Alimentation und Anbindung an das Beamtenrecht lässt er jegliche Leistungsorientierung vermissen. Die Zeit für seine Ablösung war überreif.

Allerdings standen die Tarifvertragsparteien vor einer gewaltigen Aufgabe, sollte doch das Tarifrecht des öffentlichen Dienstes nicht nur reformiert sondern vollständig umgekrempelt werden. Zirka 100 Tarifverträge rund um den BAT sind abzulösen.

Seit Januar 2003 haben eine Vielzahl von Tarifverhandlungen in verschiedenen Expertengruppen zu zahllosen Teilthemen stattgefunden. Mit der Tarifeinigung am 9. Februar 2005 in Potsdam zwischen dem Bund und der Vereinigung der Kommunalen Arbeitgeberverbände (VKA) einerseits, mit der Gewerkschaft Ver.di und weiteren im öffentlichen Dienst vertretenen Gewerkschaften andererseits ist der Durchbruch zur größten Tarifreform des öffentlichen Dienstes seit 40 Jahren gelungen. Zugleich stellte sich die Frage der Überleitung der vorhandenen Beschäftigten in dieses neue Tarifsystem. Vorrangige Ziele waren Kostenneutralität und Bestandsschutz. Damit war zugleich klar, dass die Überleitung aus dem in Jahrzehnten gewachsenen, vielgestaltigen Tarifrecht bei den verschiedensten öffentlichen Arbeitgebern in einen schlanken, aus wenigen Rechtsnormen bestehenden, Tarifvertrag umfangreich ausfallen muss.

Angesichts der Erfahrungen, welche die Tarifvertragsparteien bei der Einführung des teilweise als Vorlage dienenden Tarifvertrages für die Versorgungsbetriebe (TVV) machten, entschieden sie sich dazu, die Überleitung anders als im TVV in einem gesonderten Tarifvertrag, dem TVÜ zu normieren. Neben der deutlich größeren Komplexität der Überleitung waren hier zwei Parteien, nämlich Bund und VKA, beteiligt, deren Ausgangssituation zum Teil verschieden war. So gibt es im BAT verschiedene Abweichungen im Mantelrecht und in den Vergütungstabellen. Hinzu kommt, dass bei der VKA eine große Zahl bezirklicher und landesbezirklicher Tarifverträge vornehmlich im Tarifrecht für die Arbeiter existieren, die in eigener Tarifzuständigkeit von den einzelnen Kommunalen Arbeitgeberverbänden verhandelt wurden und die ebenfalls in den TVöD überzuleiten sind. Dies führte zu zwei Textfassungen des TVÜ, dem TVÜ-VKA und dem TVÜ-Bund, die jedoch im Kern identische Regelungen enthalten. Dabei ist es den Tarifvertragsparteien gelungen, trotz der Komplexität der Aufgabe die Überleitung in ein klar strukturiertes System zu fassen, nach dem sich die Überleitung in einer logischen Abfolge einzelner Schritte vollzieht.

Dieses umfassende Handbuch soll dazu dienen, dieses System dem überleitenden Arbeitgeber ausführlich zu verdeutlichen. Detailfragen werden anhand von Beispielen verständlich erläutert. Es ist eine anschauliche Arbeitshilfe, die dem Arbeitgeber die rechtssichere und reibungslose Überleitung ermöglicht.

Freiburg, im Juli 2005

Professor Dr. Klaus Hock

# Inhaltsverzeichnis

Vorwort .................................................................................................................................... 3

Inhaltsverzeichnis .................................................................................................................... 5

Abkürzungsverzeichnis .......................................................................................................... 11

A     **Erste Übersicht über die Änderungen** ..................................................................... 13

1     Der eigenständige Tarifvertrag zur Überleitung der Beschäftigten ............................ 13

2     Die zwei Versionen des TVÜ ..................................................................................... 13

3     Geltungsbereich des TVÜ und allgemeine Übersicht ................................................. 14

4     **Grundstruktur der Überleitung** .............................................................................. 15
      4.1    Angestellte ......................................................................................................... 15
      4.2    Arbeiter .............................................................................................................. 15

5     **Überleitung der Angestellten und Arbeiter** ............................................................ 16
      5.1    1. Schritt: Zuordnung zu einer Entgeltgruppe des TVöD ................................. 16
      5.2    2. Schritt: Zuordnung der Stufe ........................................................................ 16
             5.2.1 Für Angestellte ....................................................................................... 16
             5.2.2 Für Arbeiter ............................................................................................ 17

6     **Besonderheiten** ......................................................................................................... 17

7     **Verweildauer in der individuellen Zwischenstufe** ................................................. 19
             Individuelle Endstufe ................................................................................................ 19

8     **Berücksichtigung anstehender Bewährungs- und Fallgruppenaufstiege bei Angestellten (50-%-Klausel)** .................................................................................. 19
      8.1    Entgeltgruppen 3 bis 8 ....................................................................................... 19
      8.2    Entgeltgruppen 2 sowie 9 bis 15 ....................................................................... 20
      8.3    Berücksichtigung einer Höhergruppierung/Herabgruppierung zwischen dem 1. Oktober 2005 und dem 1. Oktober 2007 ....................................................... 21

B     **Die Neuregelungen im Einzelnen** ........................................................................... 22

1     **Allgemeine Vorschriften (Erster Abschnitt)** .......................................................... 22
      1.1    Geltungsbereich ................................................................................................. 22
             1.1.1 Tariftext TVÜ-VKA ............................................................................... 22
             1.1.2 Regelungsinhalt ...................................................................................... 22
                    1.1.2.1 TVÜ-VKA .............................................................................. 22
                    1.1.2.2 TVÜ-Bund .............................................................................. 25
      1.2    Ablösung bisheriger Tarifverträge durch den TVöD ....................................... 25
             1.2.1 Tariftext TVÜ-VKA ............................................................................... 25
             1.2.2 Regelungsinhalt ...................................................................................... 27
                    1.2.2.1 TVÜ-VKA .............................................................................. 27
                    1.2.2.2 TVÜ-Bund .............................................................................. 33

2     **Überleitungsregelungen (Zweiter Abschnitt)** ........................................................ 33
      2.1    Überleitung in den TVöD ................................................................................. 34
             2.1.1 Tariftext TVÜ-VKA ............................................................................... 34
             2.1.2 Regelungsinhalt ...................................................................................... 34

|        |       | 2.1.2.1 TVÜ-VKA | 34 |
|--------|-------|-----------------|----|
|        |       | 2.1.2.2 TVÜ-Bund | 34 |
|        | 2.2   | Zuordnung der Vergütungs- und Lohngruppen | 34 |
|        |       | 2.2.1 Tariftext TVÜ-VKA | 34 |
|        |       | 2.2.2 Regelungsinhalt | 35 |
|        | 2.3   | Vergleichsentgelt | 37 |
|        |       | 2.3.1 Tariftext TVÜ-VKA | 37 |
|        |       | 2.3.2 Regelungsinhalt | 39 |
|        |       | 2.3.2.1 TVÜ-VKA | 39 |
|        |       | 2.3.2.2 TVÜ-Bund | 41 |
|        | 2.4   | Stufenzuordnung der Angestellten | 42 |
|        |       | 2.4.1 Tariftext TVÜ-VKA | 42 |
|        |       | 2.4.2 Regelungsinhalt | 42 |
|        |       | 2.4.2.1 TVÜ-VKA | 42 |
|        |       | 2.4.2.2 TVÜ-Bund | 47 |
|        | 2.5   | Stufenzuordnung der Arbeiterinnen und Arbeiter | 47 |
|        |       | 2.5.1 Tariftext TVÜ-VKA | 47 |
|        |       | 2.5.2 Regelungsinhalt | 47 |
|        |       | 2.5.2.1 TVÜ-VKA | 47 |
|        |       | 2.5.2.2 TVÜ-Bund | 50 |
| **3**  | **Besitzstandsregelungen (Dritter Abschnitt)** | | **50** |
|        | 3.1   | Bewährungs- und Fallgruppenaufstiege | 51 |
|        |       | 3.1.1 Tariftext TVÜ-VKA | 51 |
|        |       | 3.1.2 Regelungsinhalt | 52 |
|        |       | 3.1.2.1 TVÜ-VKA | 52 |
|        |       | 3.1.2.2 TVÜ-Bund | 58 |
|        | 3.2   | Vergütungsgruppenzulagen | 59 |
|        |       | 3.2.1 Tariftext TVÜ-VKA | 59 |
|        |       | 3.2.2 Regelungsinhalt | 60 |
|        |       | 3.2.2.1 TVÜ-VKA | 60 |
|        |       | 3.2.2.2 TVÜ-Bund | 64 |
|        | 3.3   | Fortführung vorübergehender übertragener höherwertiger Tätigkeit | 65 |
|        |       | 3.3.1 Tariftext TVÜ-VKA | 65 |
|        |       | 3.3.2 Regelungsinhalt | 65 |
|        |       | 3.3.2.1 TVÜ-VKA | 65 |
|        |       | 3.3.2.2 TVÜ-Bund | 67 |
|        | 3.4   | Kinderbezogene Entgeltbestandteile | 67 |
|        |       | 3.4.1 Tariftext TVÜ-VKA | 67 |
|        |       | 3.4.2 Regelungsinhalt | 68 |
|        |       | 3.4.2.1 TVÜ-VKA | 68 |
|        |       | 3.4.2.2 TVÜ-Bund | 71 |
|        | 3.5   | Strukturausgleich | 71 |
|        |       | 3.5.1 Tariftext TVÜ-VKA | 71 |
|        |       | 3.5.2 Regelungsinhalt | 72 |
|        |       | 3.5.2.1 TVÜ-VKA | 72 |
|        |       | 3.5.3 TVÜ-Bund | 78 |
|        | 3.6   | Entgeltfortzahlung im Krankheitsfall | 80 |
|        |       | 3.6.1 Tariftext TVÜ-VKA | 80 |
|        |       | 3.6.2 Regelungsinhalt | 80 |

|   |   |   |   |
|---|---|---|---|
|   |   | 3.6.2.1 TVÜ-VKA | 80 |
|   |   | 3.6.2.2 TVÜ-Bund | 83 |
| 3.7 | Zeiten für das Jubiläumsgeld | | 83 |
|   | 3.7.1 Tariftext TVÜ-VKA | | 83 |
|   | 3.7.2 Regelungsinhalt | | 83 |
|   |   | 3.7.2.1 TVÜ-VKA | 83 |
|   |   | 3.7.2.2 TVÜ-Bund | 84 |
| 3.8 | Urlaub | | 85 |
|   | 3.8.1 Tariftext TVÜ-VKA | | 85 |
|   | 3.8.2 Regelungsinhalt | | 85 |
|   |   | 3.8.2.1 TVÜ-VKA | 85 |
|   |   | 3.8.2.2 TVÜ-Bund | 88 |
| 3.9 | Abgeltung | | 89 |
|   | 3.9.1 Tariftext TVÜ-VKA | | 89 |
|   | 3.9.2 Regelungsinhalt | | 89 |
|   |   | 3.9.2.1 TVÜ-VKA | 89 |
|   |   | 3.9.2.2 TVÜ-Bund | 90 |
| 3.10 | Protokollerklärung zum Dritten Abschnitt | | 90 |
|   | 3.10.1 Tariftext TVÜ-VKA | | 90 |
|   | 3.10.2 Regelungsinhalt | | 90 |
|   |   | 3.10.2.1 TVÜ-VKA | 90 |
|   |   | 3.10.2.2 TVÜ-Bund | 91 |
| **4** | **Sonstige vom TVöD abweichende oder ihn ergänzende Bestimmungen (4. Abschnitt)** | | **91** |
| 4.1 | Eingruppierung | | 91 |
|   | 4.1.1 Tariftext TVÜ-VKA | | 91 |
|   | 4.1.2 Regelungsinhalt | | 93 |
|   |   | 4.1.2.1 TVÜ-VKA | 93 |
|   |   | 4.1.2.2 TVÜ-Bund | 101 |
| 4.2 | Vorübergehende Übertragung einer höherwertigen Tätigkeit nach dem 30. September 2005 | | 101 |
|   | 4.2.1 Tariftext TVÜ-VKA | | 101 |
|   | 4.2.2 Regelungsinhalt | | 102 |
|   |   | 4.2.2.1 TVÜ-VKA | 102 |
|   |   | 4.2.2.2 TVÜ-Bund | 104 |
| 4.3 | Entgeltgruppen 2 Ü und 15 Ü | | 104 |
|   | 4.3.1 Tariftext TVÜ-VKA | | 104 |
|   | 4.3.2 Regelungsinhalt | | 104 |
|   |   | 4.3.2.1 TVÜ-VKA | 104 |
|   |   | 4.3.2.2 TVÜ-Bund | 106 |
| 4.4 | Übergeleitete Beschäftigte mit Anspruch auf Beamtenversorgung | | 106 |
|   | 4.4.1 Tariftext TVÜ-VKA | | 106 |
|   | 4.4.2 Regelungsinhalt | | 106 |
|   |   | 4.4.2.1 TVÜ-VKA | 106 |
|   |   | 4.4.2.2 TVÜ-Bund | 106 |
| 4.5 | Jahressonderzahlung für die Jahre 2005 und 2006 | | 107 |
|   | 4.5.1 Tariftext TVÜ-VKA | | 107 |
|   | 4.5.2 Regelungsinhalt | | 108 |
|   |   | 4.5.2.1 TVÜ-VKA | 108 |
|   |   | 4.5.2.2 TVÜ-Bund | 110 |

| | | |
|---|---|---|
| 4.6 | Einmalzahlungen für 2006 und 2007 | 111 |
| | 4.6.1 Tariftext TVÜ-VKA | 111 |
| | 4.6.2 Regelungsinhalt | 111 |
| |     4.6.2.1 TVÜ-VKA | 111 |
| |     4.6.2.2 TVÜ-Bund | 113 |
| 4.7 | Fortgeltung der Regelungen zum Bereitschaftsdienst und zur Rufbereitschaft | 114 |
| | 4.7.1 Tariftext TVÜ-VKA | 114 |
| | 4.7.2 Regelungsinhalt | 114 |
| |     4.7.2.1 TVÜ-VKA | 114 |
| |     4.7.2.2 TVÜ-Bund | 118 |
| 4.8 | Erschwerniszuschläge | 118 |
| | 4.8.1 Tariftext TVÜ-VKA | 118 |
| | 4.8.2 Regelungsinhalt | 118 |
| |     4.8.2.1 TVÜ-VKA | 118 |
| |     4.8.2.2 TVÜ-Bund | 119 |
| 4.9 | Bereitschaftszeiten | 119 |
| | 4.9.1 Tariftext TVÜ-VKA | 119 |
| | 4.9.2 Regelungsinhalt | 119 |
| |     4.9.2.1 TVÜ-VKA | 119 |
| |     4.9.2.2 TVÜ-Bund | 121 |
| 4.10 | Übergangsregelung zur Zusatzversorgungspflicht der Feuerwehrzulage | 121 |
| | 4.10.1 Tariftext TVÜ-VKA | 121 |
| | 4.10.2 Regelungsinhalt | 121 |
| |     4.10.2.1 TVÜ-VKA | 121 |
| |     4.10.2.2 TVÜ-Bund | 122 |
| 4.11 | Angestellte als Lehrkräfte in Musikschulen | 122 |
| | 4.11.1 Tariftext TVÜ-VKA | 122 |
| | 4.11.2 Regelungsinhalt | 122 |
| |     4.11.2.1 TVÜ-VKA | 122 |
| |     4.11.2.2 TVÜ-Bund | 123 |
| 4.12 | Abrechnung unständiger Bezügebestandteile | 123 |
| | 4.12.1 Tariftext TVÜ-VKA | 123 |
| | 4.12.2 Regelungsinhalt | 123 |
| |     4.12.2.1 TVÜ-VKA | 123 |
| |     4.12.2.2 TVÜ-Bund | 124 |

**5 Besondere Regelungen für einzelne Mitgliedverbände der VKA ... 124**
- 5.1 Tariftext ... 124
- 5.2 Regelungsinhalt ... 124

**6 Übergangs- und Schlussvorschriften ... 125**
- 6.1 Tariftext TVÜ-VKA ... 125
- 6.2 Regelungsinhalt ... 125

**C Arbeitshilfen ... 127**

**1 Kommunen ... 127**
- 1.1 TVÜ-VKA ... 127
- 1.2 Anlage 1 zum TVÜ-VKA ... 146
- 1.3 Anlage 2 zum TVÜ-VKA ... 151
- 1.4 Anlage 3 zum TVÜ-VKA ... 159
- 1.5 Datenblätter zur Überleitung der Angestellten und Arbeiter in den TVöD ... 161

| | | |
|---|---|---|
| **2** | **Bund** | **167** |
| | 2.1 TVÜ-Bund | 167 |
| | 2.2 Anlage 1 TVÜ Teil A (ersetzte Manteltarifverträge) | 180 |
| | 2.3 Anlage 2 TVÜ (Zuordnung vorhandener Beschäftigter zu den Entgeltgruppen) | 181 |
| | 2.4 Anlage 3 TVÜ (Strukturausgleichsliste) | 184 |
| | 2.5 Anlage 4 TVÜ (Zuordnung von Beschäftigten zu den Entgeltgruppen ab dem 1. Oktober 2005) | 192 |
| **3** | **TV-Meistbegünstigung** | **195** |

# Abkürzungsverzeichnis

| | |
|---|---|
| a. A. | anderer Ansicht |
| Abs. | Absatz |
| Abschn. | Abschnitt |
| allg. | allgemein |
| AP | Arbeitsrechtliche Praxis |
| ArbSchG | Gesetz über die Durchführung von Maßnahmen des Arbeitsschutzes zur Verbesserung der Sicherheit und des Gesundheitsschutzes der Beschäftigten bei der Arbeit (Arbeitsschutzgesetz) |
| ArbZG | Arbeitszeitgesetz |
| BAG | Bundesarbeitsgericht |
| BAT | Bundes-Angestelltentarifvertrag |
| BKGG | |
| Buchst. | Buchstabe(n) |
| BUrlG | Mindesturlaubsgesetz für Arbeitnehmer (Bundesurlaubsgesetz) |
| ca. | cirka |
| d. h. | das heißt |
| EFZG | Gesetz über die Zahlung des Arbeitsentgelts an Feiertagen und im Krankheitsfall (Entgeltfortzahlungsgesetz) |
| EGr. | Entgeltgruppe |
| EuGH | Europäischer Gerichtshof |
| EStG | Einkommensteuergesetz |
| f./ff. | folgende(r) |
| FH-Abschluss | Fachhochschul-Abschluss |
| h | Stunde(n) |

| | |
|---|---|
| i. V. m. | in Verbindung mit |
| MTArb | Manteltarifvertrag für Arbeiterinnen und Arbeiter des Bundes und der Länder |
| Nr. | Nummer |
| NZA | Neue Zeitschrift für Arbeitsrecht |
| S. | Seite(n) |
| SGB IV | Sozialgesetzbuch (SGB) Viertes Buch (IV)/Gemeinsame Vorschriften für die Sozialversicherung |
| SGB V | Sozialgesetzbuch (SGB) Fünftes Buch (V)/Gesetzliche Krankenversicherung |
| sog. | so genannt(er) |
| TdL | Tarifgemeinschaft deutscher Länder |
| TVöD | Tarifvertrag für den öffentlichen Dienst |
| TVÜ-Bund | Tarifvertrag zur Überleitung der Beschäftigten des Bundes in den TVöD und zur Regelung des Übergangsrechts |
| TVÜ-VKA | Tarifvertrag zur Überleitung der Beschäftigten der kommunalen Arbeitgeber in den TVöD und zur Regelung des Übergangsrechts |
| TV-V | Tarifvertrag Versorgungsbetriebe |
| u. a. | unter anderem |
| VergGr. | Vergütungsgruppe |
| v. H. | von Hundert |
| vgl. | vergleiche |
| z. B. | zum Beispiel |
| Ziff. | Ziffer |
| ZTR | Zeitschrift für Tarif-, Arbeits- und Sozialrecht des Öffentlichen Dienstes |

# A  Erste Übersicht über die Änderungen

## 1  Der eigenständige Tarifvertrag zur Überleitung der Beschäftigten

Gleichzeitig mit dem Abschluss der Lohn- und Vergütungstarifverhandlungen haben sich Tarifvertragsparteien des öffentlichen Dienstes im Januar 2003 auf eine **Prozessvereinbarung** verständigt, wonach bis Anfang 2005 das gesamte Tarifrecht des öffentlichen Dienstes reformiert werden sollte.

Am 9. Februar 2005 haben sich der Bund und die Vereinigung der Kommunalen Arbeitgeberverbände (VKA)[1] in Potsdam mit der Gewerkschaft ver.di und weiteren im öffentlichen Dienst vertretenen Gewerkschaften über die Modernisierung des Tarifrechts geeinigt und entschieden, ab dem **1. Oktober 2005** den Bundesangestelltentarifvertrag (BAT) und alle vergleichbaren Tarifverträge für Angestellte und Arbeiter im öffentlichen Dienst durch den **Tarifvertrag des öffentlichen Dienstes (TVöD)** zu ersetzen. Vorausgegangen waren seit Januar 2003 eine Vielzahl von Tarifverhandlungen in verschiedenen Expertengruppen zu zahllosen Teilthemen, galt es doch ca. 100 Tarifverträge rund um den BAT abzulösen. Dieser äußerst schwierige Prozess wurde von einer Zentralen Lenkungsgruppe gesteuert.

Nach der Grundsatzeinigung im Februar 2005 wurde von den Tarifvertragsparteien die redaktionelle Umsetzung der erzielten Teileinigungen in Angriff genommen, um bis September 2005 ein komplett neu gefasstes Tarifwerk zu formulieren. Da der TVöD nicht nur für Beschäftigte gelten soll, die ab Oktober 2005 neu eingestellt werden, sondern für alle Beschäftigten, waren auch Fragen der Überleitung zu klären. Eine der ersten Entscheidungen war in diesem Zusammenhang die Frage, wo die Rechtsvorschriften zur Überleitung des vorhandenen Personals angesiedelt werden sollen. Den Beteiligten war sofort klar, dass die Überleitung aus dem in Jahrzehnten gewachsenen, vielgestaltigen Tarifrecht bei den verschiedensten öffentlichen Arbeitgebern in einen schlanken, aus wenigen Rechtsnormen bestehenden, Tarifvertrag umfangreich ausfallen muss. Daher entschieden sich die Tarifvertragsparteien dazu, die Überleitung in einem gesonderten Tarifvertrag, dem TVÜ, zu normieren.

## 2  Die zwei Versionen des TVÜ

Letztlich entstanden zwei Textfassungen des TVÜ, der **Tarifvertrag zur Überleitung der Beschäftigten der kommunalen Arbeitgeber in den TVöD und zur Regelung des Übergangsrechts (TVÜ-VKA) und der Tarifvertrag zur Überleitung der Beschäftigten des Bundes in den TVöD und zur Regelung des Übergangsrechts (TVÜ-Bund).**

Zwar wurden die Tarifverhandlungen zur Überleitung der Beschäftigten auf der Arbeitgeberseite überwiegend gemeinsam von Bund und VKA bestritten, dennoch war es im Ergebnis angezeigt, zu gesonderten Fassungen des Überleitungstarifvertrags zu gelangen. Dies liegt darin begründet, dass die Ausgangssituation bei Bund und VKA zum Teil verschieden war. So gab es auch im BAT verschiedene Abweichungen im Mantelrecht und in den Vergütungstabellen zwischen der VKA einerseits und Bund/TdL andererseits. Hinzu kommt, dass bei der VKA eine große Zahl bezirklicher und landesbezirklicher Tarifverträge (Landesregelungen) vornehmlich im Tarifrecht für die Arbeiter

---

[1] Die Tarifgemeinschaft deutscher Länder (TdL) ist Anfang 2004 – nach einseitiger Kündigung der Arbeitszeitvorschriften aus den Tarifverhandlungen zum TVöD ausgeschieden und war daher nicht am Potsdamer Abschluss beteiligt.

existieren, die in eigener Tarifzuständigkeit von den einzelnen Kommunalen Arbeitgeberverbänden verhandelt wurden und die ebenfalls in den TVöD überzuleiten waren.

> **Wichtig**
>
> Die Überleitungstarifverträge sind zwar im Wortlaut paraphiert, dennoch ist nicht völlig ausgeschlossen, dass die Tarifvertragsparteien bis zu deren In-Kraft-Treten am 1. Oktober 2005 noch im Detail Änderungen vornehmen.

> **Hinweis zu diesem Ratgeber**
>
> Den nachfolgenden Erläuterungen und der Kommentierung liegt der Text des TVÜ-VKA zugrunde. Sofern der TVÜ-Bund abweichende Regelungen enthält, wird auf diese gesondert eingegangen.

# 3 Geltungsbereich des TVÜ und allgemeine Übersicht

Der TVÜ gilt für alle Beschäftigten eines tarifgebundenen Arbeitgebers, deren Arbeitsverhältnis über den 30. September 2005 hinaus fortbesteht und die am 1. Oktober 2005 unter den Geltungsbereich des TVöD fallen, für die Dauer des **ununterbrochen fortbestehenden Arbeitsverhältnisses.**

**Unterbrechungen von bis zu einem Monat sind bis zum 30. September 2007 unschädlich.**

Darüber hinaus gilt der TVÜ **auch für Neueinstellungen nach dem 30. September 2005,** wenn dies im TVÜ ausdrücklich angeführt wird. Dies betrifft insbesondere die Eingruppierung und bestimmte Zulagen bis zur Vereinbarung von Eingruppierungsvorschriften des TVöD (§§ 17, 18 TVÜ), die Jahressonderzahlung für die Jahre 2005 und 2006 (§ 21 TVÜ), die Einmalzahlungen für 2006 und 2007 im Tarifgebiet West (§ 22 TVÜ) und weitere Übergangsregelungen des 4. Abschnitts im TVÜ.

> **Wichtig**
>
> Jeder Arbeitgeberwechsel nach dem 1. Oktober 2005 gilt als **Neueinstellung** und führt zum **Verlust der Besitzstands- und Vertrauensschutzregelungen** des TVÜ, es sei denn im TVÜ ist ausdrücklich etwas anderes geregelt. Der Wechsel von einer Bundesbehörde zu einer anderen ist unschädlich.

Alle Beschäftigten werden zum Stichtag 1. Oktober 2005 mit ihrer bisherigen Vergütungs- bzw. Lohngruppe in eine Entgeltgruppe der neuen Entgelttabelle des TVöD übergeleitet. Es folgt eine **zweijährige Übergangsphase.** In dieser Übergangsphase gelten unterschiedliche Regelungen für Angestellte und Arbeiter.

**Angestellte** erhalten in der Übergangsphase weiterhin ihre am Stichtag **tatsächlich erhaltenen Bezüge im Rahmen einer sog. individuellen Zwischenstufe.** Sie werden zum 1. Oktober 2007 endgültig in die neue Tabelle überführt, indem sie in die nächsthöhere Stufe ihrer neuen Entgeltgruppe aufsteigen. Der weitere Verlauf richtet sich dann nach den Entgeltregelungen des TVöD.

**Arbeiter** werden übergeleitet entsprechend ihrer **Beschäftigungszeit mit Bestandssicherung.** Das heißt:

Arbeiter werden bei der Zuordnung zur Entgelttabelle so gestellt, als hätte die neue Entgelttabelle seit dem Beginn des Arbeitsverhältnisses bereits bestanden. Sie werden bereits am Stichtag entsprechend ihrer Beschäftigungsdauer in eine Stufe ihrer neuen Entgeltgruppe überführt.

Sollte das so ermittelte Entgelt **geringer** sein als ein bisheriger Monatstabellenlohn (**Vergleichsentgelt**), wird der Arbeiter in eine **individuelle Zwischenstufe** übergeleitet, in der er weiterhin den bisherigen Monatstabellenlohn erhält.

Die **weitere Verweildauer** in der neuen Entgeltstufe bzw. der individuellen Zwischenstufe richtet sich nach der für das Erreichen der nächsten Stufe noch verbleibenden individuellen Beschäftigungszeit.

# 4 Grundstruktur der Überleitung

## 4.1 Angestellte

Die Überleitung von **Angestellten** erfolgt in folgenden Schritten:

**Fünf Schritte der Überleitung**

1. **Zuordnung der Vergütungsgruppe zu einer Entgeltgruppe des TVöD**
2. **Ermittlung der Stufe**
   - Ermittlung des Vergleichsentgelts
   - Bildung einer individuellen Zwischenstufe
   - Überleitung aus dem BAT-Tabellensystem in die individuelle Zwischenstufe
3. **Prüfung, ob Aufstiege zu berücksichtigen sind (50-%-Regel)**
4. **Prüfung, ob Strukturausgleich gewährt wird (Vertrauensschutz)**
5. **Besitzstandsregelungen**

## 4.2 Arbeiter

Die Überleitung der **Arbeiter** erfolgt in folgenden Schritten:

**Drei Schritte der Überleitung**

1. **Zuordnung der Lohngruppe zu einer Entgeltgruppe des TVöD**
2. **Ermittlung der Stufe**
   - Ermittlung der Stufe entsprechend der Beschäftigungszeit
   - Ermittlung des Vergleichsentgelts
   - Falls Vergleichsentgelt unter dem Stufenwert liegt, Bildung einer individuellen Zwischenstufe
3. **Besitzstandsregelung**

# 5 Überleitung der Angestellten und Arbeiter

## 5.1 1. Schritt: Zuordnung zu einer Entgeltgruppe des TVöD

Im ersten Schritt wird festgestellt, in welcher Vergütungsgruppe die Angestellten bzw. in welche Lohngruppe die Arbeiter zum Stichtag tatsächlich eingruppiert sind (**Ist-Eingruppierung**). Auf der Grundlage dieser Ist-Eingruppierung am Stichtag werden sie mittels einer Zuordnungstabelle (Anlage 1 TVÜ-VKA bzw. Anlage 2 TVÜ-Bund) in eine Entgeltgruppe der Grundentgelttabelle des TVöD übergeführt. Dabei ist zu unterscheiden zwischen den Angestellten des Bundes und des Bereichs der VKA. Tabellarische Übersichten zur Zuordnung der Vergütungs- und Lohngruppen finden sich in der nachfolgenden Kommentierung zu § 4 Abs. 1.

Angestellte, die im Oktober 2005 bei Fortgeltung des bisherigen Tarifrechts die Voraussetzungen für einen **Bewährungs-, Fallgruppen- oder Tätigkeitsaufstieg** erfüllt hätten, werden für die Überleitung so behandelt, als seien sie bereits im September 2005 höhergruppiert bzw. höher eingereiht worden.

Entsprechendes gilt für Beschäftigte, die im Oktober 2005 bei Fortgeltung des bisherigen Rechts in **eine niedrigere Vergütungs- bzw. Lohngruppe eingruppiert bzw. eingereiht worden wären**.

## 5.2 2. Schritt: Zuordnung der Stufe

### 5.2.1 Für Angestellte

Als zweiter Schritt ist der Beschäftigte innerhalb der Entgeltgruppe einer Stufe zuzuordnen.

Angestellte werden dabei nicht unmittelbar einer bestimmten Grundentgelt- oder Entwicklungsstufe der neuen Tabelle zugeordnet. Vielmehr werden sie überführt mit ihren am Stichtag tatsächlich erhaltenen Bezügen, aus denen ein sog. **Vergleichsentgelt** gebildet wird, in eine **individuelle Zwischenstufe**. Sie behalten also ihr bisheriges Entgelt und werden in der Übergangszeit für einen Zeitraum von 2 Jahren zwischen der betragsmäßig nächstniedrigen und der nächsthöheren Stufe ihrer neuen Entgeltgruppe geführt.

**Bestandteile des Vergleichsentgelts für Angestellte:**

- **Grundvergütung**
- **Allgemeine Zulage**
- **Ortszuschlag der Stufe 1 oder 2 in Abhängigkeit vom Familienstand**[2]
- **Funktionszulagen**[3] insoweit, als sie nach dem TVöD nicht mehr vorgesehen sind

---

[2] Ist auch eine andere Person ortszuschlagsberechtigt, wird nur die Stufe 1 zugrunde gelegt. Wenn jedoch beide Ehegatten unter den Geltungsbereich des TVöD fallen, wird der jedem Ehegatten individuell zustehende Teil des Unterschiedsbetrages zwischen den Stufen 1 und 2 des Ortszuschlags beim Vergleichsentgelt berücksichtigt.

[3] Die im TVÜ vorgesehene Berücksichtigung von Funktionszulagen beim Vergleichsentgelt kommt praktisch nicht zum Tragen, da zum Zeitpunkt der Überleitung die Entgeltordnung zum TVöD noch nicht feststeht. Erst die neue Entgeltordnung, die bis Ende 2006 vereinbart werden soll, gibt Auskunft darüber, ob Funktionszulagen im TVöD noch vorgesehen sind oder nicht.

> **Achtung**
>
> **Techniker-, Meister- und Programmierzulagen** fließen nicht in das Vergleichsentgelt ein. Sie werden vielmehr als **persönliche Besitzstandszulage bis zum In-Kraft-Treten der neuen Entgeltordnung, längstens bis zum 31. Dezember 2007 weiterbezahlt.**

**Keine Berücksichtigung finden:**

- Vergütungsgruppenzulagen
- Ortszuschlag der Stufe 3 ff. (kindergeldbezogene Teile des Ortszuschlags)

Insoweit sind **Besitzstandsregelungen** vereinbart.

### 5.2.2  Für Arbeiter

Arbeiter werden der Stufe in ihrer jeweiligen Entgeltgruppe direkt nach ihrer individuellen Beschäftigungszeit zugeordnet. Bei Arbeitern ist zwar auch das Vergleichsentgelt zu ermitteln, dies erlangt jedoch nur im Rahmen der Günstigkeitskontrolle Bedeutung. Das heißt, die Stufenzuordnung in eine individuelle Zwischenstufe erfolgt für Arbeiter nur dann, wenn das Entgelt bei direkter Zuordnung zu einer Entgeltstufe (so als wenn der TVöD bereits seit Beginn der Beschäftigungszeit gegolten hätte) niedriger ausfällt als das Vergleichsentgelt.

> **Beispiel**
>
> Ein Arbeiter ist seit 1. Januar 1995 beim Arbeitgeber beschäftigt. Zum Zeitpunkt der Überleitung (1. Oktober 2005) befindet er sich in Lohngruppe 6a im 11. Jahr der Beschäftigung. Das Vergleichsentgelt beträgt 2.201,14 EUR.
>
> Die Zuordnung erfolgt zur Entgeltgruppe 6 TVöD. Die Überleitung erfolgt in Stufe 5 (nach 10 Beschäftigungsjahren) mit einem Monatsentgelt von 2.220 EUR. Dieses liegt über dem Vergleichsentgelt. Daher erfolgt die Zuordnung direkt zur Stufe 5. Die Bildung einer individuellen Zwischenstufe erfolgt nicht. Würde das Vergleichsentgelt über 2.220 EUR liegen (z. B. 2.240 EUR) wäre die Zuordnung zur individuellen Zwischenstufe 5+ vorzunehmen. Der weitere Aufstieg in Stufe 6 erfolgt in beiden Fällen am 1. Januar 2010 (nach 15 Jahren Beschäftigung).

**Bei Arbeitern wird als Vergleichsentgelt der Monatstabellenlohn zugrunde gelegt.**

## 6  Besonderheiten

**Zulagen wegen Leistungsminderung:**
**Nicht berücksichtigt** beim Vergleichsentgelt werden eine etwaige **Ausgleichszulage nach § 56 BAT** bzw. vergleichbare Ausgleichszahlungen wegen Leistungsminderung. Insofern wurden die Verhandlungen zur Überleitung der Entgeltsicherung zunächst zurückgestellt. In diesen Fällen erfolgt am 1. Oktober 2005 **eine Fortzahlung der bisherigen Bezüge als zu verrechnender Abschlag auf das Entgelt,** das dem Beschäftigten nach dem noch zu erzielenden künftigen Verhandlungsergebnis zusteht.

**Berücksichtigung eines zu erwartenden Stufenaufstiegs im Oktober 2005:**
Beschäftigte, die im Oktober 2005 bei Fortgeltung des bisherigen Rechts die Grundvergütung bzw. den Monatstabellenlohn der nächsthöheren Lebensalters- bzw. Lohnstufe erhalten hätten, werden für

die Bemessung des Vergleichsentgelts so behandelt, als sei der Stufenaufstieg bereits im September 2005 erfolgt.

**Beschäftigte mit Fehltagen im Bemessungsmonat September 2005:**
Für Beschäftigte, die nicht für alle Tage im September 2005 oder für keinen Tag dieses Monats Bezüge erhalten, wird das Vergleichsentgelt so bestimmt, als hätte der Beschäftigte für alle Tage dieses Monats Bezüge erhalten; Arbeitnehmer, bei denen im September 2005 das Arbeitsverhältnis länger als 6 Monate aufgrund Beurlaubung oder sonstigen Gründen ruht, werden so gestellt, als hätten sie am 1. September 2005 die Arbeit wieder aufgenommen.

**Berücksichtigung der Halbierungsregelung**
Bei **Beschäftigten, die im September 2005 den Unterschiedsbetrag zwischen der Grundvergütung ihrer bisherigen zur nächst höheren Lebensalters- bzw. Lohnstufe nur zur Hälfte erhalten**, wird für die Bestimmung des Vergleichsentgeltes die **volle Grundvergütung bzw. der volle Monatstabellenlohn** aus der nächsthöheren Lebensalters- bzw. Lohnstufe zugrunde gelegt.

**Teilzeitbeschäftigte**
Bei Teilzeitbeschäftigten wird das Vergleichsentgelt auf der Grundlage eines vergleichbaren Vollzeitbeschäftigten bestimmt.

**Zuordnung mindestens zur Stufe 2:**
Die Zuordnung zu einer individuellen Zwischenstufe erfolgt **bei Angestellten** dann nicht, wenn das Vergleichsentgelt **unter dem Tabellenwert der Stufe 2** liegt. Hier steht bereits zum Stichtag Entgelt nach Stufe 2 zu, es sei denn, für die Überleitung ist ausnahmsweise ausdrücklich die Zuordnung zur Stufe 1 vorgesehen.[4]

## Beispiele

| Vergleichsentgelt | > Stufe 1 und < Stufe 2 | > Stufe 2 und < Stufe 3 | > Stufe 4 und < Stufe 5 | > Stufe 6 |
|---|---|---|---|---|
| Stufe/Zwischenstufe | Stufe 2 | indiv. Zwischenstufe 2+ | indiv. Zwischenstufe 4+ | indiv. Zwischenstufe 6+ |

**Bei Arbeitern** erfolgt die Zuordnung ebenfalls mindestens zur Stufe 2, auch wenn die Beschäftigungszeit am Stichtag noch kein Jahr betragen hat und das Vergleichsentgelt niedriger als das Entgelt der Stufe 2 ist.

### Hinweis
Einen Überleitungsrechner finden Sie in unserem Internet-Portal www.tvoed-office.de!

---

[4] So ist z. B. für die Überleitung von kommunalen Angestellten zur Entgeltgruppe 10 aus Vergütungsgruppe Vb in den ersten sechs Monaten der Berufsausübung, wenn danach ein Aufstieg nach Vergütungsgruppe IVb BAT und ein weiterer Aufstieg nach IVa BAT erfolgt wäre, zwingend die Zuordnung zur Stufe 1 vorgesehen.

## 7 Verweildauer in der individuellen Zwischenstufe

**Angestellte:**
Nach Ablauf von 2 Jahren steigen die der individuellen Zwischenstufe zugeordneten Angestellten zum 1. Oktober 2007 in die nächsthöhere reguläre Stufe auf. Gleichzeitig beginnt die jeweilige Zeit für das Aufsteigen in die nächsthöhere Stufe.

**Arbeiter:**
Arbeiter erreichen die nächsthöhere Stufe der Entgelttabelle zu dem Zeitpunkt, da diese auch neu eingestellten Beschäftigten zustünde, d. h. nach Ablauf der jeweiligen Beschäftigungszeit. Dabei ist es gleichgültig, ob die Zuordnung bei der Überleitung direkt zu einer Entgeltstufe oder in die individuelle Zwischenstufe (Vergleichsentgelt) erfolgt.

### Individuelle Endstufe

Liegt das Vergleichsentgelt über der Endstufe der maßgeblichen Entgeltgruppe, werden diese Beschäftigten am 1. Oktober 2005 einer **individuellen Endstufe jenseits der Tabellenendstufe** zugeordnet.

**Beispiel**

Eine Angestellte wird übergeleitet aus der Vergütungsgruppe Vc. Sie ist verheiratet, ihr Ehegatte ist nicht im öffentlichen Dienst. Sie befindet sich in der letzten Lebensaltersstufe. Ihr Vergleichsentgelt beträgt 2.651,69 EUR. Das Entgelt der Stufe 6 der Entgeltgruppe 8 beträgt 2.493 EUR. Dieser Betrag ist um 158,69 EUR niedriger als das Vergleichsentgelt. Daher wird diese Beschäftigte einer individuellen Endstufe (6+) zugeordnet. Ihr werden weiterhin 2.651,69 EUR bezahlt.

Die individuelle Endstufe ist **dynamisch** ausgestaltet. Sie verändert sich um denselben Vom-Hundert-Satz bzw. im selben Umfang wie die höchste Stufe der jeweiligen Entgeltgruppe.

## 8 Berücksichtigung anstehender Bewährungs- und Fallgruppenaufstiege bei Angestellten (50-%-Klausel)

### 8.1 Entgeltgruppen 3 bis 8

Ist bei **Angestellten** der Entgeltgruppen 3 bis 8 am Stichtag der Einführung des neuen Tarifrechts **die Hälfte der Zeitdauer** für einen Aufstieg in die nächst höhere BAT-Vergütungsgruppe erfüllt, erfolgt der „Aufstieg" in die nächst höhere Entgeltgruppe **zum jeweiligen individuellen Aufstiegszeitpunkt.**

**Beispiel 1**

Eine Angestellte, eingruppiert in BAT VII mit Bewährungsaufstieg nach 6 Jahren in BAT VIb ist zum Stichtag bereits 3 Jahre in BAT VII. Sie wird in die Entgeltgruppe 5 übergeleitet und erhält nach weiteren 3 Jahren die nächsthöhere Entgeltgruppe 6. Die Stufenzuordnung erfolgt betragsmäßig und nicht stufengleich.

**Beispiel 2**

Wie Beispiel 1. Am Stichtag ist die Angestellte bereits 5 Jahre in BAT VII. Sie wird in die Entgeltgruppe 5 übergeleitet und erhält <u>nach einem weiteren Jahr</u> die nächsthöhere Entgeltgruppe 6. Die Stufenzuordnung erfolgt auch in diesem Fall betragsmäßig, d. h., sie wird der regulären Stufe zugeordnet, deren Betrag mindestens der individuellen Zwischenstufe entspricht, jedoch nicht weniger als Stufe 2. Der weitere Stufenaufstieg richtet sich nach der Beschäftigungszeit.

**Beispiel 3**

Eine Angestellte, eingruppiert in BAT VII mit Bewährungsaufstieg nach 6 Jahren in BAT VIb ist zum Stichtag erst 2 Jahre in BAT VII. Sie wird in die Entgeltgruppe 5 übergeleitet. Der Bewährungsaufstieg nach „altem Recht" bleibt unberücksichtigt.

**Hinweis**

Voraussetzung für die Höhergruppierung ist allerdings, dass zum individuellen Aufstiegszeitpunkt keine Anhaltspunkte vorliegen, die bei Fortgeltung des bisherigen Rechts einer Höhergruppierung entgegengestanden hätten.

Bei der Berücksichtigung der Aufstiege sind zwei Besonderheiten zu beachten:

- Wird der Beschäftigte aus der Vergütungsgruppe VIII mit ausstehendem Aufstieg nach Vergütungsgruppe VII BAT in **Entgeltgruppe 3** übergeleitet, erfolgt die Höhergruppierung in die **Entgeltgruppe 5**.

- Ist der Beschäftigte aus der Vergütungsgruppe VIb mit ausstehendem Aufstieg nach Vergütungsgruppe Vc in **Entgeltgruppe 6** übergeleitet worden, erfolgt die Höhergruppierung in die **Entgeltgruppe 8**.

Hintergrund dieser Besonderheit ist, dass den Entgeltgruppen 4 und 7 bei der Überleitung ausschließlich Lohngruppen (Arbeiterentgeltgruppen) zugeordnet sind.

## 8.2 Entgeltgruppen 2 sowie 9 bis 15

Auch bei der Überleitung von Angestellten in die Entgeltgruppe 2 oder 9 bis 15 findet unter Zugrundelegung der 50-%-Klausel eine Berücksichtigung des ausstehenden Aufstieges statt. Der ausstehende Aufstieg muss allerdings in der Zeit zwischen dem 1. November 2005 und dem 30. September 2007 anstehen. Diese Angestellten erhalten ab dem Zeitpunkt, zu dem sie nach bisherigem Recht höhergruppiert worden wären, in ihrer bisherigen Entgeltgruppe Entgelt nach derjenigen individuellen Zwischen- bzw. Endstufe, die sich ergeben hätte, wenn sich ihr Vergleichsentgelt nach der Vergütung aufgrund der Höhergruppierung bestimmt hätte.

Ein etwaiger **Strukturausgleich** wird ab dem individuellen Aufstiegszeitpunkt **nicht mehr gezahlt**.

Der weitere Stufenaufstieg erfolgt zum 1. Oktober 2007 in die dem Betrag nach (ausgehend vom neu berechneten Vergleichsentgelt) nächsthöhere reguläre Stufe der Entgeltgruppe.

**Hinweis**

Die Neuberechnung des Vergleichsentgelts führt hier nicht zu einer höheren der Entgeltgruppe, in den meisten Fällen jedoch zu einer höheren Zwischenstufe.

## 8.3 Berücksichtigung einer Höhergruppierung/Herabgruppierung zwischen dem 1. Oktober 2005 und dem 1. Oktober 2007

Wird der Beschäftigte vor dem 1. Oktober 2007 höhergruppiert, z. B. wegen Berücksichtigung eines Bewährungs- oder Fallgruppenaufstiegs oder wegen Übertragung einer mit einer höheren Entgeltgruppe bewährten Tätigkeit, so erhält er in der höheren Entgeltgruppe Entgelt nach der regulären Stufe, deren Betrag mindestens der individuellen Zwischenstufe entspricht, jedoch nicht weniger als der Stufe 2.

Wird der Beschäftigte vor dem 1. Oktober 2007 herabgruppiert, wird er in der niedrigeren Entgeltgruppe derjenigen individuellen Zwischenstufe zugeordnet, die sich bei Herabgruppierung im September 2005 ergeben hätte.

# B   Die Neuregelungen im Einzelnen

## 1   Allgemeine Vorschriften (Erster Abschnitt)

### 1.1   Geltungsbereich

#### 1.1.1   Tariftext TVÜ-VKA

§ 1
Geltungsbereich

(1) ¹Dieser Tarifvertrag gilt für Angestellte, Arbeiterinnen und Arbeiter, deren Arbeitsverhältnis zu einem tarifgebundenen Arbeitgeber, der Mitglied eines Mitgliedverbandes der Vereinigung der kommunalen Arbeitgeberverbände (VKA) ist, über den 30. September 2005 hinaus fortbesteht, und die am 1. Oktober 2005 unter den Geltungsbereich des Tarifvertrages für den öffentlichen Dienst (TVöD) fallen, für die Dauer des ununterbrochen fortbestehenden Arbeitsverhältnisses. ²Dieser Tarifvertrag gilt ferner für die unter § 19 Abs. 2 und § 20 fallenden sowie für die von § 2 Abs. 6 erfassten Beschäftigten hinsichtlich § 22 Abs. 5.

Protokollerklärung zu § 1 Abs. 1 Satz 1:

(1) In der Zeit bis zum 30. September 2007 sind Unterbrechungen von bis zu einem Monat unschädlich.

(2) Nur soweit nachfolgend ausdrücklich bestimmt, gelten die Vorschriften dieses Tarifvertrages auch für Beschäftigte, deren Arbeitsverhältnis zu einem Arbeitgeber im Sinne des Absatzes 1 nach dem 30. September 2005 beginnt und die unter den Geltungsbereich des TVöD fallen.

(3) Die Bestimmungen des TVöD gelten, soweit dieser Tarifvertrag keine abweichenden Regelungen trifft.

#### 1.1.2   Regelungsinhalt

##### 1.1.2.1   TVÜ-VKA

§ 1 TVÜ bestimmt den persönlichen und sachlichen Geltungsbereich des Überleitungstarifvertrags, nicht den des TVöD. Er knüpft aber unmittelbar an den Geltungsbereich des TVöD an. Insofern korrespondiert § 1 mit § 2 TVÜ, da in diesem geregelt ist, in welchen Fällen der TVöD das bisherige Tarifrecht ablöst.

**Absatz 1 (allgemeiner Geltungsbereich):**
In Absatz 1 Satz 1 ist bestimmt, auf welche Arbeitsverhältnisse die Überleitungsvorschriften des TVÜ anzuwenden sind. Danach gelten für die Anwendbarkeit der Überleitungsvorschriften vier Voraussetzungen:

    a) es muss ein Arbeitsverhältnis zum Bund oder zu einem Arbeitgeber bestehen, der Mitglied eines kommunalen Arbeitgeberverbandes (Mitgliedverbandes der VKA) ist;

b) das Arbeitsverhältnis muss am 30. September 2005 bestehen und am 1. Oktober 2005 fortbestehen,

c) für das Arbeitsverhältnis muss ab dem 1. Oktober 2005 der TVöD gelten und

d) das Arbeitsverhältnis muss ununterbrochen fortbestehen.

**Zu a)**
Selbstverständlich vereinbaren die Tarifvertragsparteien Rechtsnormen nur für ihren jeweiligen sächlichen Zuständigkeitsbereich. Da Vertragspartner auf der Arbeitgeberseite der Bund und die Vereinigung der kommunalen Arbeitgeberverbände (VKA) sind, erfassen die Überleitungsregelungen sächlich die Arbeitsverhältnisse beim Bund und bei den Mitgliedern der VKA. Da letztere ein Dachverband (Verbändeverband) ist, werden die Arbeitsverhältnisse bei den Mitgliedsunternehmen der Mitgliedsverbände erfasst.

Sofern ein Arbeitgeber nicht tarifgebunden ist, aber das Tarifrecht des Bundes oder der VKA einzelvertraglich in Bezug genommen hat, finden auch auf diese Arbeitsverhältnisse die Regelungen des TVÜ Anwendung, falls die weiteren Voraussetzungen des Absatz 1 erfüllt sind.

**Zu b)**
Übergeleitet werden nur solche Arbeitsverhältnisse, die bereits vor dem Stichtag (1. Oktober 2005) bestehen und am Stichtag fortbestehen. Auf Arbeitsverhältnisse, die spätestens am 30. September 2005 enden, kann der TVöD keine Anwendung mehr finden, daher entfällt die Überleitung. Dies betrifft jedoch nicht Altersteilzeitverhältnisse, bei denen am 1. Oktober 2005 die Freistellungsphase beginnt. Letztere bestehen rechtlich fort und sind überzuleiten.

Beginnt ein Arbeitsverhältnis erst am 1. Oktober 2005 oder später, finden sofort die Regelungen des TVöD ohne Überleitung Anwendung. Der TVÜ findet in diesem Fall jedoch punktuell Anwendung (vgl. Absatz 2). Eine Überleitung nach dem TVÜ erfolgt z. B. auch nicht, wenn ein bestehendes Ausbildungsverhältnis nach dem 30. September 2005 endet und sich unmittelbar ein Arbeitsverhältnis anschließt.

**Zu c)**
Eine Überleitung nach dem TVÜ erfolgt nur, wenn das Arbeitsverhältnis ab dem 1. Oktober 2005 unter den Geltungsbereich des Tarifvertrags für den öffentlichen Dienst (TVöD) fällt.

Da der Wortlaut des TVöD derzeit (Juli 2005) noch nicht vereinbart ist, kann die Antwort auf die Frage, welche Arbeitsverhältnisse ab Oktober 2005 unter den Geltungsbereich des TVöD fallen nur dem TVÜ selbst, nämlich § 2, entnommen werden. Dort ist bestimmt, in welchen Fällen und ab welchem Zeitpunkt der TVöD die bisher für die VKA bzw. den Bund geltenden Tarifverträge ablöst oder ersetzt. Im Umkehrschluss ist hieraus zu entnehmen, dass Tarifverträge für Beschäftigte des öffentlichen Dienstes, die neben dem BAT (-O), BMT-G (-O); MTArb (-O) bestehen, z. B. für kommunale Waldarbeiter, amtliche Tierärzte und Fleischkontrolleure, aber auch der Tarifvertrag Versorgungsbetriebe (TV-V) und vergleichbare Spartentarifverträge (TV-N; TV-WW/NW) nicht ersetzt werden. **Für diesen Beschäftigtenkreis gilt folglich auch nicht der TVÜ.**

Grundsätzlich ist mit der Stichtagsregelung in Absatz 1 Satz 1 die Anwendbarkeit des TVÜ in den Fällen ausgeschlossen, in denen der Wechsel vom BAT zum TVöD ausnahmsweise erst nach dem 1. Oktober 2005 erfolgt (z. B. in Fällen des § 2 Abs. 6). Fraglich bleibt, wie in diesen Fällen die Überleitung zu erfolgen hat. Sofern der spätere Wechsel auf (landesbezirklichem) Tarifvertrag beruht, sollte aus Gründen der Rechtssicherheit in diesem auch bestimmt werden, dass der TVÜ (ggf. modifiziert) auch in diesen Fällen für die Überleitung gelten soll.

**Zu d)**

Der TVÜ gilt nur für die Dauer des **ununterbrochen** bestehenden Arbeitsverhältnisses. Dies ist insbesondere für die Zuordnung innerhalb der neuen Entgeltregelungen von Bedeutung und für Besitzstandsansprüche. Nach der **Protokollerklärung zu § 1 Abs. 1 Satz 1** sind lediglich in der Zeit bis zum 30. September 2007 **Unterbrechungen von bis zu einem Monat unschädlich**.

> **Hinweis**
>
> Jeder Arbeitgeberwechsel und jede Unterbrechung des Arbeitsverhältnisses über einen Monat führen zum Verlust von Besitzständen aus der Überleitung.

Eine Unterbrechung im Sinne von Absatz 1 Satz 1 und der Protokollerklärung hierzu liegt nicht bereits dann vor, wenn die Beschäftigung unterbrochen ist (z. B. bei Beurlaubung, Elternzeit, Wehrdienst etc.), sondern nur dann, wenn der rechtliche Bestand des **Arbeitsverhältnisses** unterbrochen ist. Dies kann nur dann der Fall sein, wenn das Arbeitsverhältnis z. B. durch Fristablauf, Aufhebungsvertrag oder Kündigung endet und anschließend mit demselben Arbeitgeber erneut ein Arbeitsverhältnis begründet wird.

> **Tipps**
>
> - Sofern für befristete Arbeitsverhältnisse, die zwischen dem 1. Oktober 2005 und dem 30. September 2007 enden, eine Vertragsverlängerung vorgesehen ist, sollte die Möglichkeit einer Unterbrechung von **mehr als einem Monat** geprüft werden, da anderenfalls Besitzstände aus dem vorangegangenen Arbeitsverhältnis wieder aufleben.
> - Anstelle einer längerfristigen Beurlaubung bei fortbestehendem Arbeitsverhältnis sollte als Alternative die **Beendigung des Arbeitsverhältnisses mit Wiedereinstellungszusage** in Erwägung gezogen werden. Welche Besitzstände danach greifen sollen (z. B. Beschäftigungszeit, Entgeltstufe etc.) kann in diesem Fall einzelvertraglich vereinbart werden

In **Absatz 1 Satz 2** ist bestimmt, für welche Arbeitnehmer, die an sich nicht unter den Geltungsbereich des TVöD fallen, dennoch die Überleitungsvorschriften des TVÜ anzuwenden sind. Es handelt sich dabei um Beschäftigte, die zwar heute unter den Geltungsbereich des BAT/BAT-O/BAT Ostdeutsche Sparkassen fallen, für die eine Tarifzuständigkeit nach dem TVöD jedoch nicht mehr vorgesehen ist.

Dies sind im Einzelnen:

- Arbeitnehmer mit Tätigkeiten nach der Vergütungsgruppe I BAT und

- Arbeitnehmer mit arbeitsvertraglichem Anspruch auf Versorgung nach Beamtenrecht.

In beiden Fällen haben die Tarifvertragsparteien die Geltung des TVöD ausgeschlossen, d. h., solche Arbeitnehmer sind künftig außertariflich angestellt.

Mit Absatz 1 Satz 2 wird sichergestellt, dass für entsprechende vorhandene Beschäftigte die Tarifbindung nicht ab dem 1. Oktober 2005 plötzlich endet, sondern dass diese ebenfalls in den TVöD übergeleitet werden.

Schließlich enthält Absatz 1 Satz 2 noch die Ausnahmeregelung, dass die im TVÜ angesiedelten Vorschriften zu **Einmalzahlungen (§ 22) in den Jahren 2006 und 2007** (bei der VKA nur im Tarifgebiet West) auch bei den Arbeitgebern gelten, **bei denen zunächst der BAT bzw. BMT-G weiterhin gilt**, weil Tarifverhandlungen zur Überleitung in einen anderen Spartentarifvertrag (Versorgung, Nahverkehr oder Wasserwirtschaftsverbände in Nordrhein-Westfalen) geführt werden (§ 2 Abs. 6).

**Absatz 2 (Geltung des TVÜ für Neueinstellungen):**
Abweichend vom Grundsatz in Absatz 1 gelten einige Vorschriften des TVÜ auch für Arbeitnehmer, deren Arbeitsverhältnis erst nach dem 30. September beginnt. Dies sind insbesondere Regelungen des 4. und 5. Abschnitts (§§ 17, 18 Abs. 3 und 4, § 19 Abs. 1 und 3, §§ 21 bis 25 und 29).

Da der TVÜ an den genannten Stellen nicht nur Überleitungsrecht, sondern auch Übergangsrecht (z. B. vorübergehende Eingruppierungsregelungen bis zur Vereinbarung einer neuen Entgeltordnung) und den TVöD ergänzende Rechtsvorschriften beinhaltet, war es erforderlich, seinen Geltungsbereich insofern auch auf Arbeitnehmer zu erstrecken, die nicht aus bestehendem Recht übergeleitet werden.

**Absatz 3 (Konkurrenzregelung):**
Absatz 3 regelt das **Konkurrenzverhältnis zwischen TVöD und TVÜ**.

Damit bietet der TVÜ eine eindeutige Antwort auf die Frage, welches Recht gilt, wenn sowohl der TVöD als auch der TVÜ eine entsprechende Regelung enthalten. Mit § 1 Abs. 3 haben die Tarifvertragsparteien bestimmt, dass die **Regelungen des TVÜ als speziellere Rechtsnormen** vor solche Vorschriften des TVöD treten, mit denen diese ggf. kollidieren.

### 1.1.2.2 TVÜ-Bund

Abweichungen existieren nur in Absatz 1 beim sächlichen Geltungsbereich, die daraus resultieren, dass der Bund als Arbeitgeber zugleich Tarifvertragspartei auf Arbeitgeberseite ist. Er ist damit immer tarifgebunden. Die im TVÜ-VKA vorgenommene Einschränkung auf „tarifgebundene Arbeitgeber ..." war dort folglich entbehrlich.

## 1.2 Ablösung bisheriger Tarifverträge durch den TVöD

### 1.2.1 Tariftext TVÜ-VKA

§ 2

**Ablösung bisheriger Tarifverträge durch den TVöD**

(1) ¹Der TVöD ersetzt bei tarifgebundenen Arbeitgebern, die Mitglied eines Mitgliedverbandes der VKA sind, den

- **Bundes-Angestelltentarifvertrag (BAT) vom 23. Februar 1963**
- **Tarifvertrag zur Anpassung des Tarifrechts – Manteltarifliche Vorschriften – (BAT-O) vom 10. Dezember 1990**
- **Tarifvertrag zur Anpassung des Tarifrechts – Manteltarifliche Vorschriften – (BAT-Ostdeutsche Sparkassen) vom 21. Januar 1991**
- **Bundesmanteltarifvertrag für Arbeiter gemeindlicher Verwaltungen und Betriebe – BMT-G II – vom 31. Januar 1962**
- **Tarifvertrag zur Anpassung des Tarifrechts – Manteltarifliche Vorschriften für Arbeiter gemeindlicher Verwaltungen und Betriebe – (BMT-G-O) vom 10. Dezember 1990**
- **Tarifvertrag über die Anwendung von Tarifverträgen auf Arbeiter (TV Arbeiter-Ostdeutsche Sparkassen) vom 25. Oktober 1990**

sowie die diese Tarifverträge ergänzenden Tarifverträge der VKA, soweit in diesem Tarifvertrag oder im TVöD nicht ausdrücklich etwas anderes bestimmt ist. ²Die Ersetzung erfolgt mit Wirkung vom 1. Oktober 2005, soweit kein abweichender Termin bestimmt ist.

Protokollerklärung zu § 2 Abs. 1:

Von der ersetzenden Wirkung werden von der VKA abgeschlossene ergänzende Tarifverträge nicht erfasst, soweit diese anstelle landesbezirklicher Regelungen vereinbart sind.

Niederschriftserklärung zur Protokollerklärung zu § 2 Abs. 1:

Landesbezirkliche Regelungen sind auch Regelungen, die vor der ver.di-Gründung im Tarifrecht als bezirkliche Regelungen bezeichnet sind.

(2) ¹Die von den Mitgliedverbänden der VKA abgeschlossenen Tarifverträge sind durch die landesbezirklichen Tarifvertragsparteien hinsichtlich ihrer Weitergeltung zu prüfen und bei Bedarf an den TVöD anzupassen, sofern nicht in diesem Tarifvertrag (TVÜ) ihre vorübergehende Weitergeltung ausdrücklich bestimmt ist. ²Soweit nicht bis zum 31. Dezember 2006 anders vereinbart, ersetzt der TVöD auch diese Tarifverträge ab dem 1. Januar 2007. ³Die landesbezirklichen Tarifvertragsparteien können die Frist nach Satz 2 verlängern.

Protokollerklärung zu § 2 Abs. 2:

Entsprechendes gilt hinsichtlich der von der VKA abgeschlossenen Tarifverträge, soweit diese anstelle landesbezirklicher Regelungen vereinbart sind.

(3) ¹Sind in Tarifverträgen nach Absatz 2 Satz 1 Vereinbarungen zur Beschäftigungssicherung/Sanierung und/oder Steigerung der Wettbewerbsfähigkeit getroffen, findet ab dem 1. Oktober 2005 der TVöD unter Berücksichtigung der materiellen Wirkungsgleichheit dieser Tarifverträge Anwendung. ²In diesen Fällen ist durch die landesbezirklichen Tarifvertragsparteien baldmöglichst die redaktionelle Anpassung der in Satz 1 genannten Tarifverträge vorzunehmen.³ Bis dahin wird auf der Grundlage der bis zum 30. September 2005 gültigen Tarifregelungen weiter gezahlt. ⁴Die Überleitung in den TVöD erfolgt auf der Grundlage des Rechtsstandes vom 30. September 2005. ⁵Familienbezogene Entgeltbestandteile richten sich ab 1. Oktober 2005 nach diesem Tarifvertrag.

Protokollerklärung zu § 2 Abs. 3:

¹Der Rahmentarifvertrag vom 13. Oktober 1998 zur Erhaltung der Wettbewerbsfähigkeit der deutschen Verkehrsflughäfen und zur Sicherung der Arbeitsplätze (Fassung 28. November 2002) wird in seinen Wirkungen nicht verändert. ²Er bleibt mit gleichem materiellen Inhalt und gleichen Laufzeiten als Rechtsgrundlage bestehen. ³Beschäftigte in Unternehmen, für die Anwendungstarifverträge zum Rahmentarifvertrag nach Satz 1 vereinbart worden sind, werden zum 1. Oktober 2005 übergeleitet. ⁴Die tatsächliche personalwirtschaftliche Überleitung – einschließlich individueller Nachberechnungen – erfolgt zu dem Zeitpunkt, zu dem die Verständigung über den angepassten Anwendungstarifvertrag erzielt ist.

(4) Abweichend von Absatz 1 und 2 gelten Tarifverträge gemäß § 3 Tarifvertrag zur sozialen Absicherung fort und sind bei Bedarf an den TVöD anzupassen.

(5) Die Absätze 1 und 2 gelten nicht für Beschäftigte in Versorgungsbetrieben, Nahverkehrsbetrieben und für Beschäftigte in Wasserwirtschaftsverbänden in Nordrhein-Westfalen, die gemäß § ■ TVöD vom Geltungsbereich des TVöD ausgenommen sind, es sei denn Betriebe oder Betriebsteile, die dem fachlichen Geltungsbereich des TV-V, eines TV-N oder des TV-WW/NW entsprechen, werden in begründeten Einzelfällen durch landesbezirklichen Tarifvertrag in den Geltungsbereich des TVöD und dieses Tarifvertrages einbezogen.

Protokollerklärung zu § 2 Abs. 5:

Die Möglichkeit, Betriebsteile, die dem Geltungsbereich eines TV-N entsprechen, in den Geltungsbereich eines anderen Spartentarifvertrages (TV-V, TV-WW/NW) einzubeziehen, bleibt unberührt.

(6) [1]Die Absätze 1 und 2 gelten längstens bis zum 31. Dezember 2007 nicht für Beschäftigte von Arbeitgebern, wenn die Anwendung des TV-V, eines TV-N oder des TV-WW/NW auf diese Beschäftigten beabsichtigt ist und vor dem 1. Oktober 2005 Tarifverhandlungen zur Einführung eines dieser Tarifverträge aufgenommen worden sind. [2]Dies gilt auch dann, wenn die Tarifverhandlungen erst nach dem 1. Oktober 2005, aber spätestens mit Ablauf des 31. Dezember 2007 zu der Überleitung in diese Tarifverträge führen.

Protokollerklärung zu § 2 Abs. 6:

[1]Tarifverhandlungen zur – ggf. teilbetrieblichen Einführung – der genannten Spartentarifverträge sind auch dann aufgenommen, wenn auf landesbezirklicher Ebene die jeweils andere Tarifvertragspartei zum Abschluss eines Tarifvertrages zur Einbeziehung aufgefordert worden ist. [2]Kommt bis zum 31. Dezember 2007 eine Vereinbarung über die Anwendung eines der genannten Spartentarifverträge nicht zustande, findet ab dem 1. Januar 2008 der TVöD und dieser Tarifvertrag auf Beschäftigte Anwendung, die nicht im Geltungsbereich des BAT/BAT-O/BMT-G/BMT-G-O verbleiben. Absatz 5 bleibt unberührt.

Niederschriftserklärung:

[1]Die Tarifvertragsparteien gehen davon aus, dass der TVöD und dieser Tarifvertrag bei tarifgebundenen Arbeitgebern das bisherige Tarifrecht auch dann ersetzen, wenn arbeitsvertragliche Bezugnahmen nicht ausdrücklich den Fall der ersetzenden Regelung beinhalten. [2]Die Geltungsbereichsregelungen zu den Spartentarifverträgen bleiben hiervon unberührt.

### 1.2.2 Regelungsinhalt

#### 1.2.2.1 TVÜ-VKA

In § 2 sind zum Teil sehr differenziert die Rechtsfolgen des In-Kraft-Tretens des TVöD ausgestaltet. Nach dem Willen der Tarifvertragsparteien soll der TVöD den BAT, BAT-O, BMT-G usw. und die diese ergänzenden Tarifverträge **der VKA** nicht einfach ersetzen. Der BAT (kommunal) bleibt folglich auch nach dem 30. September 2005 in Kraft. Der TVÜ-VKA enthält somit einerseits Vorschriften zur Ablösung des BAT, andererseits auch zu dessen Fortgeltung in bestimmten Fällen. Daneben war über das Schicksal von mehreren Hundert Tarifverträgen zu befinden, die auf der Landesebene (zwischen den einzelnen KAV[5] und den Gewerkschaften) vereinbart sind und über die keine vollständige Übersicht besteht.

Anders beim **Bund**. Dort ersetzt der TVöD ab dem 1. Oktober vollständig die Mantel- und Entgeltregelungen des BAT, BAT-O, MTArb usw., weshalb § 2 TVÜ-Bund deutlich kürzer und einfacher ausfällt.

**Absatz 1 (Ersetzung des BAT-Tarifrechts bei tarifgebundenen Arbeitgebern)**
In Absatz 1 ist der Grundsatz der Tarifreform des öffentlichen Dienstes verankert, nämlich, dass der TVöD ab dem 1. Oktober 2005 generell das bestehende Mantel-Tarifrecht ablösen soll. Folgerichtig

---

[5] KAV = Kommunaler Arbeitgeberverband (auch Arbeitsrechtliche Vereinigung Hamburg)

ersetzt der TVöD ab diesem Zeitpunkt die in der Aufzählung in Satz 1 genannten Tarifverträge, und zwar namentlich

- den BAT (VKA),
- den BAT-O (VKA),
- den BAT Ostdeutsche Sparkassen,
- den BMT-G II,
- den BMT-G-O und
- den TV Arbeiter Ostdeutsche Sparkassen.

Außerdem werden die diese Tarifverträge **ergänzenden Tarifverträge der VKA** ersetzt. Die Protokollerklärung zu § 2 Abs. 1 stellt indes klar, dass solche ergänzenden Tarifverträge, die zwar von der VKA abgeschlossen wurden, jedoch landesbezirkliche[6] Regelungen zum Gegenstand haben[7], nicht durch den TVöD ersetzt werden. Außerdem werden nicht genannte spezielle Tarifregelungen auf der Ebene der Bundestarifparteien, wie z. B. besondere Tarifverträge für Waldarbeiter, amtliche Tierärzte und Fleischkontrolleure aber auch der Tarifvertrag Versorgungsbetriebe (TV-V) und vergleichbare Spartentarifverträge (TV-N; TV-WW/NW) nicht ersetzt werden.

Der **TVöD ist im Bereich der VKA kein allgemein ersetzender Tarifvertrag** mit der Folge, dass das bisherige Tarifrecht außer Kraft träte. Der BAT endet nicht. Dort, wo die von den Tarifvertragsparteien gewillkürt ersetzende Wirkung nicht eintritt, gelten der BAT, BAT-O usw. als unmittelbare und zwingende Rechtsnormen (§§ 3 Abs. 3, 4 Abs. 1 TVG) weiter.

Zunächst tritt die ersetzende Wirkung des TVöD generell **nur bei tarifgebundenen Arbeitgebern**, die Mitglied eines Mitgliedsverbandes der VKA sind, ein. Der BAT bleibt im Übrigen daneben in Kraft. Nun ist es zwar richtig, dass die Tarifvertragsparteien ohnehin Vereinbarungen nur mit Wirkung für ihre Mitglieder schließen können, die einschränkende Ersetzungsregelung hat jedoch im konkreten Fall zur Folge, dass bei Anwendern des BAT, die nicht (mehr) tarifgebunden sind, unter Umständen keine ersetzende Wirkung eintritt. Der TVöD ist kein allgemein ersetzendes Tarifrecht. Wenn also bei nicht tarifgebundenen BAT-Anwendern im Arbeitsvertrag z. B. vereinbart ist: *„Auf das Arbeitsverhältnis findet der BAT (VKA) und die diese ergänzenden oder ersetzenden Tarifverträge Anwendung ...",* so gilt ab dem 1. Oktober 2005 nicht zwingend automatisch der TVöD, da dieser eben kein allgemein ersetzender Tarifvertrag ist, sondern der BAT daneben weiter in Kraft bleibt.

Bei der Beantwortung der Frage, welches Tarifrecht ab dem 1. Oktober 2005 zur Anwendung kommt, sind zwei Fallgestaltungen zu unterscheiden:

a) **Nachbindung, Nachwirkung: Arbeitgeber, die vormals Mitglied eines kommunalen Arbeitgeberverbandes waren** und dort ausgetreten sind, befinden sich entweder noch in der gesetzlichen **Nachbindung** (diese besteht gemäß § 3 Abs. 3 TVG solange, bis der Tarifvertrag endet) oder auf die dortigen Arbeitsverhältnisse, die vor dem Austritt bereits bestanden, **wirkt der BAT nach** (nach Ablauf des Tarifvertrags gelten gemäß § 4 Abs. 5 TVG dessen Rechtsnormen solange weiter, bis sie durch eine andere Abmachung ersetzt worden sind). Bei solchen Arbeitgebern ist ein entsprechender Passus im Arbeitsvertrag als **Gleichstellungsabrede**

---

[6] Der Begriff „landesbezirklich" entspricht der Nomenklatur der Vereinten Dienstleistungsgewerkschaft (ver.di). Vor der Gründung von ver.di (bei der ÖTV) hießen die Organisationseinheiten auf Landesebene „Bezirke". Ältere „bezirkliche Tarifverträge" entsprechen daher „landesbezirklichen Tarifverträgen" nach der ver.di-Nomenklatur (vgl. Niederschriftserklärung zur Protokollerklärung zu § 2 Abs. 1).

[7] So war die VKA z. B. nach dem *Tarifvertrag betreffend die Arbeiter im Fahrdienst von Nahverkehrsbetrieben im Geltungsbereich des BMT-G-O* zuständig für den Abschluss von Anwendungsvereinbarungen mit Wirkung für einzelne Mitgliedsunternehmen eines KAV – an sich typisch landesbezirkliche Tarifverträge.

zu verstehen mit dem Inhalt, dass auf das Arbeitsverhältnis unabhängig von der Tarifbindung des einzelnen Arbeitnehmers das jeweils für die tarifgebundenen Arbeitnehmer beim Arbeitgeber geltende Tarifrecht Anwendung finden soll[8]. Da der TVöD aber auch mit Wirkung für tarifgebundene Arbeitnehmer den BAT **nur bei tarifgebundenen Arbeitgebern** ablöst, verbleibt es in diesen Fällen bei der Weitergeltung des BAT. Das Augenmerk bei der Beantwortung der Frage, welches Tarifrecht gilt, muss sich also auf die **tarifgebundenen Arbeitnehmer** richten. Deren Rechtstellung ist maßgebend. Und hier erschöpft sich nach ständiger Rechtsprechung des BAG[9] der vertragliche Hinweis auf den Tarifvertrag nicht dahingehend, dass auf etwas verwiesen wird, was kraft Tarifrechts ohnehin gilt. Vielmehr habe der Passus im Arbeitsvertrag auch konstitutive Bedeutung. Jedoch nicht dahingehend, dass nach Wegfall der tariflichen Wirkung nun arbeitsvertraglich auf der schuldrechtlichen Ebene der Tarif weiterhin dynamisch zur Anwendung kommt. Vielmehr sinkt mit Ende der Tarifbindung der bislang normativ geltende Tarifvertrag ab auf die schuldrechtliche Ebene und gilt dort – und das ist entscheidend – **statisch** weiter. Änderungen des Tarifvertrages haben auf dieses Arbeitsverhältnis keine Auswirkungen mehr. Die Vereinbarung im Arbeitsvertrag, wonach der BAT dynamisch gilt, entfaltet keine Wirkung mehr. Und dies gilt erst Recht für die umfassendste Änderung, nämlich die Ersetzung des Tarifvertrages. Sonach ist festzuhalten: für tarifgebundene AN hat der ersetzende Tarifvertrag keinerlei Wirkung, löst also den BAT nicht ab. Kraft Gleichstellungsabrede gilt dies auch für die nicht tarifgebundenen AN.

b) **gewillkürte Tarifbindung:** Anders sind entsprechende Vereinbarungen im Arbeitsvertrag bei einer von Anfang an gewillkürten Tarifbindung auszulegen. War der Arbeitgeber bei Abschluss des Arbeitsvertrags nicht tarifgebunden (einschließlich Nachbindung oder Nachwirkung), so kann es sich bei einer arbeitsvertraglichen Bezugnahme auf einen Tarifvertrag niemals um eine Gleichstellungsabrede handeln[10]. Eine Vereinbarung im Arbeitsvertrag, nach der der BAT Anwendung finden soll, ist in diesem Fall eine echte Verweisungsklausel, mit der der Inhalt des Tarifvertrages und ggf. ändernder oder ersetzender Tarifverträge zum Bestandteil des Arbeitsvertrags wird. Ob diese nur auf einen bestimmten Tarifvertrag (statische Verweisungsklausel) oder auch auf Tarifvertragsänderungen bzw. ersetzendes Tarifrecht verweist (dynamische Verweisungsklausel bzw. Tarifwechselklausel), hängt von der Formulierung im Arbeitsvertrag ab. Bei der Formulierung im obigen Beispiel kann wohl davon ausgegangen werden, dass es Gegenstand der Vereinbarung war, das jeweils für Beschäftigte in tarifgebundenen Gemeinden geltende Tarifrecht anzuwenden. Für eine solche Auslegung würde auch eine Vereinbarung wie „... *es gilt der BAT in seiner jeweiligen Fassung*" ausreichen, wenn in der Vergangenheit tatsächlich immer das für Gemeinden geltende Tarifrecht (BAT in der VKA-Fassung) zur Anwendung kam. In diesen Fällen kommt aufgrund der dynamischen Verweisungsklausel ab dem 1. Oktober 2005 der TVöD und der TVÜ-VKA zur Anwendung. Anders wäre es bei einer arbeitsvertraglichen Vereinbarung wie: „*Auf das Arbeitsverhältnis findet der BAT in der Fassung vom [Datum] Anwendung.*" Eine solche statische Verweisung führt zum Verbleib im BAT der jeweiligen Fassung. Besonders problematisch sind Verweise in Arbeitsverträgen bei nicht tarifgebundenen Arbeitgebern, mit denen auf den jeweiligen **BAT in der Bund/Länder-Fassung** verwiesen wird. Beim Bund wird der BAT in jedem Fall ab dem 1. Oktober 2005 durch den TVöD abgelöst, für die TdL und damit für die Bundesländer bleibt jedoch der BAT weiterhin in Kraft, da die TdL nicht am Abschluss des TVöD beteiligt war und bisherige Verhandlungen zur Einführung des TVöD ergebnislos blieben. Eine Bezugnahmeklausel auf das Bund/Länder-Recht bedarf weiterer Auslegungskriterien (z. B. können Zuwendungen des Bundes oder der Länder zu den Personalkosten an die Bedingung

---

[8] Vgl. z. B. BAG, Urteil vom 1. Dezember 2004, 4 AZR 329/04.
[9] BAG a. a. O.
[10] Da Tarifbindung immer beiderseits vorliegen muss, gibt es hier keine tarifgebundenen Arbeitnehmer, mit denen gleichgestellt werden könnte.

geknüpft sein, dass das jeweilige Tarifrecht angewandt wird). Ergeben sich keine weiteren Auslegungshinweise, ist zu empfehlen, eine Klarstellung in den Arbeitsverträgen vorzunehmen.

**Hinweis**

Für den Fall, dass sich aus dem Wortlaut der Arbeitsverträge nicht hinreichend klar ergibt, welches Tarifrecht (BAT oder TVöD) ab Oktober 2005 zur Anwendung kommt, sollte rechtzeitig eine klarstellende Änderung der Arbeitsverträge herbeigeführt werden.

Die ersetzende Wirkung tritt **gem. Absatz 1 Satz 2** grundsätzlich ab dem 1. Oktober 2005 ein, sofern kein abweichender Termin bestimmt ist (vgl. z. B. Absatz 6).

**Absatz 2 (Ablösung landesbezirklicher Tarifverträge)**
Da die Mitgliedsverbände der VKA eigene Tariffähigkeit besitzen (§ 2 Abs. 1 TVG) gibt es eine Vielzahl von bezirklichen und landesbezirklichen Tarifverträgen, die unterhalb der Ebene des Dachverbandes VKA vereinbart worden sind. Weil es keine vollständige Übersicht über diese Tarifverträge auf Landesebene gibt, bedurfte es einer pragmatischen Regelung, wie mit diesen Tarifverträgen ab Oktober 2005 zu verfahren ist.

Absatz 2 bestimmt hierzu folgerichtig, dass die landesbezirklichen Tarifvertragsparteien selbst gefordert sind, die von ihnen abgeschlossenen Tarifverträge hinsichtlich ihrer Weitergeltung zu prüfen und diese ggf. anzupassen, es sei denn, der TVÜ enthält ausnahmsweise eigenständige Regelungen zur Weitergeltung dieser Tarifverträge.

Zugleich bestimmt Absatz 2 Satz 2, dass der TVöD auch die auf Landesebene abgeschlossenen Tarifverträge ab dem 1. Januar 2007 ersetzt, wenn die landesbezirklichen Tarifvertragsparteien bis dahin kein entgegenstehenden Vereinbarungen getroffen haben. Damit sind im Interesse der zügigen Herstellung von Rechtssicherheit die Tarifvertragsparteien auf Landesebene gehalten, alsbald über das Schicksal ihrer Tarifverträge zu entscheiden. Sollte dies ausnahmsweise nicht bis zum 31. Dezember 2006 möglich sein, können die landesbezirklichen Tarifvertragsparteien einvernehmlich die Frist verlängern, nach deren Ablauf der TVöD ihre Tarifverträge ersetzt.

**Absatz 3 (Notlagen-/Sanierungstarifverträge)**
Hinsichtlich der **Tarifverträge zur Beschäftigungssicherung/Sanierung/Steigerung der Wettbewerbsfähigkeit** auf landesbezirklicher Ebene bestimmt Absatz 3 abweichend von Absatz 2, dass der TVöD unter Berücksichtigung der materiellen Wirkungen dieser Tarifverträge zur Anwendung kommt. Die genannten Notlagen- bzw. Sanierungstarifverträge sind typischerweise für Krankenhäusern und Flughäfen vereinbart worden.

Sofern dort Abweichungen hinsichtlich der Vergütungshöhe, der Arbeitszeit, der betrieblichen Altersversorgung usw. festgelegt worden sind, finden diese unter Beachtung der Regelungen des TVöD wirkungsgleich weiter Anwendung. Die landesbezirklichen Tarifvertragsparteien sind gehalten, alsbald eine Anpassung an den TVöD vorzunehmen.

Hinsichtlich der Überleitung bestimmt Absatz 3 in diesen Fällen, dass die Überleitung auf der Basis des Rechtsstandes vom 30. September 2005 erst nach Einigung der landesbezirklichen Tarifvertragsparteien über die Anpassung der Regelungen erfolgt. Bis dahin wird das Entgelt in der im September 2005 zustehenden Höhe weitergezahlt (nicht als Abschlagszahlung, sondern als abweichender Rechtsanspruch). Jedoch richtet sich der Anspruch auf familienbezogene Entgeltbestandteile ab Oktober 2005 nach dem TVÜ-VKA. Letzteres betrifft vor allem den Besitzstand für kindergeldbezogene Entgeltbestandteile (Ortszuschlag ab Stufe 3 bzw. Sozialzuschlag). Für neu eingestellte Beschäftigte bedeutet dies, dass die in den genannten Tarifverträgen festgeschriebenen besonderen

Entgelte auch für sie gelten, jedoch ohne familienbezogene Entgeltbestandteile (Ehegatten-/Kinderzuschlag).

Die **Protokollerklärung zu § 2 Abs. 3** beruht auf einer besonderen Vereinbarung der Tarifvertragsparteien für die Sparte der deutschen **Verkehrsflughäfen**. Dort gilt Absatz 3 mit der Maßgabe, dass bestehende Rahmentarifregelungen unberührt bleiben und dass die Überleitung rechtlich zum 1. Oktober 2005, faktisch („tatsächlich personalwirtschaftlich") jedoch erst zu dem Zeitpunkt, zu dem sich die Tarifvertragsparteien auf der Landesebene über die Anpassung der jeweiligen Anwendungsvereinbarung verständigt haben, erfolgt. Bis dahin wird das Septemberentgelt 2005 abweichend von Absatz 3 **als Abschlag** weitergezahlt und ggf. später verrechnet.

**Absatz 4 (Tarifverträge zur Beschäftigungssicherung Ost)**
Auch Absatz 4 betrifft Sonderfälle der in Absatz 2 geregelten landesbezirklichen Tarifverträge.

Gemäß § 3 des **Tarifvertrags zur sozialen Absicherung** kann im Tarifgebiet Ost durch landesbezirklichen Tarifvertrag für einzelne Unternehmen oder Verwaltungen zur Vermeidung betriebsbedingter Kündigungen die tarifliche Arbeitszeit befristet abgesenkt werden. Die Vergütungen/Löhne werden entsprechend reduziert und die Arbeitnehmer erhalten Schutz vor betriebsbedingten Kündigungen. Da der Tarifvertrag zur sozialen Absicherung als ergänzender Tarifvertrag zum TVöD auch nach dem 30. September 2005 bestehen bleibt, sollen darauf basierende landesbezirkliche Tarifverträge zur Arbeitsplatzsicherung durch den TVöD nicht abgelöst werden. Bei Bedarf sind diese Tarifverträge jedoch durch die Tarifvertragsparteien auf der Landesebene an die Rahmenbedingungen des TVöD anzupassen (z. B. wenn dort auf Tarifbestandteile – *Urlaubsgeld etc.* – Bezug genommen wurde, die im TVöD nicht mehr geregelt sind).

**Absatz 5 (Andere Spartentarifverträge)**
Absatz 5 enthält Ausnahmevorschriften zum Geltungsbereich für Betriebe, die dem Geltungsbereich eines Spartentarifvertrags unterliegen.

Neben dem BAT/BAT-O/BAT Ostdeutsche Sparkassen bzw. BMT-G II/BMT-G-O existieren bei der VKA bzw. ihren Mitgliedsverbänden eigenständige Mantel- und Vergütungstarifverträge für bestimmte Sparten (**Spartentarifverträge**). Dabei handelt es sich um

- den von der VKA abgeschlossenen Tarifvertrag **Versorgungsbetriebe** (TV-V),

- einen der von einer Anzahl kommunaler Arbeitgeberverbände abgeschlossenen landesbezirklichen Tarifverträge für **Nahverkehrsbetriebe** (TV-N) oder

- den vom KAV NW abgeschlossenen Tarifvertrag **Wasserwirtschaft Nordrhein-Westfalen** (TV-WW/NW).

Soweit in Betrieben für die Arbeitnehmer, einer dieser Tarifverträge gilt, ersetzt dieser den BAT/BAT-O usw. (vgl. § 1a BAT). Da diese Spartentarifverträge bereits neben dem BAT bestehen, enthält der TVöD für diese Sparten auch keine spartenspezifischen Tarifnormen (besondere Teile). Folgerichtig ersetzt der TVöD diese Tarifverträge nicht und die den Geltungsbereichen der jeweiligen Spartentarifverträge zugeordneten Arbeitgeber (Betriebe oder Betriebsteile) sind vom Geltungsbereich des TVöD ausgenommen.

Ausnahmsweise kommt der TVöD dort jedoch dann zur Anwendung, wenn diese in begründeten Einzelfällen durch die landesbezirklichen Tarifparteien in den Geltungsbereich des TVöD und des TVÜ einbezogen werden.

Die Ausnahmeregelung in Absatz 5 führt dazu, dass für bestimmte tarifgebundene Arbeitgeber, die Mitglieder eines KAV sind, ab dem 1. Oktober 2005 weder der TVöD, noch einer der oben genannten Spartentarifverträge zur Anwendung kommt, sondern **der BAT/BAT-O usw. weiter gilt**. So gelten zwar die Spartentarifverträge Nahverkehr in der Regel für alle Nahverkehrsunternehmen, die Mitglied des jeweiligen Arbeitgeberverbandes sind, für die Überleitung vom BAT in den TV-N bedarf es jedoch regelmäßig einer gesonderten Anwendungsvereinbarung. Das heißt, dass in den Mitgliedsverbänden der VKA, die einen TV-N abgeschlossen haben, nicht zwangsläufig alle Nahverkehrsbetriebe dem TV-N unterfallen. Nahverkehrsbetriebe, für die die Anwendung des TV-N noch nicht über die erforderliche Anwendungsvereinbarung vereinbart wurde, unterliegen weiterhin dem BAT/BMT-G und verbleiben dort auch so lange, bis die Anwendung des TV-N vereinbart wurde. Die Anwendung des TVöD ist ausgeschlossen.

## Hinweis

Verkehrsbetriebe, die Mitglied eines KAV sind und für die nicht die Anwendung eines TV-N vereinbart wurde, werden nicht in den TVöD übergeleitet. Dort gilt der BAT/BMT-G auch ab dem 1. Oktober 2005 weiter.

Die Protokollerklärung stellt klar, dass durch Absatz 5 nicht verhindert wird, dass Betriebsteile, die an sich dem Geltungsbereich eines TV-N entsprechen, in den Geltungsbereich eines anderen Spartentarifvertrags (TV-V; TV-WW/NW) einbezogen werden können. Eine solche Einbeziehung kann z. B. in **Querverbundunternehmen** sinnvoll sein, in denen eine trennscharfe Zuordnung des Personals zu einem der Spartentarifbereiche nicht möglich ist. Damit kann vereinbart werden, dass im Unternehmen nur ein Tarifvertrag zur Anwendung kommt.

**Absatz 6 (Option auf Spartentarifverträge)**
Die Ausnahmevorschrift zum Geltungsbereich in Absatz 6 erfasst im Gegensatz zu der in Absatz 5 solche Arbeitgeber, die zwar an sich dem Geltungsbereich des TVöD unterlägen, für die aber beabsichtigt ist, optional einen der genannten Spartentarifverträge (siehe oben Absatz 5) anzuwenden. Dies können z. B. kommunale Unternehmen sein, die sowohl Versorgungs- als auch Entsorgungsleistungen erbringen und die daher nicht zwingend unter den Geltungsbereich des TV-V fallen, aber durch landesbezirklichen Tarifvertrag einbezogen werden können.

Wenn die Einbeziehung in einen Spartentarifvertrag zwar beabsichtigt ist, jedoch bis zum In-Kraft-Treten des TVöD (1. Oktober 2005) noch nicht vereinbart wurde, soll zunächst keine Überleitung in den TVöD erfolgen. Voraussetzung ist lediglich, dass bis zum 30 September 2005 entsprechende Tarifverhandlungen aufgenommen worden sind. Nach der **Protokollerklärung zu § 2 Abs. 6** gelten Tarifverhandlungen auch dann als aufgenommen, wenn eine Tarifvertragspartei auf landesbezirklicher Ebene zum Abschluss eines Tarifvertrags über die Einbeziehung des Unternehmens in einen der genannten Spartentarifverträge **aufgefordert** wurde.

Mit der Regelung in Absatz 6 wird eine **doppelte Überleitung** vermieden.

Anderenfalls wäre am 1. Oktober 2005 zunächst die Überleitung in den TVöD vorzunehmen. Nach Vereinbarung der Anwendung eines anderen Spartentarifvertrages müsste dann in diesen übergeleitet werden. Dies wäre nicht nur mit erheblichem personalwirtschaftlichem Aufwand verbunden, sondern würde zu Rechtskonflikten führen, da die Spartentarifverträge zwar die Überleitung aus dem BAT (-O)/BMT-G (-O) vorsehen, nicht jedoch eine Überleitung aus dem TVöD.

Mit **Satz 2** wird den landesbezirklichen Tarifvertragsparteien eine **Einigungsfrist** gesetzt.

Die Tarifverhandlungen zur Einbeziehung in einen anderen Spartentarifvertrag müssen **ab 1. Januar 2008** die Anwendung des Spartentarifrechts vorsehen, anderenfalls **gilt ab diesem Zeitpunkt der TVöD**, außer ggf. für Betriebsteile, die vom Geltungsbereich des TVöD ausgeschlossen sind. Letztere verbleiben dann im BAT (-O)/BMT-G (-O).

Durch Satz 2 der Protokollerklärung wird sichergestellt, dass auch bei einem Scheitern der Tarifverhandlungen zur Einbeziehung in einen anderen Spartentarifvertrag (Ablauf der Einigungsfrist) zu einem Zeitpunkt nach dem 1. Oktober 2005 die Überleitung nach dem TVÜ erfolgt[11].

**Niederschriftserklärung (Heilung „fehlerhafter" Arbeitsverträge)**
Mit der Niederschriftserklärung bringen die Tarifvertragsparteien ihre Erwartung zum Ausdruck, dass aus Gleichbehandlungsgesichtspunkten der TVöD und der TVÜ **bei tarifgebundenen Arbeitgebern** auch auf die Arbeitsverhältnisse der Arbeitnehmer Anwendung findet, die nicht tarifgebunden sind und bei denen der BAT usw. aufgrund einzelvertraglicher Bezugnahmen zur Anwendung kommt – selbst wenn die Anwendung ersetzender Tarifverträge nicht ausdrücklich vereinbart wurde.

**Materiell** entfaltet die Niederschriftserklärung **keine Wirkung**. Wenn mit einem nicht tarifgebundenen Arbeitnehmer zwar die Anwendung des BAT, nicht aber die eines ersetzenden Tarifvertrags vereinbart ist, kann nur durch Auslegung des Arbeitsvertrags festgestellt werden, ob ab dem 1. Oktober 2005 der BAT weiterhin maßgeblich ist oder ob der TVöD Anwendung findet.

Da der Arbeitgeber tarifgebunden sein muss (siehe Erläuterung zu Absatz 1), ist eine entsprechende Vereinbarung im Arbeitsvertrag regelmäßig[12] als **Gleichstellungsabrede** zu verstehen, die zum Inhalt hat, dass für den nicht tarifgebundenen Arbeitnehmer genau das selbe Recht gelten soll, wie für einen entsprechenden tarifgebundenen Arbeitnehmer. In diesem Fall gilt ab 1. Oktober 2005 der TVöD auch für dieses Arbeitsverhältnis. (siehe Erläuterungen zu Absatz 1)

### 1.2.2.2 TVÜ-Bund

Die Ersetzung bisherigen Tarifrechts durch den TVöD war beim Bund, der als einzelner Arbeitgeber selbst Tarifvertragspartei ist und bei dem kein bezirkliches/landesbezirkliches Tarifrecht existiert, deutlich einfacher zu gestalten. Anders, als im TVÜ-VKA, sind im TVÜ-Bund die Tarifverträge, die durch den TVöD ersetzt werden abschließend aufgezählt (Anlage 1 zum TVÜ-Bund).

Ausnahmeregelungen wie in § 2 Abs. 2 bis 6 TVÜ-VKA waren bei der Bundesregelung nicht erforderlich.

Hinsichtlich der Vertragsauslegung bei nicht tarifgebundenen Arbeitgebern, die die Anwendung des BAT in der Bund/Länder-Fassung vereinbart haben, wird auf die Erläuterungen oben zu Absatz 2 hingewiesen.

# 2 Überleitungsregelungen (Zweiter Abschnitt)

Der 2. Abschnitt des TVÜ enthält die Vorschriften für die **Überleitung der Beschäftigten hinsichtlich ihres Entgelts** in den TVöD, die bereits vor dem 1. Oktober 2005 im Arbeitsverhältnis beim Arbeitgeber standen.

Da der TVöD ein überaus komplexes Tarifrechtsgefüge ersetzt und allein auf der Regelungsebene der Bundes-Tarifvertragsparteien insgesamt ca. 100 Tarifverträge auf wenige Rechtsnormen zusammenführt, bedurfte es sorgfältiger Regelungen zur Überleitung des vorhandenen Personals vom alten in das neue Recht. Dies betrifft insbesondere die Überleitung der bestehenden unterschiedlichen Lohn- und Vergütungsregelungen in die neue einheitliche Entgelttabelle des TVöD.

---

[11] Nach § 1 Abs. 1 TVÜ gilt der TVÜ im Übrigen nur für Beschäftigte, die am 1. Oktober 2005 unter den TVöD fallen.
[12] Eine Gleichstellungsabrede ist nur dann nicht anzunehmen, wenn sich aus dem Wortlaut des Arbeitsvertrags ausdrücklich das Gegenteil ergibt. Zum Beispiel.: *„Auf das Arbeitsverhältnis findet der BAT in der Fassung vom ... mit Ausnahme der Regelungen in §§ ... Anwendung. Künftige Änderungen des BAT wirken sich nur aus, wenn dies ausdrücklich vereinbart wird."*

> **Hinweis**
> Einen Überleitungsrechner finden Sie in unserem Internet-Portal www.tvoed-office.de!

## 2.1 Überleitung in den TVöD

### 2.1.1 Tariftext TVÜ-VKA

§ 3
Überleitung in den TVöD

**Die von § 1 Abs. 1 erfassten Beschäftigten werden am 1. Oktober 2005 gemäß den nachfolgenden Regelungen in den TVöD übergeleitet.**

### 2.1.2 Regelungsinhalt

#### 2.1.2.1 TVÜ-VKA

§ 3 bestimmt, dass die von § 1 Abs. 1 erfassten Beschäftigten am 1. Oktober 2005 unter Anwendung der Überleitungsvorschriften des 2. Abschnitts TVÜ in den TVöD übergeleitet werden.

Nach § 1 Abs. 1 ist Voraussetzung, dass das Arbeitsverhältnis des Arbeitnehmers zu einem (an den TVöD) tarifgebundenen Arbeitgeber über den 30. September 2005 fortbesteht und er am 1. Oktober 2005 unter den Geltungsbereich des TVöD fällt. Letzteres wiederum ergibt sich aus dem TVöD selbst, sowie ergänzend aus § 2 Abs. 5 und 6 TVÜ-VKA (vgl. Erläuterungen zu § 2).

Zu beachten ist, dass nach der **Niederschriftserklärung zu §§ 3, 4** für Mitglieder von Mitgliedsverbänden der VKA, bei denen die Vergütungstabelle des Bundes und der Länder Anwendung findet (dies ist zum Teil in den Stadtstaaten Berlin, Bremen und Hamburg der Fall), gesonderte Überleitungsregelungen vereinbart werden. Die Überleitungsvorschriften des TVÜ-VKA kommen dort zwar grundsätzlich auch zum Einsatz, jedoch mit parziellen Abweichungen. Wahrscheinlich ist, dass dort teilweise (hinsichtlich der Anlagen 2 bis 4 TVÜ-Bund) der TVÜ-Bund zur Anwendung kommt.

#### 2.1.2.2 TVÜ-Bund

§ 3 TVÜ-VKA und § 3 TVÜ-Bund sind identisch. Der TVÜ-Bund enthält jedoch keine Niederschriftserklärung.

## 2.2 Zuordnung der Vergütungs- und Lohngruppen

### 2.2.1 Tariftext TVÜ-VKA

§ 4
Zuordnung der Vergütungs- und Lohngruppen

**(1) Für die Überleitung der Beschäftigten wird ihre Vergütungs- bzw. Lohngruppe (§ 22 BAT/BAT-O/BAT-Ostdeutsche Sparkassen bzw. entsprechende Regelungen für Arbeiterinnen und Arbeiter bzw. besondere tarifvertragliche Vorschriften für bestimmte Berufsgruppen) nach der <u>Anlage 1 TVÜ</u> den Entgeltgruppen des TVöD zugeordnet.**

**Protokollerklärung zu § 4 Abs. 1:**

**[1]Die Überleitung von Lehrkräften wird noch verhandelt. [2]Am 1. Oktober 2005 erfolgt vorerst die Fortzahlung der bisherigen Bezüge als zu verrechnender Abschlag auf das Entgelt, das diesen Beschäftigten nach der Überleitung zusteht.**

Die Neuregelungen im Einzelnen 35

<u>Niederschriftserklärung zur Protokollerklärung zu § 4 Abs. 1:</u>

Die Tarifvertragsparteien werden hierzu baldmöglichst einen Termin vereinbaren.

(2) Beschäftigte, die im Oktober 2005 bei Fortgeltung des bisherigen Tarifrechts die Voraussetzungen für einen Bewährungs-, Fallgruppen- oder Tätigkeitsaufstieg erfüllt hätten, werden für die Überleitung so behandelt, als wären sie bereits im September 2005 höhergruppiert worden.

(3) Beschäftigte, die im Oktober 2005 bei Fortgeltung des bisherigen Tarifrechts in eine niedrigere Vergütungs- bzw. Lohngruppe eingruppiert worden wären, werden für die Überleitung so behandelt, als wären sie bereits im September 2005 herabgruppiert worden.

<u>Niederschriftserklärung zu §§ 3,4:</u>

[1]Soweit bei Mitgliedsverbänden der VKA oder ihren Mitgliedern die Vergütungstabelle des Bundes und der Länder Anwendung findet, werden die Tarifvertragsparteien gesonderte Regelungen für die Überleitung vereinbaren. [2]Soweit in bezirklichen Lohngruppenverzeichnissen/Tarifvertrag zu § 20 BMT-G-O bei den Aufstiegen andere Verweildauern als 3 Jahre bzw. – für die Eingruppierung in eine a-Gruppe – als 4 Jahre vereinbart sind, werden die Tarifvertragsparteien prüfen, ob die Zuordnung der Lohngruppen zu den Entgeltgruppen gemäß Anlage 1 TVÜ nach den zu Grunde liegenden Grundsätzen erfolgt oder ob abweichende Regelungen notwendig sind. [3]Entsprechendes gilt für Beschäftigte, die in den TVöD übergeleitet werden und die dem Gehaltstarifvertrag für Angestellte in Versorgungs- und Verkehrsbetrieben im Lande Hessen (HGTAV) unterfallen. [4]Soweit besondere Lohngruppen vereinbart sind (z. B. F-Lohngruppen) erfolgt eine entsprechende Zuordnung zu den Entgeltgruppen.

## 2.2.2 Regelungsinhalt

**Vorbemerkungen:**
Die Überleitung in den TVöD hinsichtlich des Entgelts erfolgt in folgenden Schritten:

1. Ermittlung der neuen Entgeltgruppe (§ 4)

2. Bildung eines Vergleichsentgelts (§ 5)

3. Ermittlung der Stufe in der neuen Entgeltgruppe (§§ 6 bis 7)

4. Feststellung von Besitzstandsansprüchen/Vertrauensschutz (3. Abschnitt)

In § 4 ist der **erste Schritt** der Überleitung in den TVöD geregelt.

**Absatz 1 (Zuweisung der Entgeltgruppen)**
Die Zuordnung der Tätigkeiten aus den Vergütungsgruppen des BAT bzw. den Lohngruppen des BMT-G/MTArb zu den Entgeltgruppen der Entgelttabelle des TVöD (Überleitungseingruppierung) ist durch die Tarifvertragsparteien abschließend geregelt. Hierzu enthält der TVÜ-VKA in Anlage 1 (TVÜ-Bund: Anlage 2) eine Tabelle, aus der sich die Zuordnung der bisherigen Lohn- und Vergütungsgruppen zu den neuen Entgeltgruppen ergibt.

Die Tabelle der **Anlage 1** ist selbsterklärend. Sie besteht aus drei Spalten. In der linken Spalte ist die Entgeltgruppe des TVöD ablesbar (zu den Entgeltgruppen 15ü und 2ü vgl. Erläuterung zu § 19), die mittlere Spalte weist die bisherigen Vergütungsgruppen nach dem BAT aus und die rechte Spalte die bisherigen Lohngruppen nach dem BMT-G. Bei der Zuordnung zu den Entgeltgruppen sind Bewährungs-, Tätigkeits- und Zeitaufstiege nach bisherigem Recht zu berücksichtigen. Dabei wird in der Zuordnungstabelle bei Angestellten zum Teil danach unterschieden, ob ein Aufstieg vorgesehen ist, ob der Aufstieg schon erfolgt ist oder noch bevorsteht. Bei Arbeitern erfolgt keine Unterscheidung danach, ob ein Lohngruppenaufstieg schon erfolgt ist oder nicht.

**Beispiel (Arbeiter LGr. 3 übergeleitet in EGr. 3)**

| EGr. | Vergütungsgruppe | Lohngruppe |
|---|---|---|
|  | VIII nach Aufstieg aus IXa | 3a |
| 3 | VIII mit ausstehendem Aufstieg nach VII | 3 mit ausstehendem Aufstieg nach 3a |
|  | VIII ohne Aufstieg nach VII | 3 nach Aufstieg aus 2 |
|  |  | 2 mit ausstehendem Aufstieg nach 3 und 3a |

**Beispiele**

1. Ein Angestellter wird aus VergGr. III ohne Aufstieg nach II übergeleitet in → EGr. 11

2. Ein Angestellter wird aus VergGr. III mit bevorstehendem Aufstieg nach II übergeleitet in → EGr. 12

3. Ein Angestellter wird aus VergGr. II nach erfolgtem Aufstieg aus III übergeleitet in → EGr. 12

4. Ein Angestellter wird aus VergGr. II ohne weiteren Aufstieg übergeleitet in → EGr. 13

5. Eine Erzieherin in VergGr. VIb mit ausstehendem Aufstieg nach Vc wird übergeleitet in → EGr. 6

6. Eine Erzieherin in VergGr. Vc nach erfolgtem Aufstieg aus VIb wird übergeleitet in → EGr. 8

Eine Hilfestellung für die schnelle Ermittlung der Zuordnung nach dem TVÜ-VKA gibt die **Hilfstabelle zu § 4 im Anhang**.

Daneben enthält die Tabelle in Anlage 1 auch Hinweise auf abweichende Stufenzuordnungen (vgl. Erläuterung zu §§ 6 und 7).

Die Eingruppierung von **Lehrkräften** ist bisher nicht tariflich geregelt, sondern richtet sich nach Arbeitgeberrichtlinien (Lehrer-Richtlinien), die die Eingruppierung adäquat zur Besoldung entsprechender beamteter Lehrer vorgeben. Daher werden Lehrer im Bereich der VKA – soweit überhaupt vorhanden – nicht nach der Zuordnungstabelle übergeleitet. Hierzu sollen nach der **Protokollerklärung zu § 4 Abs. 1** noch gesonderte Überleitungsvorschriften verhandelt werden.

**Absatz 2 (Höhergruppierung im Oktober 2005)**
Sofern Angestellte im Monat Oktober 2005 nach bisherigem Recht Anspruch auf einen Vergütungsgruppenaufstieg erreicht hätten, werden diese bei der Anwendung der Zuordnungstabelle so behandelt, als wären sie bereits im September 2005 höhergruppiert worden. Dieser vorgezogene Aufstieg ist konsequent, da er gleichzeitig mit dem Stichtag für die Überleitung (1. Oktober 2005) erfolgt wäre. Mit dieser Regelung wird zugleich vermieden, dass am 1. Oktober gleichzeitig mit der Überleitung die Besitzstandsregelung für Bewährungs- und Fallgruppenaufstiege (§ 8) anzuwenden ist, die – jedenfalls im Falle des § 8 Abs. 1 – zu einem ähnlichen Ergebnis führen würde. Für Arbeiter ist die Regelung unbeachtlich, da bei der Zuordnung keine Differenzierung danach erfolgt, ob ein Aufstieg bereits erreicht wurde oder nicht.

## Die Neuregelungen im Einzelnen

**Absatz 3 (Herabgruppierung im Oktober 2005)**
Absatz 3 regelt die gegenteilige Fallgestaltung zu Absatz 2. Für den Fall, dass bereits feststeht, dass ein Arbeitnehmer nach bisherigem Tarifrecht niedriger eingruppiert worden wäre, wird auch diese Herabgruppierung fiktiv auf den 30. September 2005 „vorgezogen". Denkbar sind Fälle, in denen ab 1. Oktober eine niedriger bewertete Tätigkeit vereinbart ist.

**Besonderheiten:**
Die **Niederschriftserklärung zu §§ 3, 4** enthält ergänzende Regelungsvorbehalte der Tarifvertragsparteien für

- gesonderte Überleitungsregelungen soweit bei einzelnen KAV oder ihren Mitgliedern die Vergütungstabelle der Länder zur Anwendung kommt,
- ggf. abweichende Zuordnungen der Arbeiter bei abweichenden Aufstiegsregelungen in bezirklichen Lohngruppenverzeichnissen sowie
- die Zuordnung besonderer Lohngruppen (z. B. Fahrer-Lohngruppen in Nahverkehrsbetrieben).

Die Niederschriftserklärung entfaltet keine normative Wirkung, sondern ist eher als **Merkposten der Tarifvertragsparteien** (schuldrechtliche Verpflichtungen) anzusehen.

**Hilfstabelle zu § 4**

                                                                                        **Hilfstabelle zu § 4**

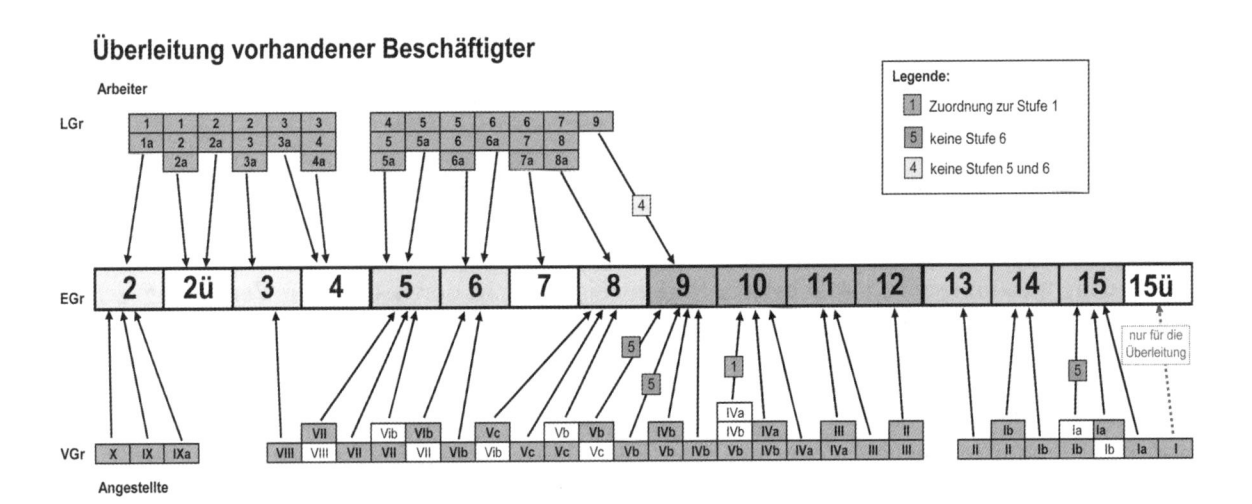

## 2.3 Vergleichsentgelt

### 2.3.1 Tariftext TVÜ-VKA

**§ 5**

**Vergleichsentgelt**

(1) Für die Zuordnung zu den Stufen der Entgelttabelle des TVöD wird für die Beschäftigten nach § 4 ein Vergleichsentgelt auf der Grundlage der im September 2005 erhaltenen Bezüge gemäß den Absätzen 2 bis 7 gebildet.

(2) ¹Bei Beschäftigten aus dem Geltungsbereich des BAT/BAT-O/BAT-Ostdeutsche Sparkassen setzt sich das Vergleichsentgelt aus der Grundvergütung, allgemeiner Zulage und Ortszuschlag der Stufe 1 oder 2 zusammen. ²Ist auch eine andere Person im Sinne von § 29 Abschn. B Abs. 5 BAT/BAT-O/BAT-Ostdeutsche Sparkassen ortszuschlagsberechtigt oder nach beamtenrechtlichen Grundsätzen familienzuschlagsberechtigt, wird nur die Stufe 1 zugrunde gelegt; findet der TVöD am 1. Oktober 2005 auch auf die andere Person Anwendung, geht der jeweils individuell zustehende Teil des Unterschiedsbetrages zwischen den Stufen 1 und 2 des Ortszuschlags in das Vergleichsentgelt ein. ³Ferner fließen im September 2005 tarifvertraglich zustehende Funktionszulagen insoweit in das Vergleichsentgelt ein als sie nach dem TVöD nicht mehr vorgesehen sind. ⁴Erhalten Beschäftigte eine Gesamtvergütung (§ 30 BAT/BAT-O/BAT-Ostdeutsche Sparkassen), bildet diese das Vergleichsentgelt.

Protokollerklärung zu § 5 Abs. 2 Satz 3:

Vorhandene Beschäftigte erhalten bis zum Inkrafttreten der neuen Entgeltordnung, längstens bis zum 31. Dezember 2007, ihre Techniker-, Meister- und Programmiererzulagen unter den bisherigen Voraussetzungen als persönliche Besitzstandszulage.

(3) ¹Bei Beschäftigten aus dem Geltungsbereich des BMT-G/BMT-G-O/TV Arbeiter-Ostdeutsche Sparkassen wird der Monatstabellenlohn als Vergleichsentgelt zugrunde gelegt. ²Absatz 2 Satz 3 gilt entsprechend. ³Erhalten Beschäftigte nicht den Volllohn (§ 21 Abs. 1 Buchst. a BMT-G/BMT-G-O), gilt Absatz 2 Satz 4 entsprechend.

(4) ¹Beschäftigte, die im Oktober 2005 bei Fortgeltung des bisherigen Rechts die Grundvergütung bzw. den Monatstabellenlohn der nächsthöheren Stufe erhalten hätten, werden für die Bemessung des Vergleichsentgelts so behandelt, als wäre der Stufenaufstieg bereits im September 2005 erfolgt. ²§ 4 Abs. 2 und 3 gilt bei der Bemessung des Vergleichsentgelts entsprechend.

Protokollerklärung zu § 5 Abs. 4:

Fällt bei Beschäftigten aus dem Geltungsbereich des BAT/BAT-O/BAT-Ostdeutsche Sparkassen, bei denen sich bisher die Grundvergütung nach § 27 Abschn. A BAT/BAT-O/BAT-Ostdeutsche Sparkassen bestimmt, im Oktober 2005 eine Stufensteigerung mit einer Höhergruppierung zusammen, ist zunächst die Stufensteigerung in der bisherigen Vergütungsgruppe und danach die Höhergruppierung durchzuführen.

(5) ¹Bei Teilzeitbeschäftigten wird das Vergleichsentgelt auf der Grundlage eines vergleichbaren Vollzeitbeschäftigten bestimmt. ²Satz 1 gilt für Beschäftigte, deren Arbeitszeit nach § 3 des Tarifvertrages zur sozialen Absicherung vom 6. Juli 1992 herabgesetzt ist, entsprechend.

Niederschriftserklärung zu § 5 Abs. 5:

Lediglich das Vergleichsentgelt wird auf der Grundlage eines entsprechenden Vollzeitbeschäftigten ermittelt; sodann wird nach der Stufenzuordnung das zustehende Entgelt zeitratierlich berechnet.

(6) Für Beschäftigte, die nicht für alle Tage im September 2005 oder für keinen Tag dieses Monats Bezüge erhalten, wird das Vergleichsentgelt so bestimmt, als hätten sie für alle Tage dieses Monats Bezüge erhalten; in den Fällen des § 27 Abschn. A Abs. 3 Unterabs. 6 und Abschn. B Abs. 3 Unterabs. 4 BAT/BAT-O/BAT-Ostdeutsche Sparkassen bzw. der entsprechenden Regelungen für Arbeiterinnen und Arbeiter werden die Beschäftigten für das Vergleichsentgelt so gestellt, als hätten sie am 1. September 2005 die Arbeit wieder aufgenommen.

(7) Abweichend von den Absätzen 2 bis 6 wird bei Beschäftigten, die gemäß § 27 Abschn. A Abs. 6 oder Abschn. B Abs. 7 BAT/BAT-O/BAT-Ostdeutsche Sparkassen bzw. den entspre-

chenden Regelungen für Arbeiterinnen und Arbeiter den Unterschiedsbetrag zwischen der Grundvergütung bzw. dem Monatstabellenlohn ihrer bisherigen zur nächsthöheren Stufe im September 2005 nur zur Hälfte erhalten, für die Bestimmung des Vergleichsentgelts die volle Grundvergütung bzw. der volle Monatstabellenlohn aus der nächsthöheren Stufe zugrunde gelegt.

### 2.3.2 Regelungsinhalt

#### 2.3.2.1 TVÜ-VKA

Die Bildung eines Vergleichsentgelts gemäß § 5 ist der **zweite Schritt der Überleitung** in den TVöD.

**Absatz 1 (Vergleichsentgelt)**
Gemäß Absatz 1 ist für alle überzuleitenden Beschäftigten ein Vergleichsentgelt auf der Grundlage der im September 2005 erhaltenen Bezüge ermittelt. Das Vergleichsentgelt ist Basis für die Stufenzuordnung.

**Absatz 2 (Ermittlung des Vergleichsentgelts für Angestellte)**
Für Angestellte setzt sich das Vergleichsentgelt aus der

- Grundvergütung,
- dem Ortszuschlag und
- der Allgemeinen Zulage

zusammen.

Als Ortszuschlag ist der tatsächlich erhaltene Ortszuschlag der Stufe 1 oder 2 zugrunde zu legen. Ist auch eine andere Person (Ehegatte oder eingetragener Lebenspartner) ortszuschlagsberechtigt oder familienzuschlagsberechtigt (Beamte) gilt Folgendes:

a) Findet auf den Partner ab 1. Oktober 2005 der TVöD ebenfalls Anwendung, geht der Ortszuschlag der Stufe 1 und der Unterschiedsbetrag zwischen Stufe 1 und 2 zur Hälfte in das Vergleichsentgelt ein (Stufe 1 1/2).

b) Findet auf den Partner ab 1. Oktober weiterhin der BAT oder Beamtenrecht Anwendung, wird beim Vergleichsentgelt nur die Ortszuschlagsstufe 1 berücksichtigt.

**Erläuterung:** Da der in den TVöD übergeleitete Angestellte ab Oktober 2005 keinen Ortszuschlag mehr erhält, hat dessen Partner nach BAT oder Beamtenrecht Anspruch auf den vollen Orts- bzw. Familienzuschlag für verheiratete Angestellte bzw. Beamte. Deshalb ist bei der Überleitung in den TVöD in diesen Fällen nur die Ortszuschlagsstufe 1 zu berücksichtigen.

> **Hinweis**
> Ist der Ehegatte/eingetragene Lebenspartner des Angestellten Angestellter des Landes oder Beamter, wird bei der Ermittlung des Vergleichsentgelts stets der Ortszuschlag der Stufe 1 zugrunde gelegt.

## Berücksichtigung der OZ-Stufen beim Vergleichsentgelts für Angestellte

| Angestellte OZ-Stufe | Ehegatte OZ-Stufe | Vergl.-EG TVöD | Ehegatte |
|---|---|---|---|
| Stufe 1 | -- | Stufe 1 | -- |
| Stufe 1 ½ | Stufe 1 ½ (Land) | Stufe 1 | Stufe 2 (BAT) |
| Stufe 1 ½ | FZ Stufe ½ (als Beamte) | Stufe 1 | FZ 1 (als Beamte) |
| Stufe 1 ½ | Stufe 1 ½ (VKA/Bund) | Stufe 1 ½ | Stufe 1 ½ (TVöD) |
| Stufe 2 | -- | Stufe 2 | -- |

Gemäß Absatz 2 Satz 3 sollen im September 2005 zustehende **Funktionszulagen** zwar insoweit in das Vergleichsentgelt eingehen, als sie nach dem TVöD nicht mehr vorgesehen sind. Diese Regelung ist praktisch jedoch nicht umsetzbar, da hierzu feststehen müsste, welche Funktionszulagen im TVöD vorgesehen sind. Dies wird jedoch erst mit der Vereinbarung der Entgeltordnung zum TVöD feststehen, da die Frage, ob für bestimmte Tätigkeiten Funktionszulagen vorzusehen sind, nur im Zusammenhang mit der Eingruppierung der Tätigkeit beantwortet werden kann. Deshalb sieht die Protokollerklärung zu § 5 Abs. 2 Satz 3 als Konsequenz vor, dass Techniker-, Meister- und Programmiererzulagen bis zur Vereinbarung der neuen Entgeltordnung (längstens bis zum 31. Dezember 2007) als **Besitzstandszulage** weitergezahlt werden. Die Regelung in Satz 3 hat deshalb nur Bedeutung, sofern landesbezirkliche Tarifregelungen (vgl. § 2 Abs. 2) Funktionszulagen beinhalten und die dortigen Tarifvertragsparteien sich vor dem 1. Oktober über deren Weiterführung verständigen.

Bei **Angestellten unter 18 Jahren**, die nach § 30 BAT eine Gesamtvergütung erhalten, bildet diese das Vergleichsentgelt.

## Bildung des Vergleichsentgelts für Angestellte Beispiele

**Beispiel 1:**
Angestellter im Innendienst, IVa, Fgr. 1a, verh., Ehefrau nicht im öff. Dienst, BAT-VKA, St. 9
2.703,56 € - Grundvergütung
609,96 € - Ortszuschlag Stufe 2
114,60 € - Allgemeine Zulage

3.428,12 € - Vergleichsentgelt

**Beispiel 2:**
Heilpädagoge, Vc, Fgr. 8, ledig, BAT-VKA, Stufe 7
1.828,56 € - Grundvergütung
473,21 € - Ortszuschlag Stufe 1
107,44 € - Allgemeine Zulage

2.409,21 € - Vergleichsentgelt

**Beispiel 3:**
Diplombibliothekar, Vb, Fgr. 16, verh., Ehegatte ebenfalls BAT, Stufe 31
1.715,86 € - Grundvergütung
555,81 € - Ortszuschlag Stufe 1 ½ OZ 2
114,60 € - Allgemeine Zulage

2.386,27 € - Vergleichsentgelt

**Beispiel 4:**
Arzthelferin, VII, Fgr. 10, verh., Ehegatte nicht i. öff. Dienst. BAT-VKA, Stufe 9
1.529,32 € - Grundvergütung
575,03 € - Ortszuschlag Stufe 2
107,44 € - Allgemeine Zulage

2.211,79 € Vergleichsentgelt

Die Neuregelungen im Einzelnen 41

**Absatz 3 (Ermittlung des Vergleichsentgelts für Arbeiter)**
Bei Arbeitern bildet der **Monatstabellenlohn** im Monat September 2005 das Vergleichsentgelt. Hinsichtlich der Funktionszulagen gelten die Ausführungen oben zu Absatz 2 entsprechend. Bei **Arbeiter unter 18 Jahren**, die nicht den Volllohn erhalten, geht der ihnen prozentual zustehende Lohn in das Vergleichsentgelt ein.

**Absatz 4 (Stufenaufstieg im Oktober 2005)**
Wenn ein Arbeitnehmer (**Angestellter oder Arbeiter**) nach bisherigem Recht im Oktober 2005 einen Stufenaufstieg erfahren hätte, wird dieser Stufenaufstieg „fiktiv vorgezogen", d. h. der Arbeitnehmer wird bei der Ermittlung des Vergleichsentgelts so gestellt, als hätte er schon im September 2005 die höhere Stufe erreicht.

Fällt bei einem **Angestellten** im Oktober eine Stufensteigerung mit einer Höhergruppierung zusammen, ist mit Wirkung für die Überleitung zunächst der Stufenaufstieg und danach die Höhergruppierung fiktiv zum 30. September 2005 durchzuführen (**Protokollerklärung zu § 5 Abs. 4**).

**Absatz 5 (Teilzeitbeschäftigte)**
Für Teilzeitbeschäftigte wird das Septemberentgelt auf die Höhe des Entgelts eines vergleichbaren Vollzeitbeschäftigten hochgerechnet und daraus das Vergleichsentgelt gebildet. Dies gilt ebenso für Beschäftigte in **Altersteilzeit**[13] und für Beschäftigte, bei denen die Arbeitszeit befristet durch Tarifvertrag nach § 3 Tarifvertrag zur sozialen Absicherung reduziert ist.

Die **Niederschriftserklärung** stellt klar, dass das nach Absatz 5 ermittelte Vergleichsentgelt nur Basis für die Stufenermittlung (vgl. §§ 6 und 7) ist. Das zustehende Entgelt wird weiterhin zeitratierlich berechnet.

**Absatz 6 (Vergleichsentgelt bei Krankheit und Beurlaubung)**
Für Arbeitnehmer, die nicht für den ganzen Monat September 2005 Lohn oder Vergütung erhalten haben (z. B. bei lange andauernder Krankheit oder längerfristiger Beurlaubung) wird das Vergleichsentgelt so bestimmt, als hätten sie für alle Tage des Monats Lohn/Vergütung erhalten. Längerfristig beurlaubte Arbeitnehmer werden für die Ermittlung des Vergleichsentgelts so behandelt, als hätten sie am 1. September 2005 die Arbeit wieder aufgenommen und während des ganzen Monats September gearbeitet. Gleichwohl erhalten sie tatsächlich während der Zeit der Beurlaubung keine Bezüge/kein Entgelt.

**Absatz 7 (Vergleichsentgelt bei Stufenhalbierung)**
Bei Arbeitnehmern, die entsprechend der Vereinbarung zum Lohn-/Vergütungsabschluss vom Januar 2003 im September 2005 noch die halbe Differenz zwischen ihrer bisherigen Lohn-/Gehaltsstufe und der nächsthöheren Stufe erhalten, wird das Vergleichsentgelt so bestimmt, als hätten sie die nächsthöhere Stufe im September 2005 in voller Höhe erhalten. Die „Stufenhalbierung" endet damit am 30. September 2005.

### 2.3.2.2 TVÜ-Bund

Die Regelungen des § 5 im TVÜ-Bund sind mit § 5 TVÜ-VKA inhaltlich identisch. Die Protokollerklärung zu § 5 Abs. 4 TVÜ-VKA fehlt im TVÜ-Bund wegen unterschiedlichen Aufstiegsregelungen.

---

[13] Bei Altersteilzeitbeschäftigten gehen die Aufstockungsbeträge nicht in das Vergleichsentgelt ein.

## 2.4 Stufenzuordnung der Angestellten

### 2.4.1 Tariftext TVÜ-VKA

§ 6
Stufenzuordnung der Angestellten

(1) ¹Beschäftigte aus dem Geltungsbereich des BAT/BAT-O/BAT-Ostdeutsche Sparkassen werden einer ihrem Vergleichsentgelt entsprechenden individuellen Zwischenstufe der gemäß § 4 bestimmten Entgeltgruppe zugeordnet. ²Zum 1. Oktober 2007 steigen diese Beschäftigten in die dem Betrag nach nächsthöhere reguläre Stufe ihrer Entgeltgruppe auf. ³Der weitere Stufenaufstieg richtet sich nach den Regelungen des TVöD.

(2) ¹Werden Beschäftigte vor dem 1. Oktober 2007 höhergruppiert (nach § 8 Abs. 1, § 9 Abs. 3 Buchst. a oder aufgrund Übertragung einer mit einer höheren Entgeltgruppe bewerteten Tätigkeit), so erhalten sie in der höheren Entgeltgruppe Entgelt nach der regulären Stufe, deren Betrag mindestens der individuellen Zwischenstufe entspricht, jedoch nicht weniger als das Entgelt der Stufe 2; der weitere Stufenaufstieg richtet sich nach den Regelungen des TVöD. ²Werden Beschäftigte vor dem 1. Oktober 2007 herabgruppiert, werden sie in der niedrigeren Entgeltgruppe derjenigen individuellen Zwischenstufe zugeordnet, die sich bei Herabgruppierung im September 2005 ergeben hätte; der weitere Stufenaufstieg richtet sich nach Absatz 1 Satz 2 und 3.

(3) ¹Liegt das Vergleichsentgelt über der höchsten Stufe der gemäß § 4 bestimmten Entgeltgruppe, werden Beschäftigte abweichend von Absatz 1 einer dem Vergleichsentgelt entsprechenden individuellen Endstufe zugeordnet. ²Werden Beschäftigte aus einer individuellen Endstufe höhergruppiert, so erhalten sie in der höheren Entgeltgruppe mindestens den Betrag, der ihrer bisherigen individuellen Endstufe entspricht. ³Im Übrigen gilt Absatz 2 entsprechend. ⁴Die individuelle Endstufe verändert sich um denselben Vomhundertsatz bzw. in demselben Umfang wie die höchste Stufe der jeweiligen Entgeltgruppe.

(4) ¹Beschäftigte, deren Vergleichsentgelt niedriger ist als das Entgelt in der Stufe 2, werden abweichend von Absatz 1 der Stufe 2 zugeordnet. ²Der weitere Stufenaufstieg richtet sich nach den Regelungen des TVöD. ³Abweichend von Satz 1 werden Beschäftigte, denen am 30. September 2005 eine in der Allgemeinen Vergütungsordnung (Anlage 1a) durch die Eingruppierung in Vergütungsgruppe Vb BAT/BAT-O/BAT-Ostdeutsche Sparkassen mit Aufstieg nach IVb und IVa abgebildete Tätigkeit übertragen ist, in Entgeltgruppe 10 der Stufe 1 zugeordnet.

### 2.4.2 Regelungsinhalt

#### 2.4.2.1 TVÜ-VKA

Die Stufenzuordnung gemäß § 6 ist der **dritte Schritt der Überleitung** der Angestellten in den TVöD.

**Absatz 1 (Grundsatz)**
Für die Stufenzuordnung der Angestellten haben die Tarifvertragsparteien eine **pragmatische Lösung** gefunden, die Besitzstände für die Arbeitnehmer sichert und Kostensteigerungen für die Arbeitgeber weitgehend vermeidet.

Nachdem die ersten zwei Schritte der Überleitung durchgeführt sind, ist der Angestellte gemäß § 4 einer Entgeltgruppe zugeordnet worden und sein Vergleichsentgelt ist gemäß § 5 ermittelt worden.

Die Neuregelungen im Einzelnen

**Im dritten Schritt** wird nunmehr anhand des Vergleichsentgelts eine **individuelle Zwischenstufe** innerhalb der Entgeltgruppe ermittelt. Das heißt, der Angestellte erhält sein Vergleichsentgelt ab dem 1. Oktober 2005 zunächst weitergezahlt.

Die Feststellung der individuellen Zwischenstufe hat nur Bedeutung für das Aufrücken in die nächste reguläre Stufe der Entgelttabelle.

**Teilzeitbeschäftigte** erhalten nach Ermittlung der individuellen Zwischenstufe ihr Vergleichsentgelt zeitratierlich (vgl. Niederschriftserklärung zu § 5 Abs. 5).

Am 1. Oktober 2007 rückt der Angestellte in die reguläre Stufe seiner Entgeltgruppe auf, die vom Betrag her gerade über seinem Vergleichsentgelt liegt. Der weitere Stufenaufstieg richtet sich **nach den Regelungen des TVöD**[14] unabhängig von der Beschäftigungszeit des Angestellten.

Hierfür gelten folgende **Regelzeiten**:

EGr. 3 → EGr. 4 = **3** Jahre (6–3)

EGr. 4 → EGr. 5 = **4** Jahre (10–6)

EGr. 5 → EGr. 6 = **5** Jahre (15–10)

**Beispiel**

Der Angestellte ist seit Januar 1997 beschäftigt.

Er wird in Entgeltgruppe 6 übergeleitet.

Das Vergleichsentgelt beträgt 2.200 EUR.

Am 1. Oktober beträgt die Beschäftigungszeit 8 Jahre und 9 Monate.

Am 1. Oktober 2005 erfolgt die Zuordnung zur individuellen Zwischenstufe **4+**, d. h., das Vergleichsentgelt (2.200 EUR) liegt zwischen den Beträgen der Stufe 4 (2.155 EUR) und Stufe 5 (2.220 EUR) der Entgeltgruppe 6.

Am 1. Oktober 2007 steigt der Angestellte in Stufe 5 auf.

Der Aufstieg in Stufe 6 erfolgt im Oktober 2012 nach weiteren 5 Jahren.

---

[14] Da Regelungen des TVöD noch nicht bestehen, ist von den Zeitabständen zwischen zwei Stufen der bereits vereinbarten Entgelttabelle auszugehen. Der weitere Stufenaufstieg nach den Aufstiegszeiten der Entgelttabelle ist nicht zwingend. Bei Leistungen, die erheblich über oder unter dem Durchschnitt liegen, kann der weitere Stufenaufstieg ab der Entgeltgruppe 3 (in EGr. 4) verkürzt oder angehalten werden.

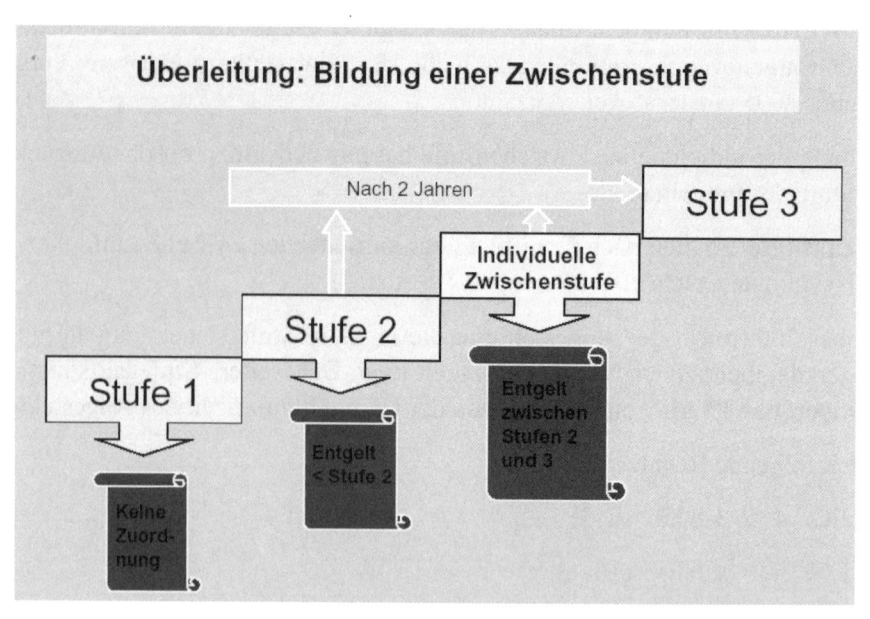

## Überleitung: Bildung einer Zwischenstufe

- **Stufe 1** → Keine Zuordnung
- **Stufe 2** → Entgelt < Stufe 2
- **Individuelle Zwischenstufe** → Entgelt zwischen Stufen 2 und 3
- Nach 2 Jahren → **Stufe 3**

## Überleitungsbeispiel

**Entgeltgruppe 5**

| | Stufe 1 | Stufe 2 | Stufe 3 | individuelle Zwischen-stufe | Stufe 4 | Stufe 5 | Stufe 6 |
|---|---|---|---|---|---|---|---|
| | | Nach 1 Jahr | Nach 3 Jahren | | Nach 6 Jahren | Nach 10 Jahren | Nach 15 Jahren |
| West | 1.688,00 | 1.875,00 | 1.970,00 | 2.054,39 | 2.065,00 | 2.135,00 | 2.185,00 |

Überleitungsbeispiel : BAT VII (VKA) Stufe 5, verh.
War zum Stichtag 3 ½ Jahre im Bewährungsaufstieg

1. Schritt: Zuordnen zu Entgeltgruppe → Entgeltgruppe 5
2. Schritt: Bilden Vergleichsentgelt → 2.054,39 €
3. Schritt: Überleitung in individuell Zwischenstufe → nach 2 Jahren in Stufe 4
4. Schritt: Bewährungsaufstieg (50 %-Klausel) → nach 2 ½ Jahren in EntgGr. 6

**Absatz 2 (Höhergruppierung und Herabgruppierung vor Oktober 2007)**

Absatz 2 enthält besondere Vorschriften über die Stufenzuordnung bei Höher- oder Herabgruppierungen innerhalb der **Übergangszeit** vom 1. Oktober 2005 bis 30. September 2007.

Bei **Höhergruppierungen** erfolgt die Stufenzuordnung in der höheren Entgeltgruppe in die **reguläre Stufe** deren Betrag mindestens dem Betrag der individuellen Zwischenstufe (Vergleichsentgelt) entspricht, jedoch **mindestens die Stufe 2**. Der spätere Stufenaufstieg richtet sich wiederum nach dem TVöD (s. o.).

Im Falle der **Herabgruppierung** vor dem 1. Oktober 2007 erfolgt die Ermittlung der individuellen Zwischenstufe in der niedrigeren Entgeltgruppe wie folgt:

1. Der Angestellte wird fiktiv zum Zeitpunkt September 2005 nach den Regeln des BAT herabgruppiert.

2. Es wird das Vergleichsentgelt aus der niedrigeren BAT-Vergütung ermittelt.

# Die Neuregelungen im Einzelnen

3. Aus diesem Vergleichsentgelt wird die individuelle Zwischenstufe in der niedrigeren Entgeltgruppe ermittelt.

4. Zum 1. Oktober 2007 erfolgt der Aufstieg in die nächsthöhere reguläre Stufe der Entgeltgruppe.

## Die Entgelttabelle des TVöD

Tabelle TVöD
(West = 100 %)

| Entgelt-gruppe | | Grundentgelt | | | Entwicklungsstufen | | |
|---|---|---|---|---|---|---|---|
| | | Stufe 1 | Stufe 2 | Stufe 3 | Stufe 4 | Stufe 5 | Stufe 6 |
| | | | nach 1 Jahr | nach 3 Jahren | nach 6 Jahren | nach 10 Jahren | nach 15 Jahren |
| 15 Ü | | - | 4.330 | 4.805 | 5.255 | 5.555 | 5.625 |
| 15 | | 3.384 | 3.760 | 3.900 | 4.400 | 4.780 | 5.030[1,1a] |
| 14 | | 3.060 | 3.400 | 3.600 | 3.900 | 4.360 | 4.610[1] |
| 13 | Universität/Master | 2.817 | 3.130 | 3.300 | 3.630 | 4.090 | 4.280[1] |
| 12 | | 2.520 | 2.800 | 3.200 | 3.550 | 4.000 | 4.200[1] |
| 11 | | 2.430 | 2.700 | 2.900 | 3.200 | 3.635 | 3.835[1] |
| 10 | | 2.340 | 2.600 | 2.800 | 3.000 | 3.380 | 3.470[1] |
| 9 | FH-Abschluss / Bachelor | 2.061 | 2.290 | 2.410 | 2.730[2a/2b] | 2.980[2c] | 3.180[1] |
| 8 | | 1.926 | 2.140 | 2.240 | 2.330 | 2.430 | 2.493 |
| 7 | | 1.800 | 2.000 | 2.130 | 2.230 | 2.305 | 2.375 |
| 6 | | 1.764 | 1.960 | 2.060 | 2.155 | 2.220 | 2.285 |
| 5 | | 1.688 | 1.875 | 1.970 | 2.065 | 2.135 | 2.185 |
| 4 | | 1.602 | 1.780 | 1.900 | 1.970 | 2.040 | 2.081 |
| 3 | „3-jährige Ausbildung" | 1.575 | 1.750 | 1.800 | 1.880 | 1.940 | 1.995 |
| 2 Ü | mind. f.d. Dauer der jetzigen Lohnverzeichnisse | 1.503 | 1.670 | 1.730 | 1.810 | 1.865 | 1.906 |
| 2 | | 1.449 | 1.610 | 1.660 | 1.710 | 1.820[4] | 1.935 |
| 1 | An-/Ungelernte | je 4 Jahre | 1.286 | 1.310 | 1.340 | 1.368 | 1.440 |

1     *nur VKA*

1a    *VKA: Ang VGr Ib BAT mit Aufstieg VGr Ia BAT keine Stufe 6*

2a    *Endstufe Bund und VKA für Arbeiter der LGr 9; Stufe 4 nach 7 Jahren in der Stufe 3*

2b    *Endstufe Bund Ang Vb BAT ohne Aufstieg und Aufsteiger Vb aus Vc BAT; Stufe 3 nach 5 Jahren in der Stufe 2, Stufe 4 nach 9 Jahren in der Stufe 3*

2c    *VKA: Vb BAT ohne Aufstieg und Aufsteiger Vb aus Vc BAT; Stufe 5 nach 9 Jahren in der Stufe 4*

3     *Endstufe Bund für Arbeiter der LGr 2 mit Aufstiegen nach LGr 2a und LGr 3 und Angestellte VGr VIII BAT mit und ohne Anwartschaft auf Aufstieg nach VGr VII BAT*

4     *Endstufe für Angestellte VGr X BAT mit Aufstiegen nach VGr IXb bzw. IX BAT, sowie Arbeiter LGr 1 mit Aufstieg nach LGr 1a*

**Absatz 3 (Individuelle Endstufe)**
Absatz 3 regelt „Überlauf"-Fälle, d. h., er beantwortet die Frage, wie Angestellte zuzuordnen sind, deren Vergleichsentgelt oberhalb der Endstufe der Entgeltgruppe liegt, in die sie übergeleitet werden.

Anders als z. B. bei der Überleitung in den TV-V, vermeidet der TVÜ in solchen Überlauf-Fällen die Zuordnung zu einer höheren Entgeltgruppe (Grundsatz: „eine Tätigkeit = eine Entgeltgruppe"). Die Lösung nach Absatz 3 besteht vielmehr darin, dass der Angestellte in diesem Fall seine **individuelle Endstufe** = Vergleichsentgelt dauerhaft behält. Diese individuelle Endstufe (**Stufe 6+**) behält der Beschäftigte solange weiter, wie er bei demselben Arbeitgeber in derselben oder einer gleichwertigen Tätigkeit verbleibt.

Das Entgelt der individuellen Endstufe wird **individuell dynamisiert**, d. h., bei Tariferhöhungen verändert es sich um denselben Prozentsatz, wie sich die höchste Stufe der jeweiligen Entgeltgruppe verändert.

**Beispiel**

Der Angestellte ist der EGr. 9 individuelle Endstufe 6+ mit einem individuellen Entgelt von 3.235,50 EUR zugewiesen.

Ein späterer Tarifabschluss sieht eine allgemeine Entgelterhöhung um 1 % vor.

Die EGr. 9 Stufe 6 erhöht sich von 3.180 EUR auf 3.211,80 EUR (ggf. gerundet auf 3.212 EUR).

Das Entgelt der individuellen Endstufe erhöht sich um 1 % auf 3.267,86 EUR.

Bei **Höhergruppierungen aus der individuellen Endstufe** auch zu einem Zeitpunkt nach dem 30. September 2007 erhalten diese Arbeitnehmer in der höheren Entgeltgruppe mindestens den Betrag, der ihrer bisherigen individuellen Endstufe entspricht. Dies kann unter Umständen wieder eine individuelle Endstufe sein. Auch Stufe 2 als Mindeststufe ist in diesem Fall nicht vorgesehen (denkbar bei Höhergruppierung über mehrere Entgeltgruppen).

Bei Herabgruppierungen vor dem 1. Oktober 2007 gelten die Ausführungen zu Absatz 2.

**Absatz 4 (Stufenzuweisung mindestens in Stufe 1 – Ausnahme)**
Die Entgelttabelle des TVöD sieht neu eine Stufe 1 als „Einarbeitungsstufe" für Neueingestellte vor. Die Grundstufe 1 ist gegenüber der Grundstufe 2 genau um 10 % abgesenkt. Sie findet nur bei neu eingestellten Arbeitnehmern Anwendung, die über keine einschlägigen Berufserfahrungen verfügen und für eine Einarbeitungszeit von maximal einem Jahr Anwendung.

Folgerichtig ist deshalb in Absatz 4 festgelegt, dass bei der Überleitung vorhandener Arbeitnehmer in das neue Tarifsystem grundsätzlich nicht in die Stufe 1 überzuleiten ist. Angestellte, deren individuelles Zwischenentgelt niedriger ist, als das Tabellenentgelt, werden folglich in Stufe 2 übergeleitet. In diesem Fall richtet sich der weitere Stufenaufstieg nach dem TVöD, d. h. er erfolgt ebenfalls nach Ablauf von zwei Jahren entsprechend den in der Entgelttabelle bestimmten Zeiten.

**Ausnahme:**
Satz 3 bestimmt für eine bestimmte Fallgruppe ausdrücklich, dass dort abweichend vom Grundsatz die Überleitung immer zwingend in Stufe 1 erfolgt. Hierbei handelt es sich um technische Angestellte (Ingenieure), die nach den Eingruppierungsvorschriften für Angestellte in technischen Berufen der Anlage 1a zum BAT während der ersten 6 Monate der Berufsausbildung nach Ablegung der Prüfung in Vergütungsgruppe Vb (beim Bund: Va) eingruppiert sind und danach in Vergütungsgruppe IVb mit Aufstieg nach IVa höhergruppiert werden. Diese werden in Entgeltgruppe 10 Stufe 1 übergeleitet. In diesem Fall haben die Tarifvertragsparteien nicht nur aus Gründen der Wertigkeit (vergleichbare Angestellte mit Zuordnung zur EGr. 10), sondern auch unter dem Aspekt der Einarbeitungsphase, die vom Grundsatz abweichende Zuordnung zur Stufe 1 vorgenommen. Auch hier richtet sich der weitere Aufstieg nach dem TVöD und diese Angestellten steigen nach einem Jahr in Stufe 2 auf.

### 2.4.2.2 TVÜ-Bund

Die Regelungen des § 6 TVÜ-VKA und TVÜ-Bund sind inhaltlich identisch.

## 2.5 Stufenzuordnung der Arbeiterinnen und Arbeiter

### 2.5.1 Tariftext TVÜ-VKA

§ 7
Stufenzuordnung der Arbeiterinnen und Arbeiter

(1) ¹Beschäftigte aus dem Geltungsbereich des BMT-G/BMT-G-O/TV Arbeiter-Ostdeutsche Sparkassen werden entsprechend ihrer Beschäftigungszeit nach § 6 BMT-G/BMT-G-O der Stufe der gemäß § 4 bestimmten Entgeltgruppe zugeordnet, die sie erreicht hätten, wenn die Entgelttabelle des TVöD bereits seit Beginn ihrer Beschäftigungszeit gegolten hätte; Stufe 1 ist hierbei ausnahmslos mit einem Jahr zu berücksichtigen. ²Der weitere Stufenaufstieg richtet sich nach den Regelungen des TVöD.

(2) § 6 Abs. 3 und Abs. 4 Satz 1 und 2 gilt für Beschäftigte gemäß Absatz 1 entsprechend.

(3) ¹Ist das Entgelt nach Absatz 1 Satz 1 niedriger als das Vergleichsentgelt, werden Beschäftigte einer dem Vergleichsentgelt entsprechenden individuellen Zwischenstufe zugeordnet. ²Der Aufstieg aus der individuellen Zwischenstufe in die dem Betrag nach nächsthöhere reguläre Stufe ihrer Entgeltgruppe findet zu dem Zeitpunkt statt, zu dem sie gemäß Absatz 1 Satz 1 die Voraussetzungen für diesen Stufenaufstieg aufgrund der Beschäftigungszeit erfüllt haben.

(4) ¹Werden Beschäftigte während ihrer Verweildauer in der individuellen Zwischenstufe höhergruppiert, erhalten sie in der höheren Entgeltgruppe Entgelt nach der regulären Stufe, deren Betrag mindestens der individuellen Zwischenstufe entspricht, jedoch nicht weniger als das Entgelt der Stufe 2; der weitere Stufenaufstieg richtet sich nach den Regelungen des TVöD. ²Werden Beschäftigte während ihrer Verweildauer in der individuellen Zwischenstufe herabgruppiert, erfolgt die Stufenzuordnung in der niedrigeren Entgeltgruppe, als sei die niedrigere Eingruppierung bereits im September 2005 erfolgt; der weitere Stufenaufstieg richtet sich bei Zuordnung zu einer individuellen Zwischenstufe nach Absatz 3 Satz 2, sonst nach Absatz 1 Satz 2.

### 2.5.2 Regelungsinhalt

#### 2.5.2.1 TVÜ-VKA

Die Stufenzuordnung gemäß § 7 ist der **dritte Schritt der Überleitung** der Arbeiter in den TVöD.

**Absatz 1 (Grundsatz)**
Die Stufenzuordnung der Arbeiter erfolgt, anders als bei den Angestellten, nach der **Beschäftigungszeit**.

Die Ermittlung der maßgeblichen Stufe in der nach § 4 zugeordneten Entgeltgruppe erfolgt grundsätzlich nach der individuellen Beschäftigungszeit. Das heißt, Arbeiter werden bei der Stufenfindung am 1. Oktober so behandelt, als hätte die Entgelttabelle des TVöD von Beginn des Arbeitsverhältnisses an gegolten. Zu beachten ist, dass Stufe 1 zwar mit einem Jahr zu berücksichtigen ist, durch den Verweis auf § 6 Abs. 4 Satz 1 und 2 ist die Zuordnung zur Stufe 1 bei der Überleitung jedoch ausgeschlossen.

Daraus ergibt sich folgende Stufenzuordnung:

| Beschäftigungszeit am 1. Oktober 2005 | Stufenzuordnung |
|---|---|
| < 1 Jahr | 2 (!) |
| > 1 Jahr | 2 |
| > 3 Jahre | 3 |
| > 6 Jahre | 4 |
| > 10 Jahre | 5 |
| > 15 Jahre | 6 |
| **Anmerkung:** Die abweichende Verweildauer in den Stufen der EGr. 1 ist unbeachtlich, da eine Überleitung in EGr. 1 ausgeschlossen ist (vgl. Anlage 1 zum TVÜ-VKA/Anlage 2 zum TVÜ-Bund). | |

**Absatz 3 (Vergleichsentgelt – Günstigkeitskontrolle)**
Auch für Arbeiter ist ein Vergleichsentgelt gemäß § 5 ermittelt worden.

In einem weiteren Teilschritt ist nunmehr anhand des Vergleichsentgelts eine Günstigkeitskontrolle vorzunehmen.

Liegt das Vergleichsentgelt über dem Entgelt der nach der Beschäftigungszeit ermittelten Stufe, wird auch der Arbeiter abweichend vom Grundsatz der Zuordnung nach Beschäftigungszeit einer individuellen Zwischenstufe innerhalb seiner Entgeltgruppe zugewiesen. Das heißt, in diesem Fall erhält auch der Arbeiter – genau wie ein Angestellter (vgl. § 6) – sein Vergleichsentgelt ab dem 1. Oktober 2005 zunächst weitergezahlt. Die Feststellung der individuellen Zwischenstufe hat in diesem Fall nur Bedeutung für das Aufrücken in die nächste reguläre Stufe der Entgelttabelle.

Teilzeitbeschäftigte erhalten bei Zuordnung zu einer individuellen Zwischenstufe ihr Vergleichsentgelt zeitratierlich (vgl. Niederschriftserklärung zu § 5 Abs. 5).

**Weiterer Stufenaufstieg**
Der weitere Stufenaufstieg innerhalb der Entgeltgruppe richtet sich sowohl bei direkter Zuordnung entsprechend der Beschäftigungszeit zu einer Tabellenstufe nach den Regelungen des TVöD (Absatz 1 Satz 2).

Bei Zuordnung zu einer individuellen Zwischenstufe (Vergleichsentgelt) im Rahmen der Günstigkeitskontrolle erfolgt das weitere Aufrücken in den Stufen in Abhängigkeit von der Beschäftigungszeit des Arbeiters (siehe Tabelle oben). Anders als Angestellte rücken Arbeiter also bei Zuweisung in eine Zwischenstufe in die nächste Tabellenstufe nicht zwei Jahre nach der Überleitung, sondern – abhängig von der Beschäftigungszeit[15] des Arbeiters – zu einem früheren oder späteren Zeitpunkt weiter. Voraussetzung für das Aufrücken in die nächsthöhere reguläre Stufe ist das Erreichen der für diese Stufe maßgeblichen Beschäftigungszeit (Absatz 3 Satz 2).

## Beispiel

Der Arbeiter wurde am 1. September 2001 eingestellt, er ist somit am 1. Oktober 2005 vier Jahre und einen Monat beschäftigt.

a) Die Überleitung erfolgt in EGr. 4 reguläre Stufe 3.
   Das Aufrücken in Stufe 4 erfolgt am 1. Oktober 2008 (nach 3 Jahren entsprechend TVöD).

---

[15] Bei einem Aufrücken aus den Stufen 3, 4 oder 5 ist **nicht allein die Beschäftigungszeit** maßgeblich, sondern **auch die Leistung**. Der Zeitraum kann bei erheblich über dem Durchschnitt liegender Leistung **verkürzt** oder bei erheblich unter dem Durchschnitt liegender Leistung **verlängert** werden (Anhalten des Aufstiegs).

b) Die Überleitung erfolgt in EGr. 4 individuelle Zwischenstufe 3+.
   Das Aufrücken in die nächsthöhere reguläre Stufe 5 erfolgt am 1. September 2007 (nach 6 Jahren Beschäftigungszeit).

**Absatz 2 (Individuelle Endstufe)**
Absatz 2 verweist auf § 6 Abs. 3 und regelt somit auch für Arbeiter „Überlauf"-Fälle, d. h. Fälle, bei denen das Vergleichsentgelt oberhalb der Endstufe der Entgeltgruppe liegt.

Auch hier gilt der Grundsatz: „eine Tätigkeit = eine Entgeltgruppe" und der Arbeiter behält in diesem speziellen Fall, genau wie der entsprechende Angestellte, seine individuelle Endstufe = Vergleichsentgelt. Auch hier gilt, dass der Arbeiter diese individuelle Endstufe (Stufe 6+) solange weiter behält, wie er bei demselben Arbeitgeber in derselben oder einer gleichwertigen Tätigkeit verbleibt.

Das Entgelt der individuellen Endstufe wird individuell dynamisiert, d. h., bei Tariferhöhungen verändert es sich um denselben Prozentsatz, wie sich die höchste Stufe der jeweiligen Entgeltgruppe verändert.

**Absatz 4 (Höher-, Herabgruppierung aus der Zwischenstufe)**
Der TVöD enthält für die Höher- und Herabgruppierung der Beschäftigten hinsichtlich der Entgeltstufen Regelungen, wonach keine stufengleiche Umgruppierung erfolgt, sondern lediglich gesichert wird, dass der Arbeitnehmer in der neuen Entgeltgruppe mindestens das Entgelt erhält, das seiner bisherigen Eingruppierung und Stufenzuordnung entspricht. Dadurch kann es zum Versatz zwischen Ausgangs- und Zielstufe bei der Umgruppierung kommen.

Diese Regelung des TVöD findet auch auf die Umgruppierung der übergeleiteten Arbeiter Anwendung, die direkt einer Stufe zugeordnet wurden.

Für die Arbeiter, die aufgrund eines höheren Vergleichsentgelts nach der Günstigkeitskontrolle in eine **individuelle Zwischenstufe** übergeleitet wurden, enthält Absatz 4 **Sonderregelungen für die Umgruppierung**. Diese entsprechen im Wesentlichen den Regelungen für Angestellte (§ 6 Abs. 2), jedoch ohne die Beschränkung auf die Übergangszeit bis Ende September 2007.

Das bedeutet:

Bei späterer **Höhergruppierung** erfolgt die Stufenzuordnung in der höheren Entgeltgruppe in die **reguläre Stufe** deren Betrag mindestens dem Betrag der individuellen Zwischenstufe (Vergleichsentgelt) entspricht, jedoch **mindestens die Stufe 2**. Der weitere Stufenaufstieg richtet sich nach dem TVöD, d. h. nach seiner Beschäftigungszeit.

Im Falle der **Herabgruppierung** nach dem 31. Oktober 2005 aus einer individuellen Zwischenstufe erfolgt die Ermittlung der individuellen Zwischenstufe in der niedrigeren Entgeltgruppe wie folgt:

1. Der Arbeiter wird fiktiv zum Zeitpunkt September 2005 nach den Regeln des BMT-G herabgruppiert.

2. Es wird das Vergleichsentgelt aus der niedrigeren BMT-G-Vergütung ermittelt.

3. Die Stufenzuordnung erfolgt so, als sei die Herabgruppierung bereits im September 2005 erfolgt, d. h. Stufenzuordnung nach Beschäftigungszeit am 1. Oktober 2005 und Günstigkeitskontrolle hinsichtlich des Vergleichsentgelts, evtl. individuelle Zwischenstufe.

4. Der weitere Aufstieg erfolgt
   a) bei Zuordnung zu einer regulären Stufe nach den Regeln des TVöD (Wartezeit nach Stufenabständen),

b) bei Zuordnung zu einer individuellen Zwischenstufe zu dem Zeitpunkt, zu dem der Beschäftigte nach seiner Beschäftigungszeit (als hätte der TVöD von Anfang an gegolten) die Voraussetzungen für **diesen** Stufenaufstieg erfüllt hat.

### Die Höhergruppierung nach dem TVöD

Beispiel:

Beschäftigter in EGr. 7 Stufe 5 (2.305 €).
Bei einer Höhergruppierung in die EGr. 8 erhält er Entgelt aus der Stufe 4 (2.330 €).

| EGr. | Stufe 1 | Stufe 2 | Stufe 3 | Stufe 4 | Stufe 5 | Stufe 6 |
|---|---|---|---|---|---|---|
| 8 | 1.926 | 2.140 | 2.240 | 2.330 | 2.430 | 2.493 |
| 7 | 1.800 | 2.000 | 2.130 | 2.230 | 2.305 | 2.375 |

#### 2.5.2.2 TVÜ-Bund

§ 7 TVÜ-VKA und § 7 TVÜ-Bund sind inhaltlich identisch.

# 3 Besitzstandsregelungen (Dritter Abschnitt)

Die Ablösung und Ersetzung des über Jahrzehnte gewachsenen und weiterentwickelten Tarifrechts des öffentlichen Dienstes durch einen völlig neu gestalteten Tarifvertrag, nämlich den TVöD, ist ohne detaillierte Überleitungs- und insbesondere auch Besitzstandsregelungen nicht realisierbar. Unter **Besitzstand** ist hierbei vor allem der Stand dessen zu verstehen, was ein Arbeitnehmer im Hinblick auf die Höhe seines Gehalts und auf die sozialen Leistungen des Arbeitgebers (sog. sozialer Bestandsschutz) erreicht hat.

Die Erhaltung des Besitzstandes darf jedoch in diesem Zusammenhang nicht nur punktuell betrachtet werden: Es geht nicht nur darum, den Beschäftigten bei der Überleitung vom BAT/BAT-O usw. in den TVöD am 1. Oktober 2005 das Einkommen zu sichern, das ihnen im September 2005 zugestanden hat. Vielmehr will der TVÜ-VKA auch schutzwürdigem Vertrauen in den Fortbestand des bisher geltenden Tarifrechts und der sich daraus ergebenden Entwicklung des Einkommens so weit wie möglich und mit der Zielsetzung des TVöD vereinbar Rechnung tragen (sog. **Exspektanzenschutz**).

Während der 2. Abschnitt des TVÜ-VKA (§ 3 bis § 7) die mehr technischen Fragen der Überleitung der Beschäftigten in den TVöD regelt, widmet sich der 3. Abschnitt hauptsächlich dem Ausgleich für im TVöD nicht mehr vorgesehene bzw. aufgrund der Gestaltung der Entgelttabelle nicht mehr eintretende Gehaltsentwicklungen in Form von Bewährungs-, Fallgruppen-, Tätigkeitsaufstiegen und Vergütungsgruppenzulagen sowie den damit nach bisherigem Tarifrecht verbundenen Aufstiegsmöglichkeiten. Weitere Vorschriften betreffen die übergangsweise Sicherung verschiedener sozialer Errungenschaften. Im Einzelnen enthält der 3. Abschnitt Regelungen zu

- Bewährungs- und Fallgruppenaufstiegen (§ 8),
- Vergütungsgruppenzulagen (§ 9),

Die Neuregelungen im Einzelnen

- Fortführung vorübergehend übertragener höherwertiger Tätigkeit (§ 10),
- kinderbezogenen Entgeltbestandteilen (§ 11),
- Strukturausgleich (§ 12),
- Entgeltfortzahlung im Krankheitsfall (§ 13),
- Zeiten für das Jubiläumsgeld (§ 14),
- Urlaub (§ 15) und
- Abgeltung (§ 16).

**Hinweis**
Einen Überleitungsrechner finden Sie in unserem Internet-Portal www.tvoed-office.de!

## 3.1 Bewährungs- und Fallgruppenaufstiege
### 3.1.1 Tariftext TVÜ-VKA

§ 8
Bewährungs- und Fallgruppenaufstiege

(1) ¹Aus dem Geltungsbereich des BAT/BAT-O/BAT-Ostdeutsche Sparkassen in eine der Entgeltgruppen 3, 5, 6 oder 8 übergeleitete Beschäftigte, die am 1. Oktober 2005 bei Fortgeltung des bisherigen Tarifrechts die für eine Höhergruppierung erforderliche Zeit der Bewährung oder Tätigkeit zur Hälfte erfüllt haben, sind zu dem Zeitpunkt, zu dem sie nach bisherigem Recht höhergruppiert wären, in die nächsthöhere Entgeltgruppe des TVöD eingruppiert. ²Abweichend von Satz 1 erfolgt die Höhergruppierung in die Entgeltgruppe 5, wenn die Beschäftigten aus der Vergütungsgruppe VIII BAT/BAT-O/BAT-Ostdeutsche Sparkassen mit ausstehendem Aufstieg nach Vergütungsgruppe VII BAT/BAT-O/BAT-Ostdeutsche Sparkassen übergeleitet worden sind; sie erfolgt in die Entgeltgruppe 8, wenn die Beschäftigten aus der Vergütungsgruppe VIb BAT/BAT-O/BAT-Ostdeutsche Sparkassen mit ausstehendem Aufstieg nach Vergütungsgruppe Vc BAT/BAT-O/BAT-Ostdeutsche Sparkassen übergeleitet worden sind. ³Voraussetzung für die Höhergruppierung nach Satz 1 und 2 ist, dass

- zum individuellen Aufstiegszeitpunkt keine Anhaltspunkte vorliegen, die bei Fortgeltung des bisherigen Rechts einer Höhergruppierung entgegengestanden hätten, und
- bis zum individuellen Aufstiegszeitpunkt nach Satz 1 weiterhin eine Tätigkeit auszuüben ist, die diesen Aufstieg ermöglicht hätte.

⁴Die Sätze 1 bis 3 gelten nicht in den Fällen des § 4 Abs. 2. ⁵Erfolgt die Höhergruppierung vor dem 1. Oktober 2007, gilt – gegebenenfalls unter Berücksichtigung des Satzes 2 – § 6 Abs. 2 Satz 1 entsprechend.

(2) ¹Aus dem Geltungsbereich des BAT/BAT-O/BAT-Ostdeutsche Sparkassen in eine der Entgeltgruppen 2 sowie 9 bis 15 übergeleitete Beschäftigte, die am 1. Oktober 2005 bei Fortgeltung des bisherigen Tarifrechts die für eine Höhergruppierung erforderliche Zeit der Bewährung oder Tätigkeit zur Hälfte erfüllt haben, und in der Zeit zwischen dem 1. November 2005 und dem 30. September 2007 höhergruppiert worden wären, erhalten ab dem Zeitpunkt, zu dem sie nach bisherigem Recht höhergruppiert wären, in ihrer bisherigen Entgeltgruppe Entgelt nach derjenigen individuellen Zwischen- bzw. Endstufe, die sich ergeben hätte, wenn sich

ihr Vergleichsentgelt (§ 5) nach der Vergütung aufgrund der Höhergruppierung bestimmt hätte. ²Voraussetzung für diesen Stufenaufstieg ist, dass

- zum individuellen Aufstiegszeitpunkt keine Anhaltspunkte vorliegen, die bei Fortgeltung des bisherigen Rechts einer Höhergruppierung entgegengestanden hätten, und
- bis zum individuellen Aufstiegszeitpunkt nach Satz 1 weiterhin eine Tätigkeit auszuüben ist, die diesen Aufstieg ermöglicht hätte.

³Ein etwaiger Strukturausgleich wird ab dem individuellen Aufstiegszeitpunkt nicht mehr gezahlt. ⁴Der weitere Stufenaufstieg richtet sich bei Zuordnung zu einer individuellen Zwischenstufe nach § 6 Abs. 1. ⁵§ 4 Abs. 2 bleibt unberührt.

Niederschriftserklärung zu § 8 Abs. 2:

Die Neuberechnung des Vergleichsentgelts führt nicht zu einem Wechsel der Entgeltgruppe.

### 3.1.2 Regelungsinhalt

#### 3.1.2.1 TVÜ-VKA

In der sog. Prozessvereinbarung vom 9. Februar 2003 haben sich die Tarifvertragsparteien u. a. auf das Ziel „Aufgaben- und Leistungsorientierung" verständigt. In einem modernen und leistungsorientierten Tarifrecht darf kein Platz sein für eine Bezahlungsstruktur, die ohne Rücksicht auf die Quantität und Qualität der Arbeitsleistung sowie deren tarifrechtliche Wertigkeit bei unveränderter Tätigkeit nach Ablauf eines bestimmten Zeitraums mehr oder weniger automatisch zu einer Höhergruppierung führt.

Bei der Reform des Tarifrechts bestand deshalb frühzeitig Einvernehmen zwischen den Tarifvertragsparteien, dass es im **TVöD keine Zeit-, Tätigkeits-, Bewährungs- und Fallgruppenaufstiege** mehr geben wird. Dies ist in § 17 Abs. 5 Satz 1 ausdrücklich geregelt.

Da bei der Gestaltung der Entgelttabelle des TVöD nicht alle bisher geregelten Aufstiege Berücksichtigung finden konnten, war es notwendig, zumindest für diejenigen Beschäftigten Ausgleichsregelungen zu finden, deren Gehaltsperspektive nach bisherigem Tarifrecht in der Entgelttabelle nicht oder nur unzureichend abgebildet worden ist. Diesem Gedanken tragen insbesondere die §§ 8, 9 und § 12 Rechnung. Alle drei genannten Vorschriften beziehen sich **ausschließlich auf Angestellte**. Dies beruht darauf, dass es bei den Tarifverhandlungen gelungen ist, die tarifliche Lohnentwicklung der Arbeiter in der Entgelttabelle entsprechend zu berücksichtigen. Für das Angestelltenrecht war dies wegen der sehr ausdifferenzierten Vergütungs- und Eingruppierungsstrukturen nicht möglich.

Dies zeigt z. B. die Gruppe der Angestellten, die sich im September 2005 in Vergütungsgruppe Vc befinden. Sowohl der Angestellte der Vergütungsgruppe Vc nach Aufstieg aus VIb als auch der Angestellte der Vergütungsgruppe Vc ohne Aufstieg aus VIb und der Angestellte mit ausstehendem Aufstieg nach Vb werden alle gemäß § 4 Abs. 1 i. V. m. der Anlage 1 TVÜ der Entgeltgruppe 8 zugeordnet, obwohl alle drei Angestellten Tätigkeiten mit unterschiedlicher tarifrechtlicher Wertigkeit auszuüben haben, die auch eine unterschiedliche Eingruppierung erfordern. Dies ist betragsmäßig in einer Entgeltgruppe nicht abzubilden. Deshalb haben sich die Tarifvertragsparteien bereits im Dezember 2004 auf Grundsätze für die Überleitung von Angestellten bestimmter Vergütungsgruppen verständigt, die bei Fortgeltung des bisherigen Tarifrechts nach dem 30. September 2005 einen Anspruch auf Höhergruppierung bei unveränderter Tätigkeit gehabt hätten.

## Absatz 1

Absatz 1 betrifft nur die Angestellten der Vergütungsgruppen

- VIII (Überleitung in Entgeltgruppe 3),
- VII (Überleitung in Entgeltgruppe 5),
- VIb (Überleitung in Entgeltgruppe 6),
- Vc (Überleitung in Entgeltgruppe 8).

Eine Überleitung von Angestellten in die Entgeltgruppen 4 und 7 ist nach § 4 Abs. 1 i. V. m. der Anlage 1 TVÜ nicht vorgesehen.

**Satz 1** regelt die **Grundvoraussetzung für den individuellen Aufstiegszeitpunkt** der von dieser Regelung erfassten Beschäftigten. Der Aufstieg setzt voraus, dass der Angestellte am 1. Oktober 2005 die hierfür erforderliche Zeit mindestens zur Hälfte zurückgelegt hat (**sog. 50-%-Klausel**).

### Beispiel 1

Ein Angestellter ist seit dem 1. April 2002 in die Vergütungsgruppe VII Fallgruppe 1b des Tarifvertrages zur Änderung und Ergänzung der Anlage 1a zum BAT (Neufassung der Fallgruppen 1) vom 24. Juni 1975 eingruppiert. Aus dieser Vergütungs- und Fallgruppe erfolgt nach sechsjähriger Bewährung ein Aufstieg in die Vergütungsgruppe VIb Fallgruppe 1b. Der Angestellte hat am 1. Oktober 2005 mehr als die Hälfte der erforderlichen Zeit von sechs Jahren, nämlich drei Jahre und sechs Monate, zurückgelegt. Er wird zwar (zunächst) entsprechend seiner Vergütungsgruppe am Stichtag gemäß § 4 Abs. 1 i. V. m. der Anlage 1 TVÜ der Entgeltgruppe 5 zugeordnet, steigt aber – vorbehaltlich der in Satz 3 geregelten Voraussetzungen – am 1. April 2008 in die nächsthöhere Entgeltgruppe, also die Entgeltgruppe 6, auf.

### Beispiel 2

Ein Angestellter ist seit dem 1. Juni 2004 in die Vergütungsgruppe VII Fallgruppe 1b des Tarifvertrages zur Änderung und Ergänzung der Anlage 1a zum BAT (Neufassung der Fallgruppen 1) vom 24. Juni 1975 eingruppiert. Aus dieser Vergütungs- und Fallgruppe erfolgt nach sechsjähriger Bewährung ein Aufstieg in die Vergütungsgruppe VIb Fallgruppe 1b. Der Angestellte hat am 1. Oktober 2005 noch nicht die Hälfte der erforderlichen Zeit von sechs Jahren zurückgelegt, sondern erst 16 Monate. Er wird deshalb entsprechend seiner Vergütungsgruppe am Stichtag gemäß § 4 Abs. 1 i. V. m. der Anlage 1 TVÜ der Entgeltgruppe 5 zugeordnet und steigt am 1. Juni 2010 nicht in die nächsthöhere Entgeltgruppe auf.

Von dem Grundsatz, dass der Aufstieg zum individuellen Zeitpunkt in die nächsthöhere Entgeltgruppe erfolgt, macht **Satz 2 zwei Ausnahmen**. Diese betreffen die Angestellten der Vergütungsgruppen

- VIII (Überleitung in Entgeltgruppe 3) und
- VIb (Überleitung in Entgeltgruppe 6).

Dies beruht auf Folgendem:

Wenn die **Angestellten der Vergütungsgruppe VIII** nach der Überleitung in die Entgeltgruppe 3 und Erfüllen der Voraussetzungen in die nächsthöhere Entgeltgruppe höhergruppiert würden, also in die Entgeltgruppe 4, würden sie schlechter behandelt, als wenn sie am 1. Oktober 2005 bereits in die

Vergütungsgruppe VII aufgestiegen wären. In diesem Fall würden sie nämlich gemäß § 4 Abs. 1 i. V. m. der Anlage 1 TVÜ der Entgeltgruppe 5 zugeordnet. Die Entgeltgruppe 4 bildet demzufolge die Wertigkeit der Tätigkeit nicht hinreichend ab. Deshalb war es erforderlich, die Höhergruppierung in die übernächste Entgeltgruppe zu vereinbaren.

### Beispiel

Ein Angestellter ist seit dem 1. April 2004 in die Vergütungsgruppe VIII Fallgruppe 1b des Tarifvertrages zur Änderung und Ergänzung der Anlage 1a zum BAT (Neufassung der Fallgruppen 1) vom 24. Juni 1975 eingruppiert. Aus dieser Vergütungs- und Fallgruppe erfolgt nach zweijähriger Bewährung ein Aufstieg in die Vergütungsgruppe VII Fallgruppe 1c. Der Angestellte hat am 1. Oktober 2005 mehr als die Hälfte der erforderlichen Zeit von zwei Jahren, nämlich 18 Monate, zurückgelegt. Er wird zwar (zunächst) entsprechend seiner Vergütungsgruppe am Stichtag gemäß § 4 Abs. 1 i. V. m. der Anlage 1 TVÜ der Entgeltgruppe 3 zugeordnet, steigt aber – vorbehaltlich der in Satz 3 geregelten Voraussetzungen – am 1. April 2006 gemäß Satz 2 nicht in die nächsthöhere Entgeltgruppe, sondern in die Entgeltgruppe 5 auf.

Die entsprechende Regelung gilt für die **Angestellten der Vergütungsgruppe VIb**. Wenn diese Angestellten nach der Überleitung in die Entgeltgruppe 6 und Erfüllen der Voraussetzungen in die nächsthöhere Entgeltgruppe höhergruppiert würden, also in die Entgeltgruppe 7, würden sie schlechter behandelt, als wenn sie am 1. Oktober 2005 bereits in die Vergütungsgruppe Vc aufgestiegen wären. In diesem Fall würden sie nämlich gemäß § 4 Abs. 1 i. V. m. der Anlage 1 TVÜ der Entgeltgruppe 8 zugeordnet. Die Entgeltgruppe 7 bildet demzufolge die Wertigkeit der Tätigkeit nicht hinreichend ab. Deshalb war es erforderlich, auch bei diesen Fallgestaltungen die Höhergruppierung in die übernächste Entgeltgruppe zu vereinbaren.

### Beispiel

Ein Angestellter ist seit dem 1. April 2004 in die Vergütungsgruppe VIb Fallgruppe 16 des Tarifvertrages zur Änderung und Ergänzung der Anlage 1a zum BAT (Angestellte in technischen Berufen) vom 15. Juni 1972 eingruppiert. Aus dieser Vergütungs- und Fallgruppe erfolgt nach zweijähriger Tätigkeit ein Aufstieg in die Vergütungsgruppe Vc Fallgruppe 18. Der Angestellte hat am 1. Oktober 2005 mehr als die Hälfte der erforderlichen Zeit von zwei Jahren, nämlich 18 Monate, zurückgelegt. Er wird zwar (zunächst) entsprechend seiner Vergütungsgruppe am Stichtag gemäß § 4 Abs. 1 i. V. m. der Anlage 1 TVÜ der Entgeltgruppe 6 zugeordnet, steigt aber – vorbehaltlich der in Satz 3 geregelten Voraussetzungen – am 1. April 2006 gemäß Satz 2 nicht in die nächsthöhere Entgeltgruppe, sondern in die Entgeltgruppe 8 auf.

**Neben der Grundvoraussetzung (sog. 50-%-Klausel)** nach Satz 1 müssen die Angestellten **zwei weitere Voraussetzungen** erfüllen, um zu dem individuellen Aufstiegszeitpunkt einen Anspruch auf Höhergruppierung in die nächsthöhere (Satz 1) bzw. übernächste (Satz 2) Entgeltgruppe zu haben. Diese Voraussetzungen sind in **Satz 3** geregelt.

- **Zweite Voraussetzung:** Zum einen dürfen keine Anhaltspunkte vorliegen, die bei Fortgeltung des bisherigen Rechts einer Höhergruppierung entgegengestanden hätten. Diese Formulierung betrifft in erster Linie die Fälle des Bewährungsaufstiegs. Für die Handhabung dieser Regelung kann § 23a Satz 2 Nr. 1 BAT als Orientierungshilfe herangezogen werden. Nach dieser Bestimmung ist das Erfordernis der **Bewährung** erfüllt, wenn sich der Angestellte während der vorgeschriebenen Bewährungszeit den in der ihm übertragenen Tätigkeit auftretenden Anforderungen gewachsen gezeigt hat. **Maßgebender Beurteilungszeitpunkt** ist hierbei nicht der 1. Oktober 2005, sondern der individuelle Aufstiegszeitpunkt. Wenn also der in Satz 1 geregelte Zeitpunkt

Die Neuregelungen im Einzelnen 55

erreicht ist, hat der Arbeitgeber rückschauend zu beurteilen, ob sich der Angestellte im tarifrechtlichen Sinne bewährt hat oder Anhaltspunkte vorliegen, die dem Aufstieg in die höhere Entgeltgruppe entgegenstehen. Dabei kann er nach Treu und Glauben dem Beschäftigten die Höhergruppierung nicht verwehren, wenn er während des gesamten Bewährungszeitraums nicht zu erkennen gegeben hat, dass er mit den Arbeitsleistungen des Angestellten nicht zufrieden ist.

- **Dritte Voraussetzung:** Zum anderen muss der Angestellte bis zu dem nach Satz 1 maßgebenden Zeitpunkt weiterhin die Tätigkeit ausüben, die bei Fortgeltung des bisherigen Rechts den Aufstieg ermöglicht hätte. Diese Voraussetzung betrifft nicht nur den Bewährungsaufstieg, sondern auch den rein tätigkeitsbezogenen (leistungsunabhängigen) Tätigkeitsaufstieg.

**Beispiel**

Der staatlich geprüfte Techniker bzw. Techniker mit staatlicher Abschlussprüfung und entsprechender Tätigkeit ist in die Vergütungsgruppe VIb Fallgruppe 17 des Tarifvertrages zur Änderung und Ergänzung der Anlage 1a zum BAT (Angestellte in technischen Berufen) vom 15. Juni 1972 eingruppiert und steigt nach fünfjähriger Tätigkeit in dieser Vergütungs- und Fallgruppe in die Vergütungsgruppe Vc Fallgruppe 18a auf. Dieser Aufstieg setzt keine Bewährung im tarifrechtlichen Sinne voraus.

Zusammen mit der in Satz 1 enthaltenen Regelung sind demnach – jedenfalls bezogen auf den Bewährungsaufstieg genau die drei Voraussetzungen zu erfüllen, von der auch das BAG in seiner Rechtsprechung ausgeht:

- Der Angestellte muss die entsprechende, zum Aufstieg berechtigende Tätigkeit ausüben, und zwar während der gesamten Zeit (Satz 3, zweiter Spiegelstrich).
- Die erforderliche Bewährungszeit muss abgelaufen sein (Satz 1).
- Der Angestellte muss sich tatsächlich bewährt haben (Satz 3, erster Spiegelstrich).

Nach einer **Niederschriftserklärung zu Absatz 1 Satz 3** ist eine missbräuchliche Entziehung der Tätigkeit mit dem ausschließlichen Ziel, eine Höhergruppierung zu verhindern, nicht zulässig. Diese Erklärung bezieht sich auf den zweiten Spiegelstrich und enthält eine Selbstverständlichkeit

Die vorstehenden Regelungen (Sätze 1 bis 3) gelten gemäß **Satz 4** nicht in den Fällen, in denen der Angestellte bereits im Oktober 2005 bei Fortgeltung des bisherigen Tarifrechts die Voraussetzungen für einen Bewährungs-, Fallgruppen- oder Tätigkeitsaufstieg erfüllt hätte. In diesen Fällen hat der Angestellte zwar am 1. Oktober 2005 die für die Höhergruppierung erforderliche Zeit zur Hälfte erfüllt (in Wirklichkeit nahezu vollständig); er wird jedoch unter diesen Voraussetzungen nach § 4 Abs. 2 bei der Überleitung so behandelt, als wäre er bereits im September 2005 höhergruppiert worden. Damit erfolgt seine Überleitung bereits in die entsprechend höhere Entgeltgruppe, sodass kein Anlass mehr für einen Aufstieg zu einem späteren Zeitpunkt besteht.

Im Fall einer Höhergruppierung nach Satz 1 oder 2 befindet sich der Angestellte jedenfalls dann, wenn der individuelle **Aufstiegszeitpunkt vor dem 1. Oktober 2007** liegt, aufgrund der in § 6 Abs. 1 Satz 2 enthaltenen Regelung noch in seiner individuellen Zwischenstufe und ist noch nicht einem regulären Betrag der Entgelttabelle zugeordnet. Nach **Satz 5** erfolgt die Höhergruppierung in diesen Fällen nach § 6 Abs. 2 Satz 1.

**Beispiel**

Ein Angestellter der Vergütungsgruppe VII Fallgruppe 1b des Tarifvertrages zur Änderung und Ergänzung der Anlage 1a zum BAT (Neufassung der Fallgruppen 1) hat am 1. Oktober 2005 mehr als die Hälfte der erforderlichen Zeit für den Bewährungsaufstieg in die Vergütungsgruppe VIb Fallgruppe 1b zurückgelegt, nämlich fünf Jahre und zwei Monate von insgesamt sechs Jahren. Der individuelle Aufstiegszeitpunkt ist demzufolge der 1. August 2006. Der Angestellte wird am 1. Oktober 2005 gemäß § 4 Abs. 1 i. V. m. der Anlage 1 TVÜ der Entgeltgruppe 5 zugeordnet, und zwar aufgrund seines Vergleichsentgelts (§ 5 Abs. 2) i. H. v. 2.029,45 EUR zwischen die Stufen 3 und 4. Am 1. August 2006 steigt er gemäß § 8 Abs. 1 Satz 1 in die Entgeltgruppe 6 auf, und zwar nach § 8 Abs. 1 Satz 5 i. V. m. § 6 Abs. 2 Satz 1 in die Stufe 3 (2.060 EUR).

§ 6 Abs. 2 Satz 1 gilt auch dann entsprechend, wenn der Aufstieg nicht nach Satz 1 in die nächsthöhere, sondern nach Satz 2 in die übernächste Entgeltgruppe erfolgt („gegebenenfalls unter Berücksichtigung des Satzes 2").

**Beispiel**

Ein Angestellter der Vergütungsgruppe VIII Fallgruppe 1b des Tarifvertrages zur Änderung und Ergänzung der Anlage 1a zum BAT (Neufassung der Fallgruppen 1) hat am 1. Oktober 2005 mehr als die Hälfte der erforderlichen Zeit für den Bewährungsaufstieg in die Vergütungsgruppe VII Fallgruppe 1c zurückgelegt, nämlich 20 Monate von insgesamt zwei Jahren. Der individuelle Aufstiegszeitpunkt ist demzufolge der 1. Februar 2006. Der Angestellte wird am 1. Oktober 2005 gemäß § 4 Abs. 1 i. V. m. der Anlage 1 TVÜ der Entgeltgruppe 3 zugeordnet, und zwar aufgrund seines Vergleichsentgelts (§ 5 Abs. 2) i. H. v. 1.824,37 EUR zwischen die Stufen 3 und 4. Am 1. Februar 2006 steigt er gemäß § 8 Abs. 1 Satz 2 in die Entgeltgruppe 5 auf, und zwar nach § 8 Abs. 1 Satz 5 i. V. m. § 6 Abs. 2 Satz 1 in die Stufe 2 (1.875 EUR).

Grundsätzlich sind alle zwischen dem 1. Oktober 2005 und dem In-Kraft-Treten der neuen Entgeltordnung stattfindenden Umgruppierungen (also auch Höhergruppierungen) **vorläufig** und begründen keinen Vertrauensschutz und keinen Besitzstand. Dies gilt jedoch nach der ausdrücklichen Regelung in § 17 Abs. 3 Satz 2 **nicht** für die Aufstiege nach Absatz 1 Satz 1 und 2.

**Absatz 2**
Absatz 2 betrifft nur die Angestellten der Vergütungsgruppen

- X, IX, IXa (Überleitung in Entgeltgruppe 2),

- Vb bis Ia (Überleitung in Entgeltgruppen 9 bis 15).

Die Gewerkschaften haben zunächst auch für diese Beschäftigten einen Aufstieg entsprechend der in Absatz 1 enthaltenen Regelung gefordert. Dies haben die Arbeitgeber mit der Begründung abgelehnt, die Aufstiegsgruppen dieser Angestellten seien – im Gegensatz zu den in Absatz 1 genannten Entgeltgruppen – bei den Werten der Entgelttabelle berücksichtigt. Mit dieser Position haben sich die Arbeitgeber zwar durchsetzen können, aber der in Absatz 2 enthaltenen Kompromisslösung zugestimmt. Diese läuft darauf hinaus, dass die Beschäftigten, welche die sog. 50-%-Klausel erfüllt haben, zu dem Zeitpunkt, zu dem sie nach bisher geltendem Recht höhergruppiert worden wären, zwar **nicht in die nächsthöhere Entgeltgruppe aufsteigen**, aber ab diesem Zeitpunkt entgeltmäßig so behandelt werden, als wenn sie sich bereits am 1. Oktober 2005 in der höheren Vergütungsgruppe befunden hätten. Voraussetzung hierfür ist allerdings, dass der hypothetische Aufstiegszeitpunkt in der **Zeit zwischen dem 1. November 2005 und dem 30. September 2007** liegt (Satz 1).

**Beispiel**

Ein Angestellter ist seit dem 1. April 1999 in die Vergütungsgruppe IVa Fallgruppe 1 des Tarifvertrages zur Änderung und Ergänzung der Anlage 1a zum BAT (Angestellte in technischen Berufen) vom 15. Juni 1972 eingruppiert. Aus dieser Vergütungs- und Fallgruppe erfolgt nach achtjähriger Bewährung ein Aufstieg in die Vergütungsgruppe III Fallgruppe 1c. Der hypothetische Aufstiegs-

Die Neuregelungen im Einzelnen 57

zeitpunkt wäre demnach der 1. April 2007. Der Angestellte wird entsprechend seiner Vergütungsgruppe am 1. Oktober 2005 gemäß § 4 Abs. 1 i. V. m. der Anlage 1 TVÜ der Entgeltgruppe 11 zugeordnet und steigt am 1. April 2007 nicht in die Entgeltgruppe 12 auf. Sein Vergleichsentgelt (§ 5 Abs. 2) in Höhe von 3.320,52 EUR (Vergütungsgruppe IVa Stufe 9, Ortszuschlag Stufe 1, allg. Zulage) hat am 1. Oktober 2005 in der Entgeltgruppe 11 eine Zuordnung zwischen die Stufen 4 und 5 zur Folge. Am 1. April 2007 wird ein fiktives Vergleichsentgelt auf der Grundlage der Vergütungsgruppe III gebildet. Dieses beträgt 3.522,32 EUR (Vergütungsgruppe III Stufe 8, Ortszuschlag Stufe 1, allg. Zulage). Damit erhöht sich am 1. April 2007 der Betrag der individuellen Zwischenstufe des Angestellten von 3.320,52 EUR auf 3.522,32 EUR. Er bleibt mit diesem Betrag innerhalb seiner bisherigen Entgeltgruppe 11 zwischen den Stufen 4 und 5.

Neben der Grundvoraussetzung (sog. 50-%-Klausel) nach Satz 1, die zudem bei Fortgeltung des bisherigen Tarifrechts in der Zeit zwischen dem 1. November 2005 und dem 30. September 2007 zu einer Höhergruppierung hätten führen müssen, haben die Angestellten **zwei weitere Voraussetzungen** zu erfüllen, um zu dem hypothetischen Aufstiegszeitpunkt einen Anspruch auf eine höhere individuelle Zwischenstufe bzw. eine höhere Stufe innerhalb ihrer bisherigen Entgeltgruppe zu haben. Diese Voraussetzungen sind in **Satz 2** geregelt und entsprechen denjenigen in Absatz 1 Satz 3. Auf die dortigen Ausführungen wird verwiesen.

Nach einer **Niederschriftserklärung zu Absatz 2 Satz 2** ist eine missbräuchliche Entziehung der Tätigkeit mit dem ausschließlichen Ziel, eine Höhergruppierung zu verhindern, nicht zulässig. Diese Erklärung bezieht sich auf den zweiten Spiegelstrich und enthält eine Selbstverständlichkeit

Wie sich aus § 4 Abs. 1 i. V. m. der Anlage 1 TVÜ ergibt, sind – bezogen auf das vorstehende Beispiel – in den Tabellenwerten der Entgeltgruppe 11 sowohl die Vergütungsgruppe IVa als auch die Vergütungsgruppe III abgebildet. Demzufolge regelt **Satz 3**, dass ein etwaiger **Strukturausgleich** nach § 12 i. V. m. der Anlage 2 TVÜ ab dem individuellen Aufstiegszeitpunkt entfällt, weil eine solche zusätzliche Zahlung – wie das vorstehende Beispiel verdeutlicht – spätestens ab diesem Zeitpunkt infolge der Umsetzung der fiktiven Gehaltsentwicklung nach bisherigem Recht nicht mehr gerechtfertigt ist.

Die Formulierung „nicht mehr gezahlt" in Satz 3 ist insofern sprachlich ungenau, als in der ganz überwiegenden Zahl der Fälle die Zahlung des Strukturausgleichs erst im Oktober 2007 beginnt (§ 12 Abs. 2) und damit außerhalb des in Satz 1 vorausgesetzten Zeitrahmens. Von den insgesamt 201 Fällen, in denen nach § 12 Abs. 1 Satz 1 i. V. m. der Anlage 2 TVÜ ein Strukturausgleich zusteht, setzt die Zahlung lediglich in sechs Fällen bereits ein Jahr nach der Überleitung, also am 1. Oktober 2006, ein. Nur in diesen sechs Fällen, die die Entgeltgruppen 9, 10, 12 und 14 betreffen, kann es vorkommen, dass ein etwaiger Strukturausgleich „nicht mehr gezahlt" wird, sofern der hypothetische Aufstiegszeitpunkt gemäß Satz 1 nach Oktober 2006 (und vor dem 1. Oktober 2007) liegt, weil nur dann bis zum Aufstiegszeitpunkt gezahlt worden sein kann. In den allermeisten Fällen wird im Zeitpunkt der Stufenerhöhung bzw. -aufrückung (noch) kein Strukturausgleich gezahlt, sodass Satz 3 in der Regel so zu verstehen ist, dass nach dem individuellen Aufstiegszeitpunkt die (spätere) Zahlung eines Strukturausgleichs nicht mehr in Betracht kommt.

**Beispiel**
Ein Angestellter der Vergütungsgruppe III Fallgruppe 1a (Stufe 5, Ortszuschlag Stufe 1, Tarifgebiet West) des Tarifvertrages zur Änderung und Ergänzung der Anlage 1a zum BAT (Neufassung der Fallgruppen 1) hat am 1. Oktober 2005 mehr als die Hälfte der erforderlichen Zeit für den Bewährungsaufstieg in die Vergütungsgruppe II Fallgruppe 1e zurückgelegt, nämlich vier Jahre und fünf Monate von insgesamt fünf Jahren. Der individuelle Aufstiegszeitpunkt ist demzufolge der 1. Mai 2006. Der Angestellte wird am 1. Oktober 2005 gemäß § 4 Abs. 1 i. V. m. der Anlage 1 TVÜ der Entgeltgruppe 12 zugeordnet, und zwar aufgrund seines Vergleichsentgelts (§ 5 Abs. 2) in Höhe von

3.184,96 EUR zwischen die Stufen 2 und 3. Am 1. Mai 2006 steigt er nicht in die Entgeltgruppe 13 auf. Vielmehr wird zu diesem Zeitpunkt ein fiktives Vergleichsentgelt auf der Grundlage der Vergütungsgruppe II gebildet. Dieses beträgt 3.401,90 EUR (Vergütungsgruppe II Stufe 4, Ortszuschlag Stufe 1, allg. Zulage). Damit erhöht sich am 1. Mai 2006 der Betrag der individuellen Zwischenstufe des Angestellten von 3.184,96 EUR auf 3.401,90 EUR. Er rückt mit diesem Betrag innerhalb seiner Entgeltgruppe 12 zwischen die Stufen 3 und 4 auf. Der in seinem Fall nach § 12 Abs. 1 Satz 1 i. V. m. Anlage 2 TVÜ vorgesehene Strukturausgleich, der erst nach zwei Jahren, also ab 1. Oktober 2007, für die Dauer von vier Jahren in Höhe von 90 EUR zu zahlen wäre, wird nicht gezahlt.

Der **weitere Stufenaufstieg** in den vorgenannten Fällen des Absatzes 2 ist in **Satz 4** geregelt. Er richtet sich nach § 6 Abs. 1, wenn die Stufenaufrückung nach Satz 1 die Zuordnung zu einer individuellen Zwischenstufe zur Folge hatte.

### Fortsetzung des obigen Beispiels

Die Aufrückung nach Absatz 2 Satz 1 hat am 1. Mai 2006 zu einer höheren individuellen Zwischenstufe geführt. Am 1. Oktober 2007 steigt dieser Angestellte gemäß Absatz 2 Satz 4 i. V. m. § 6 Abs. 1 Satz 2 in die Stufe 4 der Entgeltgruppe 12 auf und erhält 3.550 EUR. Der weitere Stufenaufstieg richtet sich gemäß § 6 Abs. 1 Satz 3 nach den Regelungen des TVöD. Danach wird – vorbehaltlich etwaiger leistungsabhängiger Stufenaufstiege – die Stufe 5 der Entgeltgruppe 12 (4.000 EUR) nach weiteren vier Jahren, also am 1. Oktober 2011, und die Stufe 6 der Entgeltgruppe 12 (4.200 EUR) nach weiteren fünf Jahren, also am 1. Oktober 2016, erreicht.

Ein weiterer Stufenaufstieg nach Satz 4 kommt selbstverständlich dann nicht in Betracht, wenn die Stufenaufrückung nach Satz 1 die Zuordnung zu einer **individuellen Endstufe** zur Folge hat, also einer Stufe, die oberhalb der Stufe 6 der jeweiligen Entgeltgruppe und damit außerhalb des Tabellenrahmens liegt (§ 6 Abs. 3 Satz 1). In einem solchen Fall bleibt der Beschäftigte bei unveränderter Tätigkeit stets oberhalb der Stufe 6 seiner Entgeltgruppe, da auch seine individuelle Endstufe dynamisch ausgestaltet ist (§ 6 Abs. 3 Satz 4).

Nach **Satz 5** bleibt § 4 Abs. 2 unberührt. Nach dieser Vorschrift werden Beschäftigte, die bei Fortgeltung des bisherigen Tarifrechts (bereits) im Oktober 2005 die Voraussetzungen für einen Bewährungs-, Fallgruppen- oder Tätigkeitsaufstieg erfüllt hätten, für die Überleitung so behandelt, als wären sie bereits im September 2005 höhergruppiert worden. In diesem Fall kann die Regelung in § 8 Abs. 2 – ebenso wie in den Fällen des § 8 Abs. 1 – nicht mehr zur Anwendung kommen, da der Aufstieg bereits im Zeitpunkt der Überleitung berücksichtigt wird. Im Rahmen von Absatz 2 ist dieser Hinweis auf § 4 Abs. 2 an sich überflüssig, weil hypothetische Aufstiege vor dem 1. November 2005 (also im Oktober 2005) von der Regelung in Absatz 2 Satz 1 gar nicht erfasst werden.

Die **Niederschriftserklärung zu § 8 Abs. 2** stellt nochmals ausdrücklich klar, dass die Neuberechnung des Vergleichsentgelts bei Beschäftigten der Entgeltgruppen 2 sowie 9 bis 15 nur zu einer höheren (Zwischen-)Stufe innerhalb derselben Entgeltgruppe führt, nicht jedoch – so wie bei den Beschäftigten der Entgeltgruppen 3, 5, 6 und 8 in den Fällen des Absatzes 1 – zu einer höheren Entgeltgruppe. Es bleibt demzufolge bei der Zuordnung der Vergütungsgruppen nach § 4 Abs. 1 am 1. Oktober 2005; eine nachträgliche Korrektur dieser Zuordnung findet nicht statt.

### 3.1.2.2 TVÜ-Bund

Die Absätze 1 und 2 sind inhaltsgleich mit der Maßgabe, dass der BAT-Ostdeutsche Sparkassen dort nicht aufgeführt ist. Dieser Tarifvertrag ist auf Arbeitgeberseite nur von der VKA abgeschlossen worden.

## 3.2 Vergütungsgruppenzulagen

### 3.2.1 Tariftext TVÜ-VKA

§ 9

Vergütungsgruppenzulagen

(1) ¹Aus dem Geltungsbereich des BAT/BAT-O/BAT-Ostdeutsche Sparkassen übergeleitete Beschäftigte, denen am 30. September 2005 nach der Vergütungsordnung zum BAT/BAT-O/BAT-Ostdeutsche Sparkassen eine Vergütungsgruppenzulage zusteht, erhalten in der Entgeltgruppe, in die sie übergeleitet werden, eine Besitzstandszulage in Höhe der Vergütungsgruppenzulage.

(2) ¹Aus dem Geltungsbereich des BAT/BAT-O/BAT-Ostdeutsche Sparkassen übergeleitete Beschäftigte, die bei Fortgeltung des bisherigen Rechts nach dem 30. September 2005 eine Vergütungsgruppenzulage ohne vorausgehenden Bewährungs- oder Fallgruppenaufstieg erreicht hätten, erhalten ab dem Zeitpunkt, zu dem ihnen die Zulage nach bisherigem Recht zugestanden hätte, eine Besitzstandszulage. ²Die Höhe der Besitzstandszulage bemisst sich nach dem Betrag, der als Vergütungsgruppenzulage zu zahlen gewesen wäre, wenn diese bereits am 30. September 2005 zugestanden hätte. ³Voraussetzung ist, dass

am 1. Oktober 2005 die für die Vergütungsgruppenzulage erforderliche Zeit der Bewährung oder Tätigkeit nach Maßgabe des § 23 b Abschn. B BAT/BAT-O/BAT-Ostdeutsche Sparkassen zur Hälfte erfüllt ist,

zu diesem Zeitpunkt keine Anhaltspunkte vorliegen, die bei Fortgeltung des bisherigen Rechts der Vergütungsgruppenzulage entgegengestanden hätten und

bis zum individuellen Zeitpunkt nach Satz 1 weiterhin eine Tätigkeit auszuüben ist, die zu der Vergütungsgruppenzulage geführt hätte.

(4) ¹Für aus dem Geltungsbereich des BAT/BAT-O/BAT-Ostdeutsche Sparkassen übergeleitete Beschäftigte, die bei Fortgeltung des bisherigen Rechts nach dem 30. September 2005 im Anschluss an einen Fallgruppenaufstieg eine Vergütungsgruppenzulage erreicht hätten, gilt Folgendes:

(a) ¹In eine der Entgeltgruppen 3, 5, 6 oder 8 übergeleitete Beschäftigte, die den Fallgruppenaufstieg am 30. September 2005 noch nicht erreicht haben, sind zu dem Zeitpunkt, zu dem sie nach bisherigem Recht höhergruppiert worden wären, in die nächsthöhere Entgeltgruppe des TVöD eingruppiert; § 8 Abs. 1 Satz 2 bis 5 gilt entsprechend. ²Eine Besitzstandszulage für eine Vergütungsgruppenzulage steht nicht zu.

(b) Ist ein der Vergütungsgruppenzulage vorausgehender Fallgruppenaufstieg am 30. September 2005 bereits erfolgt, gilt Absatz 2 mit der Maßgabe, dass am 1. Oktober 2005 die Hälfte der Gesamtzeit für den Anspruch auf die Vergütungsgruppenzulage einschließlich der Zeit für den vorausgehenden Aufstieg zurückgelegt sein muss.

(5) ¹Die Besitzstandszulage nach den Absätzen 1, 2 und 3 Buchst. b wird solange gezahlt, wie die anspruchsbegründende Tätigkeit ununterbrochen ausgeübt wird und die sonstigen Voraussetzungen für die Vergütungsgruppenzulage nach bisherigem Recht weiterhin bestehen. ²Sie verändert sich bei allgemeinen Entgeltanpassungen um den von den Tarifvertragsparteien für die jeweilige Entgeltgruppe festgelegten Vomhundertsatz.

**Niederschriftserklärung zu § 8 Abs. 1 Satz 2 und Abs. 2 Satz 2 sowie § 9 Abs. 2 bis 4:**

**Eine missbräuchliche Entziehung der Tätigkeit mit dem ausschließlichen Ziel, eine Höhergruppierung zu verhindern, ist nicht zulässig.**

### 3.2.2 Regelungsinhalt

#### 3.2.2.1 TVÜ-VKA

Vergütungsgruppenzulagen sind – ebenso wie Bewährungsaufstiege – im TVöD nicht mehr vorgesehen (§ 17 Abs. 5 Satz 2). Hierbei handelt es sich – vereinfacht ausgedrückt – um „halbe" Bewährungs- bzw. Tätigkeitsaufstiege. Deshalb war es erforderlich, entsprechend der in § 8 enthaltenen Regelung auch für diejenigen Angestellten Überleitungsbestimmungen vorzusehen, die entweder am 1. Oktober 2005 schon eine Vergütungsgruppenzulage erhalten oder bei Fortgeltung des bisherigen Tarifrechts zu einem späteren Zeitpunkt einen Anspruch hierauf erworben hätten. In § 9 sind folgende Fallgestaltungen geregelt:

- Absatz 1: Die Vergütungsgruppenzulage steht am Stichtag bereits zu.

- Absatz 2: Die Vergütungsgruppenzulage steht am Stichtag noch nicht zu und würde bei Fortgeltung des bisherigen Rechts ohne vorausgehenden Bewährungs- oder Fallgruppenaufstieg erreicht.

- Absatz 3: Die Vergütungsgruppenzulage steht am Stichtag noch nicht zu und würde bei Fortgeltung des bisherigen Rechts erst nach vorausgehendem Fallgruppenaufstieg erreicht. Dabei gibt es wiederum zwei Fallgestaltungen:

    a) Fallgruppenaufstieg am Stichtag noch nicht erreicht

    b) Fallgruppenaufstieg am Stichtag erreicht

**Absatz 1**

Zunächst wird der Fall geregelt, dass dem Angestellten im September 2005 bereits eine Vergütungsgruppenzulage zusteht. Diese Zulage wird bei der Bildung des Vergleichsentgelts nach § 5 Abs. 2 nicht berücksichtigt. Die Vergütungsgruppenzulage ist keine Funktionszulage im Sinne von § 5 Abs. 2 Satz 3. Deshalb war es erforderlich, die Vergütungsgruppenzulage anderweitig zu sichern, damit die betreffenden Angestellten bei der Überleitung in den TVöD keine Gehaltseinbuße hinnehmen müssen (Grundsatz der Kostenneutralität).

Die Tarifvertragsparteien haben diesen Fall so geregelt, dass der Angestellte neben seinem Vergleichsentgelt (§ 5 Abs. 2) zusätzlich eine Besitzstandszulage in Höhe seiner ihm am 30. September zustehenden Vergütungsgruppenzulage erhält. Damit bleibt die Höhe seines Regelentgelts nach der Überleitung in den TVöD unverändert.

**Beispiel**

Eine Angestellte ist seit dem 1. April 2001 in Vergütungsgruppe Vb Fallgruppe 4 des Tarifvertrages zur Änderung der Anlage 1a zum BAT vom 24. April 1991 eingruppiert. Nach vierjähriger Bewährung in dieser Vergütungs- und Fallgruppe steht ihr eine monatliche Vergütungsgruppenzulage i. H. v. 6 v. H. der Grundvergütung der Stufe 4 der Vergütungsgruppe Vb zu. Diese Voraussetzung erfüllt die Angestellte seit dem 1. April 2005, sodass ihr gemäß Absatz 1 am 30. September 2005 eine Vergütungsgruppenzulage zusteht.:

Die Neuregelungen im Einzelnen

Diese Angestelle (Stufe 7, Ortszuschlag Stufe 1) wird wie folgt in den TVöD übergeleitet:

| | |
|---|---|
| Grundvergütung | 1.828,56 EUR |
| allgemeine Zulage | 107,44 EUR |
| Ortszuschlag | 473,21 EUR |
| Vergleichsentgelt | 2.409,21 EUR |
| (§ 5 Abs. 2) | |

Die Vergütungsgruppe Vc führt gemäß § 4 Abs. 1 i. V. m. der Anlage 1 TVÜ zur Zuordnung in die Entgeltgruppe 8, und zwar zwischen die Stufen 4 (2.330 EUR) und 5 (2.430 EUR). Neben dieser individuellen Zwischenstufe erhält die Angestellte zusätzlich als Besitzstandszulage 107,40 EUR (6 v. H. von 1.790,05 = Vergütungsgruppe Vb Stufe 4). Außerdem steht ihr gemäß § 12 Abs. 1 Satz 1 i. V. m. der Anlage 2 TVÜ ab 1. Oktober 2007 ein dauerhafter Strukturausgleichsbetrag von 55 EUR zu.

Die Dauer und die sonstigen Voraussetzungen und Modalitäten der Besitzstandszulage nach Absatz 1 sind in Absatz 4 geregelt. Auf die dortigen Ausführungen wird verwiesen.

**Absatz 2**
Absatz 2 regelt die Berücksichtigung einer Vergütungsgruppenzulage ohne vorausgehenden Bewährungs- oder Fallgruppenaufstieg. Dies betrifft Angestellte, die aufgrund ihrer Eingruppierung in eine bestimmte Vergütungs- und Fallgruppe nach Ablauf einer bestimmten Zeit oder Bewährungszeit keinen Anspruch auf eine Höhergruppierung haben, sondern unmittelbar auf eine Vergütungsgruppenzulage.

**Beispiel**
Erzieherinnen mit staatlicher Anerkennung und entsprechender Tätigkeit mit fachlich koordinierenden Aufgaben für mindestens drei Angestellte mindestens der Vergütungsgruppe Vc Fallgruppe 5 sind in Vergütungsgruppe Vb Fallgruppe 4 des Tarifvertrages zur Änderung der Anlage 1a zum BAT vom 24. April 1991 eingruppiert. Nach vierjähriger Bewährung in dieser Vergütungs- und Fallgruppe steht diesen Angestellten eine monatliche Vergütungsgruppenzulage i. H. v. 6 v. H. der Grundvergütung der Stufe 4 der Vergütungsgruppe Vb zu.

Erhält z. B. die im Beispiel genannte Angestellte am 30. September 2005 die Vergütungsgruppenzulage noch nicht, kann sie diese ab dem bei Fortgeltung des bisherigen Rechts maßgebenden Zeitpunkt als **Besitzstandszulage** erhalten, sofern sie die in Satz 3 aufgeführten Voraussetzungen erfüllt.

**Satz 2** regelt die **Höhe** der Besitzstandszulage. Da der zum Zeitpunkt der Überleitung in den TVöD vorhandene Besitzstand der Angestellten gesichert werden soll, bemisst sich die Zulage nach dem Betrag der Vergütungsgruppenzulage am 30. September 2005. Im vorgenannten Beispiel wären dies also 107,40 EUR (6 v. H. von 1.790,05 EUR = Stufe 4 der Vergütungsgruppe Vb).

Die unter Absatz 2 fallenden Angestellten müssen **drei Voraussetzungen** erfüllen, um ab dem entsprechenden Zeitpunkt eine Besitzstandszulage in Höhe der Vergütungsgruppenzulage beanspruchen zu können. Dies ist im Einzelnen in **Satz 3** geregelt.

- **Erste Voraussetzung:** Der Angestellte muss am 1. Oktober 2005 die für die Vergütungsgruppenzulage erforderliche Zeit zur Hälfte erfüllt haben (**sog. 50-%-Klausel**). Dies gilt sowohl für die Vergütungsgruppenzulage nach x-jähriger Bewährung (siehe vorgenanntes Beispiel) als auch für die Vergütungsgruppenzulage nach x-jähriger Tätigkeit. Außerdem ist die sog. 50-%-Klausel „nach Maßgabe des § 23b Abschn. B BAT/BAT-O/BAT-Ostdeutsche Sparkassen" anzuwenden.

Nach dieser Vorschrift werden Zeiten, in denen der Angestellte mit einer kürzeren als der regelmäßigen wöchentlichen Arbeitszeit eines entsprechenden vollbeschäftigten Angestellten beschäftigt war, für die erforderliche Zeit voll angerechnet. **Teilzeitbeschäftigte** werden insoweit wie Vollbeschäftigte behandelt.

### Fortsetzung des obigen Beispiels

Die Angestellte ist seit dem 1. Oktober 2003 in Vergütungsgruppe Vb Fallgruppe 4 eingruppiert. Sie hat am 1. Oktober 2005 die Hälfte der erforderlichen Zeit zurückgelegt und deshalb gemäß Satz 1 ab 1. Oktober 2007 Anspruch auf eine Besitzstandszulage in Höhe von 107,40 EUR.

Die Angestellte ist seit dem 1. Oktober 2004 in Vergütungsgruppe Vb Fallgruppe 4 eingruppiert. Sie hat am 1. Oktober 2005 die Hälfte der erforderlichen Zeit noch nicht zurückgelegt und deshalb gemäß Satz 3 keinen Anspruch auf eine Besitzstandszulage.

- **Zweite Voraussetzung:** Es dürfen keine Anhaltspunkte vorliegen, die bei Fortgeltung des bisherigen Rechts der Vergütungsgruppenzulage entgegengestanden hätten. Diese Formulierung betrifft in erster Linie die Fälle, in denen diese Zulage nach Ablauf einer x-jährigen Bewährung zusteht. Für die Handhabung dieser Regelung kann § 23a Satz 2 Nr. 1 BAT als Orientierungshilfe herangezogen werden. Nach dieser Bestimmung ist das Erfordernis der **Bewährung** erfüllt, wenn sich der Angestellte während der vorgeschriebenen Bewährungszeit den in der ihm übertragenen Tätigkeit auftretenden Anforderungen gewachsen gezeigt hat.

  **Maßgebender Beurteilungszeitpunkt** ist hierbei nicht der 1. Oktober 2005, sondern der Zeitpunkt, zu dem die Vergütungsgruppenzulage bei Fortgeltung des bisherigen Rechts zugestanden hätte. Die Formulierung „zu diesem Zeitpunkt" ist insofern missverständlich, als in dem vorhergehenden Spiegelstrich der 1. Oktober 2005 genannt ist. Nach Sinn und Zweck dieser Regelung kann hier jedoch nichts anderes gemeint sein als in den Fällen des Bewährungsaufstiegs nach § 8 Abs. 1 Satz 3 (erster Spiegelstrich) und § 8 Abs. 2 Satz 2 (erster Spiegelstrich). Wenn also der in § 9 Abs. 2 Satz 1 geregelte Zeitpunkt erreicht ist, hat der Arbeitgeber rückschauend zu beurteilen, ob sich der Angestellte im tarifrechtlichen Sinne bewährt hat oder Anhaltspunkte vorliegen, die der Zahlung der Besitzstandszulage entgegenstehen. Dabei kann er nach Treu und Glauben dem Beschäftigten die Zulage nicht verwehren, wenn er während des gesamten Bewährungszeitraums nicht zu erkennen gegeben hat, dass er mit den Arbeitsleistungen des Angestellten nicht zufrieden ist.

- **Dritte Voraussetzung:** Der Angestellte muss bis zu dem nach Satz 1 maßgebenden Zeitpunkt weiterhin die Tätigkeit ausüben, die bei Fortgeltung des bisherigen Rechts zu der Vergütungsgruppenzulage geführt hätte. Diese Voraussetzung betrifft nicht nur die Vergütungsgruppenzulage nach x-jähriger Bewährung, sondern auch die Vergütungsgruppenzulage nach x-jähriger Tätigkeit.

### Absatz 3

Absatz 3 regelt die Berücksichtigung einer **Vergütungsgruppenzulage im Anschluss an einen Fallgruppenaufstieg.** Dies betrifft Angestellte, die aufgrund ihrer Eingruppierung in eine bestimmte Vergütungs- und Fallgruppe, die bei Überleitung in den TVöD eine Zuordnung zu einer der Entgeltgruppen 3, 5, 6 oder 8 zur Folge hat, nach Ablauf einer bestimmten Zeit oder Bewährungszeit zunächst Anspruch auf eine Höhergruppierung und erst nach Ablauf eines weiteren Zeitraums Anspruch auf eine Vergütungsgruppenzulage haben (**sog. doppelter Bewährungsaufstieg**).

Die Neuregelungen im Einzelnen

## Beispiel

Erzieherinnen mit staatlicher Anerkennung und entsprechender Tätigkeit sind in Vergütungsgruppe VIb Fallgruppe 5 des Tarifvertrages zur Änderung der Anlage 1a zum BAT vom 24. April 1991 eingruppiert. Nach dreijähriger Bewährung in dieser Vergütungs- und Fallgruppe steht diesen Angestellten die Vergütungsgruppe Vc Fallgruppe 7 zu. Diese Vergütungs- und Fallgruppe wiederum führt nach vierjähriger Tätigkeit zu einer monatlichen Vergütungsgruppenzulage i. H. v. 5 v. H. der Grundvergütung der Stufe 4 der Vergütungsgruppe Vc.

Nach diesem Beispiel sind folgende Fallgestaltungen möglich:

- Die Angestellte befindet sich am 30. September 2005 noch in Vergütungsgruppe VIb. Diesen Fall regelt **Buchst. a**.

- Die Angestellte befindet sich am 30. September 2005 bereits in Vergütungsgruppe Vc. Diesen Fall regelt **Buchst. b**.

- Die Angestellte erhält am 30. September 2005 bereits die Vergütungsgruppenzulage. Diesen Fall regelt **Absatz 1**.

## Fortsetzung des obigen Beispiels

a) Die Angestellte ist seit dem 1. Januar 2005 in Vergütungsgruppe VIb Fallgruppe 5 eingruppiert. Sie wird am 1. Oktober 2005 gemäß § 4 Abs. 1 i. V. m. der Anlage 1 TVÜ in die Entgeltgruppe 6 übergeleitet. Am 1. Januar 2008 steigt sie gemäß Buchst. a Satz 1 i. V. m. § 8 Abs. 1 Satz 2 in die Entgeltgruppe 8 auf. Die sog. 50-%-Klausel in § 8 Abs. 1 Satz 1 gilt nicht entsprechend. Ab 1. Januar 2012 steht der Angestellten keine Besitzstandszulage zu (Buchst. a Satz 2).

b) Die Angestellte ist seit dem 1. Januar 2003 in Vergütungsgruppe VIb Fallgruppe 5 eingruppiert. Sie wird am 1. Oktober 2005 gemäß § 4 Abs. 1 i. V. m. der Anlage 1 TVÜ in die Entgeltgruppe 6 übergeleitet. Am 1. Januar 2006 steigt sie gemäß Buchst. a Satz 1 i. V. m. § 8 Abs. 1 Satz 2 in die Entgeltgruppe 8 auf. Ab 1. Januar 2010 steht der Angestellten keine Besitzstandszulage zu (Buchst. a Satz 2).

c) Die Angestellte ist seit dem 1. Juli 2002 in Vergütungsgruppe VIb Fallgruppe 5 und seit dem 1. Juli 2005 in Vergütungsgruppe Vc Fallgruppe 7 eingruppiert. Sie wird am 1. Oktober 2005 gemäß § 4 Abs. 1 i. V. m. der Anlage 1 TVÜ in die Entgeltgruppe 8 übergeleitet. Ab 1. Juli 2009 erhält diese Angestellte keine Besitzstandszulage in Höhe ihrer Vergütungsgruppenzulage, da sie am 1. Oktober 2005 die nach Buchst. b erforderliche Hälfte der Gesamtzeit (sieben Jahre) noch nicht zurückgelegt hat.

d) Die Angestellte ist seit dem 1. Januar 2001 in Vergütungsgruppe VIb Fallgruppe 5 und seit dem 1. Januar 2004 in Vergütungsgruppe Vc Fallgruppe 7 eingruppiert. Sie wird am 1. Oktober 2005 gemäß § 4 Abs. 1 i. V. m. der Anlage 1 TVÜ in die Entgeltgruppe 8 übergeleitet. Ab 1. Januar 2008 erhält sie gemäß Buchst. b i. V. m. Absatz 2 eine Besitzstandszulage in Höhe ihrer Vergütungsgruppenzulage, da sie am 1. Oktober 2005 die Hälfte der Gesamtzeit (sieben Jahre) zurückgelegt hat.

## Absatz 4

In **Satz 1** ist geregelt, wie lange die Besitzstandszulage nach den vorangegangenen Absätzen zu zahlen ist.

Dies ist von zwei Voraussetzungen abhängig:

1. Zum einen muss die Tätigkeit, die den Anspruch auf die Vergütungsgruppenzulage nach bisherigem Tarifrecht begründet, auch weiterhin ausgeübt werden, und zwar ununterbrochen. Dies knüpft bezogen auf die Tätigkeit – an die in Absatz 2 Satz 3 (dritter Spiegelstrich) geregelte Voraussetzung an und „verlängert" diese gewissermaßen für die Dauer des Bezugszeitraums der Besitzstandszulage. Außerdem muss die Tätigkeit ununterbrochen ausgeübt werden. Dies bedeutet im Umkehrschluss, dass die Besitzstandszulage ab dem Zeitpunkt entfällt, ab dem die anspruchsbegründende Tätigkeit – aus welchen Gründen auch immer – nicht mehr ausgeübt wird. Die in den Absätzen 1, 2 und 3 Buchst. b enthaltenen Besitzstandsregelungen leben auch nicht wieder auf, wenn nach der Unterbrechung erneut eine entsprechende Tätigkeit ausgeübt wird. Diese Tätigkeit ist dann vielmehr nach der neuen Entgeltordnung oder ggf. nach § 17 zu beurteilen.

2. Zum anderen müssen nach Satz 1 „die sonstigen Voraussetzungen" für die Vergütungsgruppenzulage nach bisherigem Recht weiterhin bestehen. Welche Voraussetzungen damit gemeint sind, ist unklar. Die für eine Vergütungsgruppenzulage etwa erforderliche Zeit einer Bewährung ist bereits erfüllt, wenn sie gezahlt wird. Gezahlt wird sie nur, wenn der Arbeitgeber davon ausgeht, dass sich der Angestellte bewährt hat. Ändern sich im Nachhinein die Leistungen des Angestellten, kann eine Vergütungsgruppenzulage nicht ohne weiteres entzogen werden. Sollte der Arbeitgeber in einem solchen Fall dem Angestellten entweder einvernehmlich oder im Wege einer Änderungskündigung eine anders zu bewertende Tätigkeit übertragen, entfällt bereits aufgrund der zuvor erläuterten ersten Voraussetzung die Besitzstandszulage.

**Satz 2** regelt die **Dynamisierung** und damit die künftige Entwicklung der Besitzstandszulage. Nach bislang geltendem Tarifrecht ist auch die Vergütungsgruppenzulage dynamisch ausgestaltet und hat sich aufgrund der Bezugnahme auf eine Stufe der Grundvergütung einer bestimmten Vergütungsgruppe entsprechend den Vergütungen und Löhnen weiterentwickelt. Diesen Grundsatz haben die Tarifvertragsparteien für die Besitzstandsregelung übernommen. Nach dem Ergebnis der Tarifrunde im Februar 2005 können sich aufgrund der vereinbarten Laufzeit der Entgelttabellen frühestens nach dem 31. Dezember 2007 Veränderungen gemäß Satz 2 ergeben.

Nach einer **Niederschriftserklärung zu den Absätzen 2 bis 4** ist eine missbräuchliche Entziehung der Tätigkeit mit dem ausschließlichen Ziel eine Höhergruppierung zu verhindern nicht zulässig. Diese Erklärung bezieht sich

- in Absatz 2 auf den dritten Spiegelstrich in Satz 3,
- in Absatz 3 auf Buchst. a Satz 1 i. V. m. § 8 Abs. 1 Satz 3,
- in Absatz 3 auf Buchst. b i. V. m. Absatz 2 Satz 3,
- in Absatz 4 auf Satz 1

und enthält eine Selbstverständlichkeit. Die Formulierung „Höhergruppierung" schließt auch die in § 9 geregelten Fälle der Gewährung einer Besitzstandszulage ein.

### 3.2.2.2 TVÜ-Bund

Die Absätze 1 bis 4 sind **inhaltsgleich** mit der Maßgabe, dass der BAT-Ostdeutsche Sparkassen in den Absätzen 1 bis 3 nicht aufgeführt ist.

In **Absatz 2 Satz 3 (erster Spiegelstrich)** wird anstelle von § 23b Abschn. B BAT usw. auf die für den Bereich des Bundes geltende Vorschrift des § 23b Abschn. A BAT/BAT-O verwiesen. Danach wiederum gilt § 23a Satz 2 Nr. 6 BAT/BAT-O entsprechend. Nach dieser Vorschrift werden Bewährungszeiten, in denen der Angestellte mit einer kürzeren als der regelmäßigen wöchentlichen Arbeitszeit eines entsprechenden vollbeschäftigten Angestellten beschäftigt war, voll angerechnet.

## 3.3 Fortführung vorübergehender übertragener höherwertiger Tätigkeit

### 3.3.1 Tariftext TVÜ-VKA

**§ 10**

**Fortführung vorübergehender
übertragener höherwertiger Tätigkeit**

(1) ¹Beschäftigte, denen am 30. September 2005 eine Zulage nach § 24 BAT/BAT-O/BAT-Ostdeutsche Sparkassen zusteht, erhalten nach Überleitung in den TVöD eine Besitzstandszulage in Höhe ihrer bisherigen Zulage, solange sie die anspruchsbegründende Tätigkeit weiterhin ausüben und die Zulage nach bisherigem Recht zu zahlen wäre. ²Wird die anspruchsbegründende Tätigkeit über den 30. September 2007 hinaus beibehalten, finden mit Wirkung ab dem 1. Oktober 2007 die Regelungen des TVöD über die vorübergehende Übertragung einer höherwertiger Tätigkeit Anwendung. ³Für eine vor dem 1. Oktober 2005 vorübergehend übertragene höherwertige Tätigkeit, für die am 30. September 2005 wegen der zeitlichen Voraussetzungen des § 24 Abs. 1 bzw. 2 BAT/BAT-O/BAT-Ostdeutsche Sparkassen noch keine Zulage gezahlt wird, gilt Satz 1 und 2 ab dem Zeitpunkt entsprechend, zu dem nach bisherigem Recht die Zulage zu zahlen gewesen wäre. ⁴Sätze 1 bis 3 gelten für landesbezirkliche Regelungen gemäß § 9 Abs. 3 BMT-G und nach Abschnitt I. der Anlage 3 des Tarifvertrages zu § 20 Abs. 1 BMT-G-O (Lohngruppenverzeichnis) entsprechend. ⁵Sätze 1 bis 4 gelten bei besonderen tarifvertraglichen Vorschriften über die vorübergehende oder vertretungsweise Übertragung höherwertiger Tätigkeiten entsprechend.

(2) ¹Absatz 1 gilt in Fällen des § 2 der Anlage 3 zum BAT entsprechend. ²An die Stelle der Begriffe Vergütung und Vergütungsgruppe treten die Begriffe Entgelt und Entgeltgruppe.

<u>Niederschriftserklärung zu Absatz 1 und 2:</u>

Die Tarifvertragsparteien stellen klar, dass die vertretungsweise Übertragung einer höherwertigen Tätigkeit ein Unterfall der vorübergehenden Übertragung einer höherwertigen Tätigkeit ist. Gleiches gilt für die Zulage nach § 2 der Anlage 3 zum BAT.

### 3.3.2 Regelungsinhalt

#### 3.3.2.1 TVÜ-VKA

**Grundregelung (Abs. 1)**
Nach Abs. 1 Satz 1 erhalten Angestellte, denen

- nach § 24 Abs.1 BAT vorübergehend eine höherwertige Tätigkeit oder nach § 24 Abs. 2 BAT vertretungsweise eine höherwertige Tätigkeit übertragen worden ist und
- welche die entsprechende Zulage am 30. September bereits erhalten,

auch nach dem 1. Oktober 2005 weiterhin diese Zulage als Besitzstandszulage.

Nun ist allerdings der Fall denkbar, dass zwar die höherwertige Tätigkeit nach § 24 BAT zum Stichtag bereits übertragen war, aber wegen des fehlenden Zeitmoments – bei § 24 Abs. 1 ein Monat und bei Abs. 2 drei Monate Ausübung der Tätigkeit – am 30. September 2005 noch kein Anspruch auf die Zulage besteht. In diesem Fall erhält der Angestellte die Zulage ab dem Zeitpunkt, ab dem er nach § 24 BAT die Zulage erhalten hätte. Allerdings müssen die anspruchsbegründenden Tatbestandsmerkmale des § 24 BAT zu diesem Zeitpunkt noch vorliegen.

Die **Dauer der Gewährung der Besitzstandszulage** richtet sich nach dem Vorliegen der anspruchsbegründenden Tatbestandsmerkmale. Sie wird also solange gezahlt, wie der Angestellte diese Tätigkeit noch ausübt und die Zulage nach § 24 BAT weiterhin zu zahlen wäre. Endet die Übertragung innerhalb eines Monats, besteht für diesen Monat kein – auch nicht anteiliger – Anspruch auf die Zulage.

Dauert die anspruchsbegründende Tätigkeit **über den 30. September 2007 hinaus** ununterbrochen an, wird die Zulage neu berechnet. **Ihre Höhe richtet sich nun nach dem TVöD**. Mit Wirkung ab dem 1. Oktober 2007 findet also die Bestimmung des TVöD über die vorübergehende Übertragung einer höherwertigen Tätigkeit Anwendung.

Das bedeutet: Der Beschäftigte rückt zunächst auf in seine reguläre Stufe. Hinzu erhält er eine persönliche Zulage. Diese bemisst sich aus dem Unterschiedsbetrag zwischen der bisherigen Entgeltgruppe und Stufe und **mindestens der Stufe 2** der Entgeltgruppe, die dem Beschäftigten zustehen würde, wenn er entsprechend der höherwertigen Tätigkeit höhergruppiert worden wäre. Liegt das bisherige Entgelt des Beschäftigten über der Stufe 2 der höheren Entgeltgruppe, so ist die Stufe maßgeblich, die mindestens dem bisherigen Entgelt entspricht.

## Beispiel

Ein Angestellter, ledig, in Vergütungsgruppe V c, Stufe 7 VKA, übt am 30. September 2005 eine höherwertige Tätigkeit in Vergütungsgruppe Vb aus und erhält die Zulage nach § 24 BAT. Diese Zulage bemisst sich aus dem Unterschiedsbetrag aus seiner Vergütung (2.415,86 EUR) und der Vergütung aus der höheren Vergütungsgruppe (2.635,49 EUR). Sie beträgt sonach 219,63 EUR. Am 1. Oktober 2005 wird er in die Entgeltgruppe 8 in eine individuelle Zwischenstufe i. H. v. 2.415,86 EUR übergeleitet. Hinzu erhält er seine bisherige Zulage als Besitzstand weiter. Am 1. Oktober 2007 wird er zunächst in die reguläre Stufe 5 hochgestuft. Das Entgelt beträgt nun 2.430 EUR. Dauert die Übertragung der höherwertigen Tätigkeit noch an, wird die Zulage nun nach TVöD berechnet. Die Stufe 2 der Entgeltgruppe 9 beträgt 2.290 EUR, ist somit niedriger als sein bisheriges Entgelt. Die Stufe, die mindestens seinem Entgelt entspricht, ist die Stufe vier. Sie beträgt 2.730 EUR. Die Differenz beträgt sonach 300 EUR. Diese erhält er ab dem 1. Oktober 2007 als Zulage.

Endet die Übertragung anschließend innerhalb eines Monats, erhält der Beschäftigte für diesen Monat eine anteilige Zulage und zwar für jeden Kalendertag der Übertragung 1/30 der Zulage.

Im **Arbeiterbereich** gilt die Regelung grundsätzlich entsprechend. Dies ist auch für den Fall einer Zulage wegen Vertretung eines Beamten oder Angestellten unproblematisch, da hier eine gesonderte Zulage vorgesehen ist. Wird hingegen ein Arbeiter vertreten, sehen die landesbezirklichen Regelungen statt einer gesonderten Zulage einen Lohn gemäß der höheren Lohngruppe vor. Hier ist entsprechend der Regelung im TVÜ-Bund[16] zu verfahren. Die Zulage bemisst sich ab dem 1. Oktober 2005 nach dem Unterschiedsbetrag zwischen dem höheren Lohn und dem im September 2005 ohne die Übertragung der höherwertigen Tätigkeit zustehenden Lohn.

**Zulage bei Nichtvorliegen der Ersten Prüfung und der Zweiten Prüfung (Abs. 2)**
Die obige Regelung gilt auch in den **Fällen des § 2 der Anlage 3 zum BAT**. Es geht hier um die Ablegung der Ersten Prüfung und der Zweiten Prüfung als Voraussetzung der Eingruppierung der Angestellten im Verwaltungs-, Kassen- sowie im Sparkassendienst in bestimmte Vergütungsgruppen. Nach § 2 der Anlage 3 ist einem Angestellten, der die für seine Eingruppierung vorgeschriebene Prüfung nicht abgelegt hat, alsbald die Möglichkeit zu geben, Ausbildung und Prüfung nachzuholen. Besteht hierzu aus Gründen, die der Angestellte nicht zu vertreten hat, keine Möglichkeit oder befindet sich der Angestellte in der Ausbildung, erhält er mit Wirkung vom Ersten des vierten Mo-

---
[16] Vgl. unten bei 3.3.2.2.

nats nach Beginn der maßgebenden Beschäftigung eine persönliche Zulage. Die Zulage wird in Höhe des Unterschiedes zwischen der Grundvergütung, die er jeweils erhalten würde, wenn er zu diesem Zeitpunkt in der seiner Tätigkeit entsprechenden Vergütungsgruppe eingruppiert gewesen wäre und der jeweiligen Grundvergütung seiner bisherigen Vergütungsgruppe gewährt. Die Zulage entfällt vom Ersten des folgenden Monats an, wenn der Angestellte entweder

a) die Prüfung auch im Wiederholungsfalle nicht bestanden hat oder

b) nicht an der seiner Tätigkeit entsprechenden Ausbildung und Prüfung teilnimmt, nachdem ihm die Möglichkeit hierzu geboten worden ist.

Rein redaktionell ist die Regelung, dass an Stelle der in der Anlage 3 aufgeführten Begriffe Vergütung und Vergütungsgruppe die Begriffe Entgelt und Entgeltgruppe treten.

**Niederschriftserklärung**
Die Tarifvertragsparteien stellen in einer Niederschriftserklärung klar, dass die **vertretungsweise Übertragung einer höherwertigen Tätigkeit** – bislang geregelt in § 24 Abs. 2 BAT einen **Unterfall der vorübergehenden** Übertragung einer höherwertigen Tätigkeit ist, bislang geregelt in § 24 Abs.1 BAT. Gleiches gilt für die Zulage nach § 2 der Anlage 3 zum BAT.

### 3.3.2.2 TVÜ-Bund

Für den Bereich des Bundes gelten obige Darlegungen entsprechend. Allerdings ist im Arbeiterbereich im Fall einer Zulage nach § 9 MTArb eine zusätzliche Regelung im Fall der Vertretung eines Arbeiters erforderlich. Vertritt der Arbeiter einen Angestellten oder Beamten, erhält er eine Zulage in bestimmter Höhe. Diese Zulage erhält er als Besitzstandszulage weiter. Vertritt er hingegen einen Arbeiter, erhält er keine gesonderte Zulage, sondern den Lohn aus der höheren Lohngruppe. In diesem Fall nun bemisst sich die Zulage ab dem 1. Oktober 2005 nach dem Unterschiedsbetrag zwischen dem Lohn nach § 9 Abs. 2 Buchst. a MTArb/MTArb-O und dem im September 2005 ohne Zulage zustehenden Lohn. Diese Berechnung greift auch bei besonderen tarifvertraglichen Vorschriften über die vorübergehende oder vertretungsweise Übertragung höherwertiger Tätigkeiten entsprechend.

## 3.4 Kinderbezogene Entgeltbestandteile
### 3.4.1 Tariftext TVÜ-VKA

§ 11

Kinderbezogene Entgeltbestandteile

(1) ¹Für im September 2005 berücksichtigte Kinder werden die kinderbezogenen Entgeltbestandteile des BAT/BAT-O/BAT-Ostdeutsche Sparkassen oder BMT-G/BMT-G-O in der für September 2005 zustehenden Höhe als Besitzstandszulage fortgezahlt, solange für diese Kinder Kindergeld nach dem Einkommensteuergesetz (EStG) oder nach dem Bundeskindergeldgesetz (BKGG) ununterbrochen gezahlt wird oder ohne Berücksichtigung des § 64 oder § 65 EStG oder des § 3 oder § 4 BKGG gezahlt würde. ²Unterbrechungen wegen Ableistung von Grundwehrdienst, Zivildienst oder Wehrübungen sowie eines freiwilligen sozialen oder ökologischen Jahres sind unschädlich.

(2) ¹§ ▮ TVöD [„zeitratierliche Bemessung des Entgelts bei Teilzeit"] ist anzuwenden. ²Die Besitzstandszulage nach Absatz 1 Satz 1 verändert sich bei allgemeinen Entgeltanpassungen um den von den Tarifvertragsparteien für die jeweilige Entgeltgruppe festgelegten Vomhundertsatz. ³Ansprüche nach Absatz 1 können für Kinder ab dem vollendeten 16. Lebensjahr durch Vereinbarung mit der/dem Beschäftigten abgefunden werden.

(3) Absätze 1 und 2 gelten entsprechend für

(a) zwischen dem 1. Oktober 2005 und dem 31. Dezember 2005 geborene Kinder der übergeleiteten Beschäftigten,

(b) die Kinder von bis zum 31. Dezember 2005 in ein Arbeitsverhältnis übernommenen Auszubildenden, Krankenpflege- und Hebammenschülern, sowie Praktikantinnen und Praktikanten aus tarifvertraglich geregelten Beschäftigungsverhältnissen, soweit diese Kinder vor dem 1. Januar 2006 geboren sind.

### 3.4.2 Regelungsinhalt

#### 3.4.2.1 TVÜ-VKA

In der sog. Prozessvereinbarung vom 9. Februar 2003 haben sich die Tarifvertragsparteien u. a. auf die Ziele **„Aufgaben- und Leistungsorientierung"** sowie **„Lösung vom Beamtenrecht"** verständigt. Für ein modernes und leistungsorientiertes Tarifrecht ist es unerlässlich, die Bezahlung der Arbeitsleistung **unabhängig von familiären Gesichtspunkten** zu gestalten. Bei gleichwertiger Tätigkeit und Verantwortung muss der ledige Beschäftigte genau so viel verdienen wie der verheiratete oder der Familienvater mit drei Kindern. Die finanzielle Unterstützung und Förderung für Kinder ist eine gesamtgesellschaftliche und familienpolitische Aufgabe des Staates und nicht des einzelnen Arbeitgebers, der – insbesondere im kommunalen Bereich – auf vielen Gebieten genauso im Wettbewerb steht wie der private Arbeitgeber.

Bei der Reform des Tarifrechts stand deshalb von Anfang an fest, dass der **TVöD keine Nachfolgeregelungen zum Orts- und Sozialzuschlag** enthalten wird, sondern das Entgelt unabhängig von familienbezogenen Bestandteilen gestaltet wird. Da andererseits sichergestellt werden sollte, dass die Beschäftigten **bei der Überleitung** in den TVöD **keine finanziellen Einbußen** haben, mussten die kinderbezogenen Entgeltbestandteile übergangsweise gesichert werden. Dies ist mit § 11 erfolgt. Absatz 1 regelt die allgemeinen Grundsätze, Absatz 2 verschiedene Bemessungsfaktoren und Absatz 3 einen Sondertatbestand, der aufgrund der Einigung in der Tarifrunde im Februar 2005 erforderlich geworden ist.

**Absatz 1**
Satz 1 enthält – insofern im Gegensatz zu § 22 Abs. 3 TV-V, der in vielen Punkten Vorbild und Orientierung bei der Neugestaltung des Tarifrechts des öffentlichen Dienstes ist – eine zeitlich nicht begrenzte Besitzstandsregelung für diejenigen Beschäftigten, bei denen im September 2005, also in dem Monat vor der Überleitung in der TVöD, Kinder bei der Bemessung der Vergütung bzw. des Lohnes berücksichtigt werden. Dies betrifft alle **Angestellten**, die in dem genannten Monat einen Ortszuschlag nach folgenden Vorschriften beziehen:

- § 29 Abschn. B Abs. 3 BAT/BAT-O:  Stufe 3 oder höher,
- § 29 Abschn. B Abs. 4 BAT/BAT-O:  Unterschiedsbetrag zwischen Stufe 2 und höherer Stufe,
- § 29 Abschn. B Abs. 6 BAT/BAT-O:  jeweils nach Maßgabe des EStG bzw. des BKGG,
- § 29 Abschn. B Abs. 8 BAT/BAT-O:  Unterschiedsbetrag zwischen Stufe 2 und höherer Stufe.

Die **Arbeiter** werden von der Besitzstandsregelung erfasst, soweit bei ihrem Lohn im September 2005 Kinder zur Zahlung eines Sozialzuschlages (§ 33 BMT-G/BMT-G-O) führen.

Für alle Beschäftigten (also Angestellte und Arbeiter) gilt der Grundsatz, dass die Besitzstandszulage in der Höhe, für die der Monat September 2005 maßgebend ist, so lange fortgezahlt wird, solange die kinderbezogenen Entgeltbestandteile bei Fortgeltung des bisherigen Tarifrechts ununterbrochen

Die Neuregelungen im Einzelnen 69

zugestanden hätten, kein Ausnahmefall nach § 11 Abs. 1 Satz 2 vorliegt und keine Veränderung der Höhe nach § 11 Abs. 2 Satz 2 eintritt.

## Beispiel 1

Ein verheirateter Angestellter mit einem Kind (Vergütungsgruppe Vb – Tarifgebiet West) erhält im September 2005 neben seiner Grundvergütung und der allgemeinen Zulage, die beide gemäß § 5 Abs. 2 Satz 1 beim sog. Vergleichsentgelt berücksichtigt werden, einen Ortszuschlag in Höhe von 699,83 EUR (Stufe 3). Von diesem Betrag fließen gemäß § 5 Abs. 2 Satz 1 lediglich 609,26 EUR (Stufe 2) in das Vergleichsentgelt ein. Der kinderbezogene Entgeltbestandteil, nämlich der Differenzbetrag zwischen den Stufen 2 und 3 des Ortszuschlags (90,57 EUR), wird über den 30. September 2005 hinaus gemäß § 11 Abs. 1 Satz 1 als Besitzstandszulage fortgezahlt, solange die dort genannten Voraussetzungen vorliegen.

## Beispiel 2

Ein verheirateter Arbeiter mit zwei Kindern (Tarifgebiet West) erhält im September 2005 neben seinem Monatstabellenlohn, der gemäß § 5 Abs. 3 Satz 1 als sog. Vergleichsentgelt zugrunde gelegt wird, einen Sozialzuschlag in Höhe von 181,14 EUR. Dieser kinderbezogene Entgeltbestandteil wird über den 30. September 2005 hinaus gemäß § 11 Abs. 1 Satz 1 als Besitzstandszulage fortgezahlt, so lange die dort genannten Voraussetzungen vorliegen.

Die Besitzstandszulage setzt voraus, dass Kindergeld **ununterbrochen** fortgezahlt wird oder würde. Sie endet bzw. verringert sich grundsätzlich mit dem erstmaligen Wegfall des Kindergeldes. Die Besitzstandszulage lebt demnach nicht wieder auf, wenn der Kindergeldbezug nur vorübergehend unterbrochen war und danach wieder einsetzt.

**Einige Unterbrechungen der Zahlung des Kindergeldes sind allerdings gemäß Satz 2 unschädlich.** Für Kinder in Schul- oder Berufsausbildung oder im Studium wird über das 27. Lebensjahr hinaus Kindergeld gezahlt, wenn sie den gesetzlichen Grundwehrdienst oder Zivildienst geleistet haben, und zwar längstens für die Dauer dieser Dienste. Den Eltern steht während dieser Dienste ihrer Kinder grundsätzlich kein Kindergeld zu. Wäre z. B. die Unterbrechung des Kindergeldbezugs wegen des Zivildienstes eines Kindes schädlich, würde der bezugsberechtigte Elternteil insoweit seine Besitzstandszulage verlieren, obwohl nach dem Zivildienst der Kindergeldanspruch wieder auflebt und der Beschäftigte bei Fortgeltung des bisherigen Tarifrechts erneut einen Anspruch auf kinderbezogene Entgeltbestandteile erwerben würde. Diesen Rechtszustand will Satz 2 auch nach der Überleitung in den TVöD garantieren.

Gleiches gilt in den Fällen eines freiwilligen sozialen oder ökologischen Jahres des Kindes. In diesen Fällen kann ein über 18 Jahre altes Kind nach geltendem Recht bis zur Vollendung des 27. Lebensjahres beim Kindergeldbezug berücksichtigt werden. Auch solche Unterbrechungen führen nicht zum endgültigen Wegfall der Besitzstandszulage nach Satz 1.

Die Aufzählung der Ausnahmetatbestände in Satz 2 ist abschließend.

**Absatz 2**
Der TVöD wird eine Nachfolgeregelung zu § 34 BAT/BAT-O erhalten, wonach bei Teilzeitkräften die tariflichen Entgeltansprüche entsprechend dem Verhältnis der vereinbarten durchschnittlichen regelmäßigen Arbeitszeit zur regelmäßigen Arbeitszeit eines entsprechenden Vollbeschäftigten zu bemessen sind. Diese Vorschrift, deren Paragraphenbezeichnung bei Abschluss des TVÜ-VKA noch nicht feststand, gilt nach **Satz 1** für die Höhe der nach Absatz 1 Satz 1 zustehenden Besitzstandszulage entsprechend.

**Satz 2** regelt die **Dynamisierung** der kinderbezogenen Entgeltbestandteile und damit die künftige Entwicklung der daraus folgenden Besitzstandszulage. Nach bislang geltendem Tarifrecht waren die Orts- und Sozialzuschläge dynamisch ausgestaltet und haben sich entsprechend den Vergütungen und Löhnen weiterentwickelt. Diesen Grundsatz haben die Tarifvertragsparteien für die Besitzstandsregelung übernommen. Nach dem Ergebnis der Tarifrunde im Februar 2005 können sich aufgrund der vereinbarten Laufzeit der Entgelttabellen frühestens nach dem 31. Dezember 2007 Veränderungen gemäß Satz 2 ergeben.

**Satz 3** ist eine Spezialvorschrift zu § 16. Danach können die Ansprüche nach Absatz 1 auch im Wege einer (einmaligen) **Abfindung** erfüllt werden. Voraussetzung hierfür ist eine entsprechende einzelvertragliche Vereinbarung mit dem Beschäftigten. Die Abfindung ist nur zulässig, wenn die Besitzstandszulage Entgeltbestandteile betrifft, die sich auf Kinder beziehen, die mindestens das **16. Lebensjahr** vollendet haben. Der Grund für diese Einschränkung liegt darin, dass eine pauschalierte Abfindung für beide Seiten ein **finanzielles Risiko** bedeutet. Dieses Risiko ist um so eher einzuschätzen, je älter das Kind ist, weil dann im Regelfall eine konkretere Prognose für dessen weiteren Schul- bzw. Ausbildungsweg gestellt werden kann.

**Absatz 3**
In der Schlussphase der Tarifrunde im Februar 2005 ist das Schicksal der Orts- und Sozialzuschläge im neuen TVöD nochmals Gegenstand von Diskussionen gewesen. In dem Einigungspapier („Ergebnis der Sondierungsgespräche") heißt es hierzu wörtlich:

„Die Entgelttabelle TVöD ersetzt die bisherigen Lohn- und Vergütungstabellen. Damit entfallen künftig neben der allgemeinen Zulage auch Orts- und Sozialzuschläge bis auf kinderbezogene Zuschläge für bis zum 31. Dezember 2005 geborene Kinder."

Bei den Redaktionsverhandlungen zur Umsetzung dieser Tarifeinigung sind daraufhin zwei Punkte streitig diskutiert worden, nämlich zum einen die Frage der Dynamisierung und zum anderen die Frage, ob davon auch Beschäftigte erfasst sein sollten, die erst nach dem 30. September 2005 neu eingestellt werden.

- Die Frage der Dynamisierung ist in Absatz 2 Satz 2 positiv geregelt worden. Diese Regelung bezieht sich auch auf die in Absatz 3 geregelten Fälle, da hierfür die Absätze 1 und 2 entsprechend gelten.

- Für die andere Frage haben die Tarifvertragsparteien eine vermittelnde Lösung gefunden. Zunächst gilt – dies war von Anfang an zwischen beiden Seiten unstreitig – die Fortzahlung kinderbezogener Entgeltbestandteile auch für nach dem 30. September 2005 und vor dem 1. Januar 2006 geborene Kinder der „übergeleiteten" Beschäftigten, also für die Beschäftigten im Sinne von § 1 Abs. 1. Dies regelt Absatz 3 Buchst. a.

Die Gewerkschaften haben darüber hinaus gefordert, die Vorschriften der Absätze 1 und 2 auf alle Beschäftigten unabhängig von ihrem Einstellungsdatum zu erstrecken, deren Kinder zwischen dem 1. Oktober und dem 31. Dezember 2005 geboren werden. Dies haben die Arbeitgeber mit der Begründung abgelehnt, eine derart weitgehende Forderung sei mit einem modernen und leistungsorientierten Tarifrecht nicht vereinbar. Der Charakter einer Besitzstandsregelung ginge verloren, wenn sie auch solchen Beschäftigten eröffnet würde, die erst mit oder nach der Einführung des TVöD neu eingestellt werden und demzufolge kein schutzwürdiges Vertrauen auf das bisherige familienabhängig gestaltete Vergütungssystem des öffentlichen Dienstes erworben haben können.

Absatz 3 Buchst. b schützt deshalb nur diejenigen Beschäftigten, die bereits vor der Einführung des TVöD am 1. Oktober 2005 in einem Ausbildungs-, Praktikanten- bzw. sonstigen Beschäftigungsverhältnis zu demselben Arbeitgeber gestanden haben und spätestens am 31. Dezember 2005 in ein Arbeitsverhältnis übernommen werden. Soweit solche Personen Kinder haben, die vor dem 1. Januar

2006 geboren sind, werden diese nach den Absätzen 1 und 2 berücksichtigt. Die Vorschrift kommt nur zur Anwendung, wenn die Übernahme in ein Arbeitsverhältnis erst nach dem 30. September 2005 erfolgt. Liegt der Übernahmezeitpunkt vor dem 1. Oktober 2005, werden die betreffenden Personen als Beschäftigte im Sinne von § 1 Abs. 1 in den TVöD übergeleitet, sodass die Absätze 1 und 2 unmittelbar zur Anwendung kommen und für nach dem 30. September 2005 geborene Kinder dieser Beschäftigten die Regelung in Absatz 3 Buchst. a gilt.

### 3.4.2.2 TVÜ-Bund

Die Absätze 1 bis 3 sind inhaltsgleich mit der Maßgabe, dass in Absatz 1 Satz 1 der BAT-Ostdeutsche Sparkassen nicht aufgeführt ist und anstelle des BMT-G/BMT-G-O auf die für die Arbeiter des Bundes geltenden Manteltarifverträge MTArb/MTArb-O verwiesen wird.

## 3.5 Strukturausgleich
### 3.5.1 Tariftext TVÜ-VKA

#### § 12
#### Strukturausgleich

(1) ¹Aus dem Geltungsbereich des BAT/BAT-O/BAT-Ostdeutsche Sparkassen übergeleitete Beschäftigte erhalten ausschließlich in den in <u>Anlage 2 TVÜ</u> aufgeführten Fällen zusätzlich zu ihrem monatlichen Entgelt einen nicht dynamischen Strukturausgleich. ²Maßgeblicher Stichtag für die anspruchsbegründenden Voraussetzungen (Vergütungsgruppe, Stufe, Ortszuschlag, Aufstiegszeiten) ist der 1. Oktober 2005, sofern in <u>Anlage 2 TVÜ</u> nicht ausdrücklich etwas anderes geregelt ist.

(2) Die Zahlung des Strukturausgleichs beginnt im Oktober 2007, sofern in <u>Anlage 2 TVÜ</u> nicht etwas anderes bestimmt ist.

(3) Bei Teilzeitbeschäftigung steht der Strukturausgleich anteilig zu (§ ▮ TVöD [Entgelt Teilzeit]). § 5 Abs. 5 Satz 2 gilt entsprechend.

<u>Protokollerklärung zu § 12 Abs. 3:</u>

Bei späteren Veränderungen der individuellen regelmäßigen Arbeitszeit der/des Beschäftigten ändert sich der Strukturausgleich entsprechend.

(4) Bei Höhergruppierungen wird der Unterschiedsbetrag zum bisherigen Entgelt auf den Strukturausgleich angerechnet.

(5) Einzelvertraglich kann der Strukturausgleich abgefunden werden.

<u>Niederschriftserklärung:</u>

¹Die Tarifvertragsparteien sind sich angesichts der Fülle der denkbaren Fallgestaltungen bewusst, dass die Festlegung der Strukturausgleiche je nach individueller Fallgestaltung in Einzelfällen sowohl zu überproportional positiven Wirkungen als auch zu Härten führen kann. ²Sie nehmen diese Verwerfungen im Interesse einer für eine Vielzahl von Fallgestaltungen angestrebten Abmilderung von Exspektanzverlusten hin.

## 3.5.2 Regelungsinhalt

### 3.5.2.1 TVÜ-VKA

Beim sog. Strukturausgleich geht es nicht um Besitzstand im eigentlichen Sinne (vgl. hierzu die Vorbemerkungen zum Dritten Abschnitt, 3). Vielmehr sollen nicht (mehr) erfüllte Erwartungen, die auf der Fortgeltung des bisherigen Tarifrechts beruhten, insoweit kompensiert werden, als die künftigen Gehaltsentwicklungen in der Entgelttabelle des TVöD nicht berücksichtigt worden sind oder nicht abgebildet werden konnten (sog. **Exspektanzschutz**).

Die Regelung in § 12 ist wie folgt strukturiert:

- Absatz 1 regelt die Grundsätze und verweist auf die Anlage 2 TVÜ.
- Absatz 2 enthält eine Aussage zum regelmäßigen Beginn des Strukturausgleichs.
- Absatz 3 betrifft den Strukturausgleich von Teilzeitbeschäftigten.
- Absatz 4 regelt die Auswirkungen einer Höhergruppierung auf den Strukturausgleich.
- Absatz 5 ermöglicht die Abfindung des Strukturausgleichs.

**Absatz 1**

Ein Strukturausgleich kommt nach **Satz 1** nur für Beschäftigte in Betracht, die aus dem Geltungsbereich des BAT/BAT-O/BAT-Ostdeutsche Sparkassen in den TVöD übergeleitet werden. Die Regelung des Strukturausgleichs in § 12 betrifft daher **nur Angestellte**. Der Strukturausgleich wird „zusätzlich zu ihrem monatlichen Entgelt" gezahlt. Es handelt sich bei den Strukturausgleichsbeträgen um steuer- und beitragspflichtiges Arbeitsentgelt und damit auch um zusatzversorgungspflichtiges Entgelt. Alle Strukturausgleichsbeträge sind **nicht dynamisch**. Sie nehmen also an der allgemeinen Entgeltentwicklung des TVöD, die frühestens nach dem 31. Dezember 2007 in Betracht kommt, nicht teil. Die Höhe der Strukturausgleichsbeträge ist unterschiedlich, wie die nachfolgende Übersicht der für das **Tarifgebiet West** geltenden Beträge zeigt:

| Höhe des Strukturausgleichs | |
|---|---|
| 20 Euro | 6 |
| 25 Euro | 21 |
| 30 Euro | 18 |
| 35 Euro | 1 |
| 40 Euro | 5 |
| 45 Euro | 1 |
| 50 Euro | 44 |
| 50/25 Euro | 6 |
| 55 Euro | 9 |
| 60 Euro | 9 |
| 70 Euro | 5 |
| 80 Euro | 10 |
| 90 Euro | 38 |
| 90/30 Euro | 1 |

Die Neuregelungen im Einzelnen

| Höhe des Strukturausgleichs | |
|---|---|
| 90/40 Euro | 3 |
| 100 Euro | 1 |
| 110 Euro | 6 |
| 110/40 Euro | 3 |
| 110/60 Euro | 2 |
| 115/25 Euro | 1 |
| 120 Euro | 5 |
| 130 Euro | 2 |
| 130/20 Euro | 3 |
| 180 Euro | 1 |
| **Gesamtzahl** | **201** |

Die für das **Tarifgebiet Ost** ausgewiesenen Beträge entsprechen **97 v. H.** der für das Tarifgebiet West vereinbarten Beträge, auf volle Euro-Beträge abgerundet.

**Beispiel**

Strukturausgleichsbetrag Tarifgebiet West: 50 EUR

Strukturausgleichsbetrag Tarifgebiet Ost: 48 EUR (97 v. H. von 50 EUR = 48,50 EUR)

Dieser Bemessungssatz gilt zwar nach der Tarifeinigung von Potsdam erst **ab 1. Juli 2007**. Da jedoch – wie die unter Absatz 2 aufgeführte Übersicht zeigt – der Strukturausgleich in 195 von 201 Fällen erst am 1. Oktober 2007 oder später beginnt, ist dieser Bemessungssatz gerechtfertigt. Er führt in lediglich sechs Fällen zu einer Besserstellung der betroffenen Beschäftigten, da bei Beginn des Strukturausgleichs am 1. Oktober 2006 an sich der Bemessungssatz von 95,5 v. H. zutreffend wäre, allerdings auch nur für den Zeitraum von neun Monaten.

Die Fälle, in denen Beschäftigte einen Strukturausgleich erhalten, sind wegen ihres zahlenmäßigen Umfangs nicht im Tariftext selbst geregelt, sondern in der **Anlage 2 TVÜ**. Es handelt sich dabei um eine **abschließende Auflistung von insgesamt 201 Fällen**, in denen die Zahlung eines Strukturausgleichs zu erfolgen hat.

Nach **Satz 2** ist der Anspruch auf einen Strukturausgleich von **vier Voraussetzungen** abhängig. Es handelt sich dabei um

- die Vergütungsgruppe,
- die Stufe der Grundvergütung,
- die Stufe des Ortszuschlags,
- die etwaige Aufstiegszeit.

Vom Strukturausgleich sind alle **Vergütungsgruppen** bis auf die Vergütungsgruppe IXa betroffen. Dies hat folglich Auswirkungen auf alle für die Angestellten in Betracht kommenden Entgeltgruppen mit Ausnahme der Entgeltgruppe 1. Der nachfolgenden Übersicht ist zu entnehmen, in wie vielen Fällen die jeweiligen Entgeltgruppen betroffen sind:

| Entgeltgruppen mit Strukturausgleich | |
|---|---|
| Entgeltgruppe 15 Ü | 4 |
| Entgeltgruppe 15 | 10 |
| Entgeltgruppe 14 | 23 |
| Entgeltgruppe 13 | 2 |
| Entgeltgruppe 12 | 35 |
| Entgeltgruppe 11 | 20 |
| Entgeltgruppe 10 | 28 |
| Entgeltgruppe 9 | 27 |
| Entgeltgruppe 8 | 14 |
| Entgeltgruppe 6 | 16 |
| Entgeltgruppe 5 | 5 |
| Entgeltgruppe 3 | 10 |
| Entgeltgruppe 2 | 7 |
| **Gesamtzahl** | **201** |

Als **Stufe der Grundvergütung** kommen alle Stufen von 2 bis 11 in Betracht. Ein in Stufe 1 oder 12 eingruppierter Angestellter kommt somit unabhängig von seiner Vergütungsgruppe nicht für einen Strukturausgleich in Betracht.

Beim **Ortszuschlag** sind entsprechend der in § 5 Abs. 2 enthaltenen Regelung sowohl die Stufe 1 als auch die Stufe 2 für einen etwaigen Strukturausgleich relevant. Angestellte, deren Ortszuschlag sich nach § 29 Abschn. B Abs. 5 BAT/BAT-O bemisst, erhalten den entsprechenden Anteil, in jedem Fall aber die Hälfte des Strukturausgleichs für Verheiratete. Dies ist in Satz 1 der Vorbemerkungen zu der Anlage 2 TVÜ geregelt und bedeutet Folgendes:

Ist auch die andere Person im Sinne von § 29 Abschn. B Abs. 5 BAT ortszuschlagsberechtigt, geht der jeweils individuell zustehende Teil des Unterschiedsbetrages zwischen den Stufen 1 und 2 des Ortszuschlages gemäß § 5 Abs. 2 Satz 2 nur unter der Voraussetzung in das Vergleichsentgelt ein, dass auch auf die andere Person ab 1. Oktober 2005 der TVöD Anwendung findet. Satz 1 der Vorbemerkungen zu der Anlage 2 TVÜ gilt also nur in diesen Fällen und führt zu einer **Halbierung** des unter Zugrundelegung der Ortszuschlagstufe 2 zustehenden Strukturausgleichsbetrages. Etwas anderes gilt nur dann, wenn dem übergeleiteten Angestellten aufgrund eines Teilzeitbeschäftigungsumfangs von mehr als 50 v. H. der regelmäßigen Arbeitszeit eines vollbeschäftigten Angestellten ein entsprechend höherer Anteil des Strukturausgleichsbetrages zusteht.

Die teilweise erforderlichen **Aufstiegszeiten** reichen von zwei bis zu zehn Jahren.

Die vorgenannten Voraussetzungen für die Zahlung eines Strukturausgleichs müssen im Regelfall am **1. Oktober 2005** vorliegen. Maßgebend sind also in der Regel die Vergütungs- und Fallgruppe sowie die Stufe der Grundvergütung und des Ortszuschlags im Zeitpunkt der Überleitung in den TVöD, selbst wenn die Zahlung des Strukturausgleichs erst Jahre später beginnt. In einigen wenigen Fällen der Entgeltgruppe 12 kommt es auf die Eingruppierung zu einem späteren Zeitpunkt an. Dies ist in der Anlage 2 TVÜ in der Spalte „Überleitung aus Stufe" durch einen entsprechenden Klammerzusatz gekennzeichnet.

Die Neuregelungen im Einzelnen 75

**Absatz 2**
Absatz 2 regelt den **Zahlungsbeginn**. Dies ist in der Regel, nämlich in 148 von 201 Fällen, der 1. Oktober 2007, wie die nachfolgende Übersicht zeigt:

| Beginn des Strukturausgleichs | |
|---|---|
| nach einem Jahr | 6 |
| nach 2 Jahren | 148 |
| nach 3 Jahren | 1 |
| nach 4 Jahren | 33 |
| nach 5 Jahren | 1 |
| nach 6 Jahren | 5 |
| nach 7 Jahren | 3 |
| nach 9 Jahren | 4 |
| **Gesamtzahl** | **201** |

Die jeweilige **Fälligkeit** der Strukturausgleichsbeträge ergibt sich bereits mittelbar aus Absatz 1 Satz 1 („zusätzlich zu ihrem monatlichen Entgelt") und unmittelbar aus Satz 2 des zweiten Absatzes der Vorbemerkungen zu der Anlage 2 TVÜ: Danach erfolgt die Auszahlung eines Strukturausgleichs mit den jeweiligen Monatsbezügen.

Die Laufzeiten der Strukturausgleichsbeträge sind unterschiedlich und können der nachfolgenden Übersicht entnommen werden:

| Laufzeit des Strukturausgleichs | |
|---|---|
| für 2 Jahre | 2 |
| für 3 Jahre | 5 |
| für 4 Jahre | 32 |
| für 5 Jahre | 42 |
| für 6 Jahre | 1 |
| für 7 Jahre | 4 |
| für 8 Jahre | 2 |
| für 9 Jahre | 3 |
| dauerhaft mit Absenkung | 19 |
| dauerhaft ohne Absenkung | 91 |
| **Gesamtzahl** | **201** |

Soweit für die Zahlung eine **bestimmte Zahl von Jahren** angegeben ist, ist die Zahlung des Strukturausgleichs auf diesen Zeitraum begrenzt. So bedeutet z. B. die Angabe „nach zwei Jahren für fünf Jahre", dass die Zahlung am 1. Oktober 2007 beginnt und mit Ablauf des 30. September 2012 endet.

Hiervon macht Satz 2 des dritten Absatzes der Vorbemerkungen zu der Anlage 2 TVÜ eine **Ausnahme**:

Wenn das Ende des Zahlungszeitraums, im vorgenannten Beispiel also der 30. September 2012, nicht mit einem Stufenaufstieg in der jeweiligen Entgeltgruppe zeitlich zusammenfällt, wird der Strukturausgleich länger gezahlt, nämlich bis zum nächsten Stufenaufstieg. Diese Regelung soll verhindern, dass Beschäftigte durch den Wegfall des Strukturausgleichs eine (vorübergehende) Einkommensminderung hinnehmen müssen. Die Ausnahmeregelung gilt nicht, wenn der Stufenaufstieg in die Endstufe erfolgt, wenn sich also der Beschäftigte zum Ende der Laufzeit des Strukturausgleichs bereits in der Stufe 5 seiner Entgeltgruppe befindet. In diesen Fällen bleibt es bei der in der Anlage 2 TVÜ festgelegten Dauer des Strukturausgleichs (Satz 3 des dritten Absatzes der Vorbemerkungen zu der Anlage 2 TVÜ).

„**Dauerhaft mit Absenkung**" bedeutet, dass sich der zunächst zu zahlende höhere Strukturausgleichsbetrag nach Ablauf der angegebenen Zeit vermindert und sodann während der gesamten Zeit des Bestehens des Arbeitsverhältnisses auf der niedrigeren Basis weitergezahlt wird. Die Absenkung erfolgt in den insgesamt 19 Fällen entweder nach drei, vier oder fünf Jahren.

In 91 Fällen wird der Strukturausgleichsbetrag ab dem jeweiligen Beginn „**dauerhaft ohne Absenkung**" gezahlt, also ebenfalls während der Zeit des Arbeitsverhältnisses (so auch der letzte Satz des zweiten Absatzes der Vorbemerkungen zu der Anlage 2 TVÜ).

**Absatz 3**
Die in der Anlage 2 TVÜ aufgelisteten Beträge beziehen sich auf Vollbeschäftigte. **Satz 1** regelt deshalb, dass **Teilzeitbeschäftigten** der Strukturausgleich nur anteilig zusteht, da diese sonst im Verhältnis zu Vollbeschäftigten überproportional besser gestellt wären.

Der TVöD wird eine Nachfolgeregelung zu § 34 BAT/BAT-O erhalten, wonach bei Teilzeitkräften die tariflichen Entgeltansprüche entsprechend dem Verhältnis der vereinbarten durchschnittlichen regelmäßigen Arbeitszeit zur regelmäßigen Arbeitszeit eines entsprechenden Vollbeschäftigten zu bemessen sind. Diese Vorschrift, deren Paragraphenbezeichnung bei Abschluss des TVÜ-VKA noch nicht feststand, gilt nach Satz 1 für die Höhe des nach Absatz 1 zustehenden Strukturausgleichsbetrages entsprechend.

Außerdem gilt § 5 Abs. 5 Satz 2 entsprechend (**Satz 2**). Diese Vorschrift betrifft ausschließlich Beschäftigte im **Tarifgebiet Ost**, deren Arbeitszeit nach § 3 des Tarifvertrages zur sozialen Absicherung vom 6. Juli 1992 herabgesetzt ist. Auch diese auf einer tarifvertraglichen Regelung beruhende Teilzeitbeschäftigung führt zu einer entsprechenden anteiligen Kürzung der Strukturausgleichsbeträge.

Nach einer **Protokollerklärung zu Absatz 3** wirken sich spätere Veränderungen der individuellen regelmäßigen Arbeitszeit der Beschäftigten entsprechend auf die Höhe des Strukturausgleichs aus. „Veränderungen" kann sowohl eine Erhöhung als auch eine Verminderung der wöchentlichen Arbeitszeit bedeuten.

**Beispiel**
Eine teilzeitbeschäftigte Angestellte (Tarifgebiet West) mit einer wöchentlichen Arbeitszeit von 19,25 Stunden erhält im September 2005 Vergütung nach Vergütungsgruppe VIb Stufe 6 und Ortszuschlag der Stufe 1. Nach der Anlage 2 TVÜ erhalten Angestellte bei dieser Fallkonstellation nach sechs Jahren dauerhaft 50 EUR als Strukturausgleich. Demzufolge steht dieser Angestellten ab 1. Oktober 2011 ein Strukturausgleichsbetrag in Höhe von 25 EUR zu. Ändert sich ihre Arbeitszeit ab 1. Januar 2013 auf 30 Stunden wöchentlich, erhöht sich der Strukturausgleich ab diesem Zeitpunkt entsprechend, nämlich auf 38,96 EUR (50 × 30 : 38,5).

## Die Neuregelungen im Einzelnen

**Absatz 4**
Abgesehen von Veränderungen der Strukturausgleichsbeträge aufgrund von Änderungen des Umfangs der wöchentlichen Arbeitszeit (Absatz 3) können sich niedrigere Zahlungen nach Absatz 1 oder gar der völlige Wegfall des Strukturausgleichs auch infolge von Höhergruppierungen ergeben. Höhergruppierungsgewinne werden auf Strukturausgleichsbeträge angerechnet. Ist der Höhergruppierungsgewinn größer als der Betrag des Strukturausgleichs, entfällt dieser ganz.

**Beispiel**

Ein Angestellter der Vergütungsgruppe IVb Stufe 4, Ortszuschlag Stufe 2 und Anspruch auf Aufstieg nach fünf Jahren in Vergütungsgruppe IVa (Tarifgebiet West) hat ein Vergleichsentgelt (§ 5 Abs. 2) in Höhe von 2.711,10 EUR. Er wird am 1. Oktober 2005 der Entgeltgruppe 10 zugeordnet, und zwar zwischen die Stufen 2 und 3. Ab 1. Oktober 2006 erhält er gemäß § 12 i. V. m. der Anlage 2 TVÜ einen Strukturausgleich von 90 EUR. Am 1. Oktober 2007 wird der Angestellte gemäß § 6 Abs. 1 Satz 2 innerhalb der Entgeltgruppe 10 der Stufe 3 zugeordnet und erhält danach ein monatliches Entgelt von 2.800 EUR. Der Strukturausgleichsbetrag bleibt hiervon unberührt und wird weiterhin in unveränderter Höhe zusätzlich zum monatlichen Entgelt gezahlt (§ 12 Abs. 1 Satz 1). Am 1. Januar 2008 wird der Angestellte aufgrund der Übertragung einer höherwertigen Tätigkeit in die Entgeltgruppe 11 höhergruppiert. Die Stufe, die sein bisheriges Entgelt mindestens erreicht, ist die Stufe 3 der Entgeltgruppe 11, nämlich 2.900 EUR. Sein Höhergruppierungsgewinn beträgt demzufolge 100 EUR. Dieser „Unterschiedsbetrag" wird nach Absatz 4 auf den Strukturausgleich von 90 EUR angerechnet und führt zu dessen völligem Wegfall ab 1. Januar 2008.

Die Anrechnungsvorschrift findet auch dann Anwendung, wenn – anders als in dem vorgenannten Beispiel – die Höhergruppierung zu einem Zeitpunkt stattfindet, zu dem die Zahlung des Strukturausgleichs noch nicht begonnen hat. Die Berechnung des Strukturausgleichs beruht nämlich auf der Annahme einer künftigen Gehaltsentwicklung innerhalb einer bestimmten Vergütungsgruppe und einer bestimmten Stufe des Ortszuschlags, die durch den Strukturausgleichsbetrag annähernd abgebildet werden soll. Sobald der Angestellte die am 1. Oktober 2005 zustehende, gemäß § 12 Abs. 1 Satz 2 im Regelfall maßgebende Vergütungsgruppe verlässt, besteht für die Zahlung des Strukturausgleichs keine Rechtfertigung mehr.

**Absatz 5**
Statt einer nach der vorgeschriebenen Dauer monatlichen Zahlung zusätzlich zum Entgelt kann der Strukturausgleich auch durch eine einmalige **Abfindung** abgegolten werden. Absatz 5 stellt eine Spezialvorschrift zu § 16 dar. Voraussetzung für die Abfindung ist die Zustimmung des Beschäftigten, da der Strukturausgleich nur „einzelvertraglich" abgefunden werden kann. Zumindest in den Fällen, in denen der Strukturausgleich nur für einen begrenzten Zeitraum zusteht, lässt sich das finanzielle Gesamtvolumen exakt berechnen. Damit haben die Arbeitsvertragsparteien eine verlässliche Grundlage für die Bemessung der Abfindungshöhe. Als „Risikofaktor" bleibt in erster Linie die in Absatz 4 enthaltene Anrechnungsregelung.

In einer **Niederschriftserklärung** zu § 12 haben die Tarifvertragsparteien ihr Unbehagen darüber zum Ausdruck gebracht, dass es trotz der sehr ausdifferenzierten Regelung der insgesamt 201 Fallgestaltungen der Anlage 2 TVÜ in Einzelfällen zu Ungereimtheiten, Verwerfungen und Härtefällen kommen kann. Um jegliche „Ungerechtigkeit" zu vermeiden, hätten die Tarifvertragsparteien regeln müssen, dass sich die Gehaltsentwicklung der im Zeitpunkt der Überleitung vorhandenen Beschäftigten nach dem bis zum 30. September 2005 geltenden Tarifrecht richtet. Dies war von beiden Seiten nicht gewollt. Die Einführung eines neuen Tarifrechts, das nur für diejenigen Beschäftigten gilt, die ab dem Einführungszeitpunkt neu eingestellt werden, verwirklicht nicht in der gebotenen Kürze die von den Tarifvertragsparteien vereinbarten Ziele der Tarifreform.

### 3.5.3 TVÜ-Bund

Die **Absätze 1 bis 5** sind inhaltsgleich mit folgenden Maßgaben:

In **Absatz 1 Satz 1** ist der BAT-Ostdeutsche Sparkassen nicht aufgeführt. Die Strukturausgleichstabelle ist nicht Anlage 2 TVÜ, sondern Anlage 3 TVÜ. Dies beruht darauf, dass im TVÜ-Bund als zusätzliche Anlage (nämlich Anlage 1) eine Auflistung der Tarifverträge beigefügt ist, die gemäß § 2 TVÜ-Bund durch den TVöD ersetzt werden.

In **Absatz 1 Satz 2** wird innerhalb der Klammer anstelle des Begriffs „Stufe" der im Bereich des Bundes gemäß § 27 Abschn. A BAT/BAT-O maßgebende Begriff „Lebensaltersstufe" verwendet.

**Absatz 3** enthält eine Regelung über den Bemessungssatz, der dem Strukturausgleich für die Beschäftigten im **Tarifgebiet Ost** zugrunde zu legen ist. Dies beruht darauf, dass die Anlage 3 TVÜ-Bund – im Gegensatz zu der Anlage 2 TVÜ-VKA – nicht die für das Tarifgebiet Ost geltenden Beträge des Strukturausgleichs im Einzelnen ausweist. Im Bereich des Bundes beträgt der derzeitige Bemessungssatz 92,5 v. H.

**Beispiel**

Strukturausgleichsbetrag Tarifgebiet West 50 EUR

Strukturausgleichsbetrag Tarifgebiet Ost  (92,5 v. H. von 50 EUR =) 46,25 EUR

Durch die Einfügung dieses Absatzes 3 im TVÜ-Bund ergibt sich die aus der nachfolgenden Gegenüberstellung ersichtliche Verschiebung:

| **VKA** | **Bund** |
|---|---|
| Absatz 1 | Absatz 1 |
| Absatz 2 | Absatz 2 |
| - | Absatz 3 |
| Absatz 3 | Absatz 4 |
| Absatz 4 | Absatz 5 |
| Absatz 5 | Absatz 6 |

Die **Vorbemerkungen zu der Anlage 3 TVÜ-Bund** und die Vorbemerkungen zu der Anlage 2 TVÜ-VKA sind ebenfalls **inhaltsgleich**. Etwas anderes gilt allerdings für die Strukturausgleichstabellen selbst. Dies machen die nachfolgenden Übersichten – nunmehr bezogen auf die Anlage 3 TVÜ-Bund – deutlich:

| Höhe des Strukturausgleichs | |
|---|---|
| 20 Euro | 3 |
| 30 Euro | 5 |
| 35 Euro | 6 |
| 40 Euro | 16 |
| 50 Euro | 39 |
| 60 Euro | 28 |

## Die Neuregelungen im Einzelnen

| Höhe des Strukturausgleichs | |
|---|---|
| 70 Euro | 7 |
| 80 Euro | 10 |
| 85 Euro | 7 |
| 90 Euro | 2 |
| 95 Euro | 4 |
| 100 Euro | 18 |
| 110 Euro | 22 |
| **Gesamtzahl** | **167** |

In der für den Bund geltenden Tabelle sind demzufolge keine Fälle aufgeführt, in denen sich nach Ablauf eines bestimmten Zeitraums der Betrag des Strukturausgleichs verringert.

| Entgeltgruppen mit Strukturausgleich | |
|---|---|
| Entgeltgruppe 15 Ü | 2 |
| Entgeltgruppe 15 | 21 |
| Entgeltgruppe 14 | 41 |
| Entgeltgruppe 13 | 3 |
| Entgeltgruppe 12 | 31 |
| Entgeltgruppe 11 | 12 |
| Entgeltgruppe 10 | 17 |
| Entgeltgruppe 9 | 20 |
| Entgeltgruppe 8 | 2 |
| Entgeltgruppe 6 | 6 |
| Entgeltgruppe 3 | 7 |
| Entgeltgruppe 2 | 5 |
| **Gesamtzahl** | **167** |

Im Unterschied zu der Anlage 2 TVÜ-VKA ist beim Bund die Entgeltgruppe 5 nicht berücksichtigt.

| Beginn des Strukturausgleichs | |
|---|---|
| nach 2 Jahren | 141 |
| nach 3 Jahren | 1 |
| nach 4 Jahren | 25 |
| **Gesamtzahl** | **167** |

Fälle, in denen der Strukturausgleich bereits nach einem Jahr einsetzt, sind beim Bund nicht vorgesehen. Der Beginn des Strukturausgleichs liegt spätestens nach vier Jahren (bei der VKA nach neun Jahren).

| Laufzeit des Strukturausgleichs | |
|---|---|
| für 3 Jahre | 4 |
| für 4 Jahre | 25 |
| für 5 Jahre | 4 |
| für 7 Jahre | 6 |
| für 10 Jahre | 1 |
| für 12 Jahre | 1 |
| dauerhaft | 126 |
| **Gesamtzahl** | **167** |

Die Laufzeit ist beim Bund anders differenziert als bei der VKA (keine Laufzeit von 2, 6, 8 und 9 Jahren, dafür 10 und 12 Jahre). Die dauerhafte Zahlung überwiegt ganz deutlich (75 v. H. der Fälle – VKA: 55 v. H.). Dauerhafte Zahlungen mit einer nachträglichen Absenkung des Strukturausgleichsbetrages sind – anders als bei der VKA – nicht vorgesehen.

## 3.6 Entgeltfortzahlung im Krankheitsfall

### 3.6.1 Tariftext TVÜ-VKA

§ 13

Entgeltfortzahlung im Krankheitsfall

[1]Bei Beschäftigten, auf die bis zum 30. September 2005 § 71 BAT gegolten hat, wird abweichend von den Regelung des TVöD zur Entgeltfortzahlung im Krankheitsfall für die Dauer des über den 30. September 2005 hinaus ununterbrochen fortbestehenden Arbeitsverhältnisses der Krankengeldzuschuss in Höhe des Unterschiedsbetrages zwischen dem festgesetzten Nettokrankengeld oder der entsprechenden gesetzlichen Nettoleistung und dem Nettoentgelt (§ ▓ TVöD, [Nettoentgelt, das auch bei Urlaub gezahlt wird]) gezahlt. [2]Nettokrankengeld ist das um die Arbeitnehmeranteile zur Sozialversicherung reduzierte Krankengeld. [2]Für Beschäftigte, die nicht der Versicherungspflicht in der gesetzlichen Krankenversicherung unterliegen, ist bei der Berechnung des Krankengeldzuschusses der Höchstsatz des Nettokrankengeldes, der bei Pflichtversicherung in der gesetzlichen Krankenversicherung zustünde, zugrunde zu legen.

### 3.6.2 Regelungsinhalt

#### 3.6.2.1 TVÜ-VKA

Angestellte, die bereits am 30. Juni 1994 in einem Arbeitsverhältnis gestanden haben, das am 1. Juli 1994 zu demselben Arbeitgeber fortbestanden hat, haben aufgrund der **Übergangsregelung in § 71 BAT** einen Anspruch auf Zahlung von Krankenbezügen über die Dauer von sechs Wochen hinaus. Maßgebend für die Dauer des Entgeltfortzahlungsanspruchs ist die zurückgelegte Dienstzeit (§ 20 BAT). Nach zehnjähriger Dienstzeit werden die Krankenbezüge bis zum Ende der 26. Woche seit dem Beginn der Arbeitsunfähigkeit gezahlt. Damit haben spätestens ab 1. Juli 2004 alle von § 71

BAT erfassten Angestellten den Höchstanspruch erworben und erhalten nach bisherigem Recht volle Entgeltfortzahlung im Krankheitsfall bis zur Dauer eines halben Jahres.

In der sog. Prozessvereinbarung vom 9. Februar 2003 haben sich die Tarifvertragsparteien u. a. auf das Ziel **„Lösung vom Beamtenrecht"** verständigt. Bei der Reform des Tarifrechts haben die Arbeitgeber deshalb von Anfang an versucht, diese in Anlehnung an das Beamtenrecht konzipierte Regelung, deren wesentlicher Inhalt bis zum 30. Juni 1994 für alle Angestellten galt, zu beseitigen. Am 9. Februar 2005 ist zum **Abschluss der Tarifrunde** in Potsdam hierzu Folgendes vereinbart worden:

„Für Beschäftigte, die unter die Regelung der Entgeltfortzahlung des § 71 BAT fallen, wird als Krankengeldzuschuss die Differenz zwischen Nettourlaubsentgelt und Nettokrankengeld gezahlt. Für alle übrigen Beschäftigten bleibt es bei der bisherigen Regelung (Differenz zwischen Nettourlaubsentgelt und Bruttokrankengeld). In beiden Fällen wird der Krankengeldzuschuss statt längstens bis zum Ende der 26. Woche zukünftig längstens bis zum Ende der 39. Woche gewährt."

Hieraus folgt zunächst, dass in Potsdam **keine Übergangsregelung** für die bislang vom Anwendungsbereich des § 71 BAT erfassten Angestellten getroffen worden ist. Die nicht in der gesetzlichen Krankenversicherung pflichtversicherten Angestellten müssen sich daher ab 1. Oktober 2005 „nachversichern", damit die Krankenkasse bei einer länger als sechs Wochen andauernden Arbeitsunfähigkeit ab der 7. Woche und nicht erst ab der 27. Woche die entsprechenden Leistungen erbringt. Aufgrund einer Abstimmung zwischen dem Bundesministerium des Innern und dem Bundesverband der Privaten Krankenkassen ist davon auszugehen, dass im Fall dieser Vertragsänderung eine Gesundheitsprüfung nicht erforderlich ist.

**Beispiel 1**

Ein Angestellter, auf den bis zum 30. September 2005 die Übergangsregelung des § 71 BAT Anwendung findet, ist seit dem 4. Juli 2005 ununterbrochen infolge Krankheit arbeitsunfähig. Bei Weitergeltung des BAT und Fortdauer seiner Arbeitsunfähigkeit hätte er nach § 71 Abs. 2 Unterabs. 1 BAT einen Anspruch auf volle Krankenbezüge bis zum Ende der 26. Woche seit dem Beginn der Arbeitsunfähigkeit, also bis einschließlich 1. Januar 2006. Aufgrund des In-Kraft-Tretens des TVöD und der in § 13 enthaltenen Übergangsregelung endet der Anspruch des Angestellten auf Zahlung der vollen Krankenbezüge mit Ablauf des 30. September 2005. Ab 1. Oktober 2005 hat er lediglich noch einen Anspruch auf Krankengeldzuschuss nach der entsprechenden Vorschrift des TVöD, wobei sich die Höhe des Zuschusses nach § 13 TVÜ richtet. Dieser Anspruch endet mit Ablauf der 39. Woche seit dem Beginn der Arbeitsunfähigkeit, also mit Ablauf des 2. April 2006.

**Beispiel 2**

Ein Angestellter, auf den bis zum 30. September 2005 die Übergangsregelung des § 71 BAT Anwendung findet, ist seit dem 7. Februar 2005 ununterbrochen infolge Krankheit arbeitsunfähig. Nach § 71 Abs. 2 Unterabs. 1 BAT hat er bis zum Ende der 26. Woche seit dem Beginn der Arbeitsunfähigkeit, also bis einschließlich 7. August 2005, volle Krankenbezüge erhalten. Wenn seine Arbeitsunfähigkeit über den Zeitpunkt des In-Kraft-Tretens des TVöD hinaus andauert, hat er ab 1. Oktober 2005 einen Anspruch auf Krankengeldzuschuss nach der entsprechenden Vorschrift des TVöD bis zum 6. November 2005, dem Ende der 39. Woche seit dem Beginn der Arbeitsunfähigkeit.

Als Kompensation dafür, dass der TVöD keine Nachfolgeregelung zu § 71 BAT enthält, wird den hiervon betroffenen Angestellten außerdem ein **höherer Krankengeldzuschuss** als den übrigen Beschäftigten gezahlt.

| Angestellte, die unter § 71 BAT fallen | Angestellte, die unter § 37 BAT fallen |
|---|---|
| sechs Wochen Entgeltfortzahlung | sechs Wochen Entgeltfortzahlung |
| danach Krankengeldzuschuss bis zum Ende der 39. Woche | danach Krankengeldzuschuss bis zum Ende der 39. Woche |
| Unterschiedsbetrag zwischen Nettokrankengeld und Nettoentgelt | Unterschiedsbetrag zwischen Bruttokrankengeld und Nettoentgelt |

Diese Vereinbarung ist – soweit sie die Privilegierung der unter § 71 BAT fallenden Angestellten betrifft tarifrechtlich in § 13 umgesetzt worden. Die Regelung ist deshalb nicht in den TVöD selbst, sondern in den TVÜ aufgenommen worden, weil die betreffenden Beschäftigten über kurz oder lang aus dem Arbeitsverhältnis ausscheiden und es sich damit um eine Übergangsregelung mit zeitlich begrenzter Wirkungsdauer handelt.

Beschäftigte haben nach **Satz 1** unter **zwei Voraussetzungen** Anspruch auf den höheren Krankengeldzuschuss:

- Bis zum 30. September 2005, dem Tag vor dem In-Kraft-Treten des TVöD, müssen sie unter den Anwendungsbereich des § 71 BAT gefallen sein. Angestellte, die gemäß § 71 Abs. 6 BAT die Anwendung des § 37 BAT beantragt haben, erfüllen diese Voraussetzung nicht.

- Das Arbeitsverhältnis muss außerdem über den 30. September 2005 hinaus ununterbrochen fortbestehen. Dies bedeutet zweierlei: Wenn das Arbeitsverhältnis am 30. September 2005 endet, kommt weder der TVöD noch der TVÜ zur Anwendung. Endet das Arbeitsverhältnis nach dem 30. September 2005, findet § 13 nach der Beendigung des Arbeitsverhältnisses selbst dann keine Anwendung mehr, wenn ein zuvor von dieser Vorschrift erfasster Beschäftigter später wieder in ein Arbeitsverhältnis eintritt, das dem Geltungsbereich des TVöD unterliegt.

Die **Höhe des Krankengeldzuschusses** bemisst sich nach dem Unterschiedsbetrag zwischen dem von der Krankenkasse festgesetzten Nettokrankengeld (oder der entsprechenden gesetzlichen Nettoleistung) und dem Nettoentgelt. Der Begriff „**Nettokrankengeld**" wird in **Satz 2** definiert. Darunter ist die Leistung zu verstehen, die dem Beschäftigten nach Abzug der von ihm geschuldeten Beiträge zur Sozialversicherung unmittelbar zufließt. Dadurch ergibt sich ein gegenüber dem Bruttokrankengeld niedrigerer Betrag, der zwangsläufig zu einem höheren Zuschuss des Arbeitgebers führt, um den Unterschiedsbetrag zum Nettoentgelt auszugleichen. Der Arbeitgeber finanziert gewissermaßen zusätzlich die auf das Krankengeld entfallenden Arbeitnehmeranteile zur Sozialversicherung und entlastet insoweit die unter § 13 fallenden Beschäftigten.

Der Begriff „**Nettoentgelt**" wird im TVÜ nicht definiert. Es wird lediglich auf die allgemeine Entgeltfortzahlungsvorschrift des TVöD verwiesen, in der geregelt wird, was u. a. während des Erholungsurlaubs vom Arbeitgeber fortzuzahlen ist. Auch diese Vorschrift wird keine Definition des Nettoentgelts enthalten. Die Tarifvertragsparteien haben bewusst den im Einigungspapier von Potsdam verwendeten Begriff „Nettourlaubsentgelt" vermieden, um nicht den Eindruck zu erwecken, es gebe im TVöD eine Nachfolgeregelung zur Urlaubsvergütung (§ 47 Abs. 2 BAT). Nur während des Erholungsurlaubs ist „Urlaubsentgelt" (so auch § 11 BUrlG) fortzuzahlen, nicht aber während Arbeitsunfähigkeit infolge Krankheit. Die Regelung in § 37 Abs. 2 und § 71 Abs. 3 BAT, wonach der Angestellte Krankenbezüge in Höhe der Urlaubsvergütung erhält, die ihm zustehen würde, wenn er Erholungsurlaub hätte, ist aus heutiger Sicht missverständlich und mit einem modernen und leistungsorientierten Tarifrecht nicht vereinbar. Die Höhe des während krankheitsbedingter Arbeitsunfähigkeit vom Arbeitgeber fortzuzahlenden Arbeitsentgelts (so auch § 4 EFZG) wird im TVöD in einer allgemeinen Entgeltfortzahlungsvorschrift geregelt. Dort werden die Fälle Krankheit und Urlaub gleich behandelt.

In Anlehnung an § 37 Abs. 8 Satz 2 BAT ist unter „Nettoentgelt" das um die gesetzlichen Abzüge verminderte Arbeitsentgelt zu verstehen, das den Beschäftigten aufgrund der allgemeinen Entgeltfortzahlungsvorschrift des TVöD u. a. während krankheitsbedingter Arbeitsunfähigkeit fortzuzahlen ist.

**Satz 3** enthält in Anlehnung an § 37 Abs. 9 BAT eine Regelung zur Berechnung des Krankengeldzuschusses für die Beschäftigten, die nicht der gesetzlichen Krankenversicherungspflicht unterliegen und demzufolge keinen Anspruch auf Krankengeld nach §§ 44 ff. SGB V haben. Als fiktiver Betrag wird insoweit der für Pflichtversicherte geltende Höchstsatz des Nettokrankengeldes angesetzt. Unter Berücksichtigung der für das Kalenderjahr 2005 geltenden Beitragsbemessungsgrenze in der Kranken- und Pflegeversicherung i. H. v. 42.300 EUR jährlich bzw. 3.525 EUR monatlich ergibt sich bei dem Bemessungssatz von 70 v. H. für das Krankengeld (§ 47 Abs. 1 Satz 1 SGB V) ein kalendertägliches Krankengeld von höchstens 82,25 EUR (70 v. H. von 3.525 EUR geteilt durch 30 Kalendertage gemäß § 47 Abs. 1 Satz 7 SGB V). Von diesen 82,25 EUR Bruttokrankengeld sind sodann die Arbeitnehmeranteile zur Sozialversicherung abzuziehen, um den Krankengeldzuschuss auf der Grundlage des Nettokrankengeldes für die unter Satz 3 fallenden Beschäftigten berechnen zu können.

#### 3.6.2.2 TVÜ-Bund

Die Regelungen sind inhaltsgleich.

## 3.7 Zeiten für das Jubiläumsgeld

### 3.7.1 Tariftext TVÜ-VKA

§ 14

Zeiten für das Jubiläumsgeld

Für die Anwendung des § ▮ [Jubiläumsgeld] TVöD werden die bis zum 30. September 2005 zurückgelegte Zeiten, die nach Maßgabe

- des BAT anerkannte Dienstzeit,
- des BAT-O/BAT-Ostdeutsche Sparkassen, BMT-G/BMT-G-O anerkannte Beschäftigungszeit

sind, als Beschäftigungszeit im Sinne des § ... [Beschäftigungszeit] TVöD berücksichtigt.

### 3.7.2 Regelungsinhalt

#### 3.7.2.1 TVÜ-VKA

Die bislang in § 39 BAT geregelte bzw. im Bereich der VKA gemäß § 39 Abs. 3 BAT bezirklich vereinbarte **Jubiläumszuwendung** wird mit In-Kraft-Treten des TVöD am 1. Oktober 2005 durch ein Jubiläumsgeld abgelöst. Der Anspruch auf die Jubiläumszuwendung ist bislang im Tarifgebiet West von der Vollendung einer bestimmten **Dienstzeit** (§ 20 BAT) abhängig. Dieser dem Beamtenrecht entlehnte Begriff wird im TVöD keine Bedeutung mehr haben, weil künftig ausschließlich auf die Betriebszugehörigkeit, d. h. die Beschäftigungszeit bei demselben Arbeitgeber, abgestellt wird. Damit wird der früher weit verbreitete Gedanke der **Einheit des öffentlichen Dienstes** insoweit aufgegeben, als Zeiten bei anderen Arbeitgebern des öffentlichen Dienstes ab 1. Oktober 2005 jedenfalls nicht mehr ohne weiteres für bestimmte tarifliche Ansprüche von Bedeutung sind.

Nach der im Rahmen der Tarifrunde im Februar 2005 erzielten Verständigung, die in dem sog. Protokoll „AG Mantel" festgehalten ist, wird es im TVöD nach **25 Jahren** ein Jubiläumsgeld in Höhe von **350 EUR** (bislang 306,78 EUR) und nach **40 Jahren** ein Jubiläumsgeld in Höhe von **500 EUR** (bislang 409,03 EUR) geben. Die Arbeitgeber haben hierzu ausdrücklich den Vorbehalt zu Protokoll gegeben, dass sich diese Zeitangaben auf die Beschäftigungszeit bzw. Betriebszugehörigkeit beziehen. Gleichzeitig haben sie folgende **Übergangsregelung** angeboten:

„Für die Anwendung dieser Vorschrift wird die nach Maßgabe des BAT/BMT-G anerkannte Dienstzeit, BAT-O, BAT-Ostdeutsche Sparkassen, BMT-G-O, MTArb-O anerkannte Beschäftigungszeit, MTArb anerkannte Jubiläumszeit als Beschäftigungs zeit im Sinne des TVöD berücksichtigt. Dies gilt nur für die ununterbrochene Dauer des am Stichtag (In-Kraft-Treten des TVöD) bestehenden Arbeitsverhältnisses zu demselben Arbeitgeber."

Als **Merkposten** wurde zudem in das Protokoll aufgenommen: „keine Differenzierung bei Teilzeitkräften".

Diese von den Arbeitgebern angebotene Übergangsregelung hat Eingang in § 14 gefunden. Die Regelung im TVöD zum Jubiläumsgeld setzt die Vollendung einer bestimmten **Beschäftigungszeit** voraus. Alle bis zum 30. September 2005 für die Jubiläumszuwendung relevanten Zeiten werden bei den Beschäftigten, die zum 1. Oktober 2005 in den TVöD übergeleitet werden, als Beschäftigungszeit im Sinne der neuen Begriffsbestimmung des TVöD berücksichtigt, allerdings nur hinsichtlich des Anspruchs auf Jubiläumsgeld.

Berücksichtigt werden nur **„anerkannte"** Zeiten. Die Anerkennung erfolgte zumindest früher üblicherweise im Arbeitsvertrag, in dem sowohl der Beginn der Beschäftigungszeit als auch der Beginn der Dienstzeit festgehalten wurden. Die Anerkennung kann durch den Arbeitgeber aber auch in anderer Form erfolgt sein, etwa durch ein entsprechendes Schreiben an den Beschäftigten oder einen Vermerk in den Personalakten. In diesem Zusammenhang ist insbesondere auch die dreimonatige Ausschlussfrist des § 21 BAT von Bedeutung.

Der weitergehende und bislang u. a. für die Jubiläumszuwendung maßgebliche Begriff der „Dienstzeit" existiert nur im Tarifgebiet West. Bei der Einführung des Tarifrechts des öffentlichen Dienstes im **Tarifgebiet Ost** ist keine entsprechende Regelung im BAT-O usw. vereinbart worden. Dort ist schon bislang die Jubiläumszuwendung von der Vollendung einer bestimmten Beschäftigungszeit abhängig. Aus diesem Grund werden im Tarifgebiet West die bisherigen Dienstzeiten berücksichtigt, während im Tarifgebiet Ost die bis zum 30. September zurückgelegten Beschäftigungszeiten als solche des TVöD Berücksichtigung finden.

Der oben genannte Merkposten „keine Differenzierung bei Teilzeitkräften" beruht auf dem Urteil des BAG vom 22. Mai 1996 (AP Nr. 1 zu § 39 BAT). Danach ist die Jubiläumszuwendung auch **Teilzeitbeschäftigten** in voller Höhe und nicht etwa nur anteilig im Verhältnis ihrer Arbeitszeit zu der Arbeitszeit vergleichbarer Vollzeitbeschäftigter zu zahlen. Außerdem kann der Merkposten in dem Sinne gemeint sein, dass die für das Jubiläumsgeld relevanten Zeiten unabhängig vom jeweiligen Beschäftigungsumfang (also auch bei Teilzeitkräften) stets in vollem Umfang zu berücksichtigen sind (entsprechend § 39 Abs. 1 Unterabs. 3 BAT). Beide Grundsätze sind mittlerweile allgemein anerkannt und gelten nicht nur im Rahmen der Übergangsregelung, sondern auf Dauer, sodass sie nicht in den TVÜ gehören.

### 3.7.2.2 TVÜ-Bund

Die Regelung ist **inhaltsgleich** mit der Maßgabe, dass im zweiten Spiegelstrich der BAT-Ostdeutsche Sparkassen, der BMT-G und der BMT-G-O nicht aufgeführt sind, sondern stattdessen der für die ostdeutschen Arbeiter des Bundes geltende MTArb-O. Außerdem ist ein dritter Spiegelstrich angefügt, der den im MTArb (also dem für die Arbeiter des Bundes geltenden Manteltarifvertrag) verwendeten Begriff der „Jubiläumszeit" aufnimmt.

Die Neuregelungen im Einzelnen 85

## 3.8 Urlaub

### 3.8.1 Tariftext TVÜ-VKA

§ 15
Urlaub

(1) ¹Für die Dauer und die Bewilligung des Erholungsurlaubs bzw. von Zusatzurlaub für das Urlaubsjahr 2005 gelten die im September 2005 jeweils maßgebenden Vorschriften bis zum 31. Dezember 2005 fort. ²Die Regelungen des TVöD gelten für die Bemessung des Urlaubsentgelts sowie für eine Übertragung von Urlaub auf das Kalenderjahr 2006.

(2) ¹Aus dem Geltungsbereich des BAT/BAT-O/BAT-Ostdeutsche Sparkassen übergeleitete Beschäftigte der Vergütungsgruppen I und Ia, die für das Urlaubsjahr 2005 einen Anspruch auf 30 Arbeitstage Erholungsurlaub erworben haben, behalten bei einer Fünftagewoche diesen Anspruch für die Dauer des über den 30. September 2005 hinaus ununterbrochen fortbestehenden Arbeitsverhältnisses. ²Die Urlaubsregelungen des TVöD bei abweichender Verteilung der Arbeitszeit gelten entsprechend.

(3) § 42 Abs. 1 BMT-G/BMT-G-O i. V. m. bezirklichen Tarifverträgen zu § 42 Abs. 2 BMT-G und der Tarifvertrag zu § 42 Abs. 2 BMT-G-O (Zusatzurlaub für Arbeiter) gelten bis zum In-Kraft-Treten entsprechender landesbezirklicher Tarifverträge fort; im Übrigen gilt Absatz 1 entsprechend.

(4) ¹In den Fällen des § 48a BAT/BAT-O/BAT-Ostdeutsche Sparkassen oder § 41a BMT-G/BMT-G-O wird der sich nach dem Kalenderjahr 2005 zu bemessende Zusatzurlaub im Kalenderjahr 2006 gewährt. ²Die nach Satz 1 zustehenden Urlaubstage werden auf den nach den Bestimmungen des TVöD im Kalenderjahr 2006 zustehenden Zusatzurlaub für Wechselschichtarbeit und Schichtarbeit angerechnet. ³Absatz 1 Satz 2 gilt entsprechend.

### 3.8.2 Regelungsinhalt

#### 3.8.2.1 TVÜ-VKA

Die übergangsweise geltenden Regelungen des § 15 betreffen nicht nur den Erholungsurlaub, sondern auch den Zusatzurlaub für Wechselschicht- und Schichtarbeit, für Nachtarbeit sowie für gesundheitsgefährdende Arbeiten. Dabei geht es zunächst um eine Regelung für das laufende Urlaubsjahr 2005 (Absatz 1), sodann um eine Besitzstandsregelung für Beschäftigte bestimmter Vergütungsgruppen (Absatz 2), die vorläufige Weitergeltung bezirklicher Regelungen zum Zusatzurlaub für Arbeiter (Absatz 3) sowie schließlich um die Abwicklung des Zusatzurlaubs, der sich nach der Arbeitsleistung des laufenden Kalenderjahres 2005 bemisst (Absatz 4).

**Absatz 1**
Der Allgemeine Teil des TVöD wird wesentlich schlankere Regelungen zum Erholungsurlaub und Zusatzurlaub enthalten als die §§ 47, 48, 48a, 49 und 51 BAT/BAT-O. Da die neuen Regelungen während des laufenden Urlaubsjahres, nämlich am 1. Oktober 2005, in Kraft treten, haben die Tarifvertragsparteien aus Gründen der Praktikabilität und Vereinfachung den Weg gewählt, bis zum Ende des laufenden Urlaubsjahres (das ist gemäß § 47 Abs. 1 Satz 2 BAT/BAT-O das Kalenderjahr) die **Weitergeltung der bisherigen Regelungen** zu vereinbaren. Diese in **Satz 1** geregelte Weitergeltung bezieht sich nur auf

- die Dauer des Erholungsurlaubs (§§ 47 Abs. 5, 48 BAT/BAT-O),

- die Dauer des Zusatzurlaubs (§§ 48a, 49 BAT/BAT-O),

- die Bewilligung des Erholungsurlaubs (§ 47 Abs. 6) sowie

- die Bewilligung des Zusatzurlaubs.

Die **Dauer des Erholungsurlaubs** ändert sich im Rahmen des TVöD nur unwesentlich. Nach der im Rahmen der Tarifrunde im Februar 2005 erzielten Verständigung, die in dem sog. Protokoll „AG Mantel" festgehalten ist, beträgt die Dauer des Erholungsurlaubs künftig – ohne Differenzierung nach Entgeltgruppen – bis zum vollendeten 30. Lebensjahr 26 Arbeitstage, bis zum vollendeten 40. Lebensjahr 29 Arbeitstage und danach 30 Arbeitstage. Deshalb ist es unproblematisch, das laufende Jahr nach bisher geltendem Urlaubsrecht abzuwickeln.

**Satz 2** regelt ausdrücklich, dass sich die Weitergeltung des bisherigen Rechts bis zum 31. Dezember 2005 nicht auf die **Bemessung des Urlaubsentgelts** (§ 47 Abs. 2 BAT/BAT-O) sowie auf die **Urlaubsübertragung** (§ 47 Abs. 7 BAT/BAT-O) bezieht. Insoweit gelten vielmehr die Bestimmungen des **TVöD**. Dies beruht darauf, dass diese beiden Tatbestände im neuen Tarifrecht anders geregelt werden (Abkehr von der Urlaubsvergütung und der relativ großzügigen Übertragungsmöglichkeit). Es wird im TVöD eine allgemeine Entgeltfortzahlungsvorschrift geben, die u. a. in den Fällen von Urlaub und Krankheit auf eine Durchschnittsberechnung der tariflichen Entgelte der letzten drei Monate abstellt (analog § 6 Abs. 3 TV-V). Anders als bei der Urlaubsvergütung (§ 47 Abs. 2 BAT) bleibt dabei das zusätzlich für Überstunden gezahlte Entgelt unberücksichtigt (**Ziff. 14 des Protokolls „AG Mantel" vom 7./8./9. Februar 2005**).

Aus diesem Grund war es notwendig, mit In-Kraft-Treten des TVöD am 1. Oktober 2005 einen klaren Schnitt zu machen und die Bezahlung des Urlaubs ab diesem Zeitpunkt den neuen Regeln zu unterwerfen.

### Beispiel zum Urlaubsentgelt

Ein Angestellter befindet sich vom 26. September bis einschließlich 14. Oktober 2005 in Erholungsurlaub. Er erhält bis zum 30. September 2005 die Urlaubsvergütung nach § 47 Abs. 2 BAT sowie ab 1. Oktober 2005 Entgelt nach der allgemeinen, u. a. auch für den Erholungsurlaub geltenden Entgeltfortzahlungsvorschrift des TVöD.

### Beispiel zur Urlaubsübertragung

Ein Angestellter hat für das Urlaubsjahr 2005 einen Anspruch auf 29 Arbeitstage Erholungsurlaub. Bis zum 31. Dezember 2005 hat er lediglich 25 Arbeitstage Urlaub genommen. Die Gewährung der restlichen vier Arbeitstage im Jahr 2006 richtet sich nicht nach § 47 Abs. 7 Unterabs. 2 BAT/BAT-O), sondern nach der Urlaubsübertragungsvorschrift des TVöD.

Für Arbeitnehmer, die nach dem 30. September 2005 und vor dem 1. Januar 2006 **neu eingestellt** werden, gilt die Übergangsregelung des Absatzes 1 nicht. Dies folgt aus § 1 Abs. 2 TVÜ-VKA. Für diese Beschäftigten gilt sofort in jeder Hinsicht das neue Urlaubsrecht.

**Absatz 2**
Die Dauer des Erholungsurlaubs im TVöD unterscheidet sich nur insofern von § 48 Abs. 1 BAT/BAT-O, als auch die Beschäftigten der höchsten Entgeltgruppen abweichend von den Angestellten der Vergütungsgruppen I und Ia nach dem vollendeten 30. Lebensjahr bis zum vollendeten 40. Lebensjahr lediglich einen Anspruch auf 29 (und nicht 30) Arbeitstage Erholungsurlaub haben. Deshalb ist nach dem sog. Protokoll „AG Mantel" eine **Besitzstandsregelung** für am Stichtag (30. September bzw. 1. Oktober 2005) vorhandene Beschäftigte der **Vergütungsgruppen I und Ia**

vereinbart worden, die nach bisherigem Recht bereits einen Anspruch auf 30 Arbeitstage Erholungsurlaub erworben haben und nach neuem Recht lediglich einen Anspruch auf 29 Arbeitstage hätten.

Die Regelung in Absatz 1 Satz 1 hilft lediglich für das laufende Urlaubsjahr 2005 weiter, nicht aber für die folgenden Jahre. Deshalb war die Vereinbarung einer über den 31. Dezember 2005 hinausreichenden Besitzstandsregelung erforderlich. Dies ist mit Absatz 2 erfolgt.

**Satz 1** geht vom Regelfall der **Fünftagewoche** aus. Die Besitzstandsregelung gilt jedoch nicht nur für diejenigen Beschäftigen, die an fünf Tagen in der Woche arbeiten. Der TVöD wird eine Regelung enthalten, wonach sich bei anderer Verteilung der Arbeitszeit in der Kalenderwoche der Urlaubsanspruch entsprechend erhöht oder vermindert (wie auch gemäß § 48 Abs. 4 BAT/BAT-O). Diese Bestimmung gilt im Rahmen der Besitzstandsregelung entsprechend für die von ihr erfassten Beschäftigten (**Satz 2**).

### Beispiel

Ein 35-jähriger Angestellter der Vergütungsgruppe Ia BAT arbeitet regelmäßig an drei Tagen in der Woche. Er hat demzufolge nach § 48 Abs. 4 Unterabs. 3 BAT/BAT-O einen Anspruch auf 18 Arbeitstage Erholungsurlaub. Nach neuem Recht hätte er lediglich einen Anspruch auf 17 Arbeitstage (29 : 5 × 3 = 17,4), da ein Bruchteil von weniger als 0,5 sowohl nach § 48 Abs. 4 Unterabs. 5 BAT/BAT-O als auch nach § 5 Abs. 2 BUrlG unberücksichtigt bleibt. Die Besitzstandsregelung in Absatz 2 Satz 2 stellt sicher, dass dieser Beschäftigte bei gleich bleibender Arbeitszeit den Anspruch auf 18 Arbeitstage Erholungsurlaub auch nach dem 31. Dezember 2005 behält.

### Absatz 3

Im Rahmen der Tarifrunde im Februar 2005 haben sich die Tarifvertragsparteien darauf verständigt, dass die aufgrund von § 42 BMT-G/BMT-G-O i. V. m. den Richtlinien der Anlage 11 zum BMT-G/BMT-G-O vereinbarten bezirklichen Tarifverträge über **Zusatzurlaub** für Arbeiter **wegen gesundheitsgefährdender Arbeiten** bis zu einer landesbezirklichen Neuregelung vorübergehend fortgelten. Dies ist im sog. Protokoll „AG Mantel" ausdrücklich festgehalten und in Absatz 3 tarifvertraglich umgesetzt worden.

Der **zweite Halbsatz** stellt klar, dass sich die vorübergehende Fortgeltung auch hinsichtlich dieses Zusatzurlaubs nur auf dessen Dauer und Bewilligung, nicht aber auf die Bemessung des während des Zusatzurlaubs fortzuzahlenden Entgelts und die Übertragung des Zusatzurlaubs bezieht. Insoweit gelten die zu Absatz 1 Satz 2 gemachten Ausführungen entsprechend.

Aus der Regelung in Absatz 3 folgt außerdem, dass der **TVöD keine Regelung zum Zusatzurlaub für gesundheitsgefährdende Arbeiten** enthalten wird. Insoweit bleibt es den Tarifvertragsparteien auf landesbezirklicher Ebene überlassen, eine Anschlussregelung zu vereinbaren. Der TVÜ-VKA enthält hierzu keine Frist, bis zu der die bisher geltenden Regelungen – in welcher Form auch immer – abgelöst sein müssen.

### Absatz 4

Der **Zusatzurlaub für Wechselschichtarbeit, Schichtarbeit und Nachtarbeit** bemisst sich nach der bei demselben Arbeitgeber im vorangegangenen Kalenderjahr erbrachten Arbeitsleistung. Der Anspruch auf diesen Zusatzurlaub entsteht erst mit Beginn des auf die Arbeitsleistung folgenden Urlaubsjahres (§ 48a Abs. 9 BAT/BAT-O). Deshalb war es folgerichtig, nicht nur in Absatz 1 Satz 1 zu regeln, dass für den Zusatzurlaub bis zum Jahresende 2005 das bisherige Recht weiter gilt, sondern auch, dass der auf den Arbeitsleistungen des Jahres 2005 beruhende Zusatzurlaub, der bei Fortgeltung des bisherigen Rechts erst im Jahr 2006 in Anspruch genommen werden könnte, trotz des neuen, anders gestalteten Tarifrechts im folgenden Jahr im bisherigen Umfang gewährt wird. Dies regelt **Absatz 4 Satz 1**.

Diese Regelung gewährt auch insofern einen Besitzstand, als Beschäftigte, die aufgrund von im Jahr 2005 geleisteten Nachtarbeitsstunden im nächsten Jahr einen Zusatzurlaubsanspruch erworben hätten, diesen Anspruch nicht verlieren. Der TVöD wird nämlich keine Regelung zum **Zusatzurlaub für Nachtarbeit** enthalten.

Nach der im Rahmen der Tarifrunde im Februar 2005 erzielten Verständigung, die in dem sog. Protokoll „AG Mantel" festgehalten ist, wird der TVöD eine Regelung zum Zusatzurlaub für Wechselschicht- und Schichtarbeit enthalten, die derjenigen des Tarifvertrages Versorgungsbetriebe (TV-V) entspricht. Danach erhalten Beschäftigte bei Schichtarbeit für je vier zusammenhängende Monate und bei Wechselschichtarbeit für je zwei zusammenhängende Monate einen zusätzlichen Urlaubstag. Dies bedeutet, dass Beschäftigte bei durchgehender Schichtarbeit während des ganzen Jahres einen Anspruch auf drei Arbeitstage Zusatzurlaub und bei durchgängiger Wechselschichtarbeit einen Anspruch auf sechs Tage Zusatzurlaub haben. Gleichzeitig lässt sich der beabsichtigten Formulierung im TVöD entnehmen, dass der Anspruch auf den Zusatzurlaub – anders als im BAT/BAT-O – bereits im laufenden Jahr nach Erfüllen der entsprechenden Voraussetzungen (tageweise) erworben wird und nicht erst im Folgejahr.

Aus diesem Grund ist die in **Satz 2** enthaltene **Anrechnungsregelung** notwendig. Beschäftigte, die aufgrund von Satz 1 ihren im Urlaubsjahr 2005 erarbeiteten Zusatzurlaub im Jahr 2006 in Anspruch nehmen und gleichzeitig aufgrund weiterhin geleisteter Wechselschicht- oder Schichtarbeit im Jahr 2006 sofort neue Ansprüche auf Zusatzurlaub erwerben, kämen ohne die Anrechnungsregelung in den Genuss eines „doppelten" Zusatzurlaubs.

## Beispiel

Ein Beschäftigter hat aufgrund seiner Arbeitsleistungen im Jahr 2005 gemäß § 48a Abs. 3 BAT einen Anspruch auf Zusatzurlaub von drei Arbeitstagen erworben. Im Jahr 2006 leistet er durchgehend Schichtarbeit im Sinne der im TVöD enthaltenen Begriffsbestimmung, sodass er aufgrund der Regelung des TVöD bereits im Jahr 2006 einen erneuten Anspruch auf Zusatzurlaub von insgesamt drei Arbeitstagen erwirbt. Dem Beschäftigten stehen für das Jahr 2006 jedoch insgesamt nur drei und nicht sechs Arbeitstage Zusatzurlaub zu, da der nach Satz 1 zustehende Zusatzurlaub (drei Arbeitstage) mit dem nach TVöD zustehenden Zusatzurlaub (ebenfalls drei Arbeitstage) verrechnet wird.

Auch für den Zusatzurlaub nach § 48a BAT/BAT-O gilt nach Satz 3, dass die „Verlagerung" des Anspruchs auf Zusatzurlaub in das Jahr 2006 nur dessen Umfang und Bewilligung betrifft, nicht aber die Bemessung des während des Zusatzurlaubs fortzuzahlenden Entgelts und die Übertragung des Zusatzurlaubs. Insoweit gelten die zu Absatz 1 Satz 2 gemachten Ausführungen entsprechend.

### 3.8.2.2 TVÜ-Bund

Die Absätze 1 bis 4 sind **inhaltsgleich** mit der Maßgabe, dass

- in Absatz 1 Satz 1 und Absatz 4 Satz 1 der BAT-Ostdeutsche Sparkassen nicht aufgeführt ist und

- in Absatz 3 und Absatz 4 Satz 1 anstelle des BMT-G/BMT-G-O auf die für die Arbeiter des Bundes geltenden entsprechenden Regelungen im MTArb/MTArb-O sowie den einschlägigen Tarifvertrag über Zusatzurlaub (Absatz 3) verwiesen wird.

## 3.9 Abgeltung

### 3.9.1 Tariftext TVÜ-VKA

§ 16
Abgeltung

¹Durch Vereinbarungen mit den Beschäftigten können Entgeltbestandteile aus Besitzständen, ausgenommen für Vergütungsgruppenzulagen pauschaliert bzw. abgefunden werden. ²§ 11 Abs. 2 Satz 3 und § 12 Abs. 5 bleiben unberührt.

### 3.9.2 Regelungsinhalt

#### 3.9.2.1 TVÜ-VKA

Zu einem Tarifrecht, das modern und zukunftsfähig sein will, gehören insbesondere praxisfreundliche Regelungen, die dazu beitragen, unnötigen Verwaltungsaufwand und aufwändige Berechnungen nach Möglichkeit zu vermeiden. Die Tarifvertragsparteien haben sich deshalb im Rahmen der Tarifrunde im Februar 2005 u. a. darauf verständigt, dass einzelvertraglich zusätzliche Entgeltbestandteile (z. B. Zeitzuschläge, Erschwerniszuschläge, Strukturausgleichsbeträge) pauschaliert bzw. abgegolten werden können.

Diese im sog. Protokoll „AG Mantel" festgehaltene Verständigung ist, soweit es Regelungsgegenstände des TVÜ betrifft, in § 16 tarifvertraglich umgesetzt worden. Es ist davon auszugehen, dass auch der **TVöD** selbst eine **allgemeine Pauschalierungsregelung** enthalten wird.

Satz 1 regelt die Pauschalierung bzw. Abfindung von Entgeltbestandteilen aus Besitzständen. Die **Pauschalierung** ist auch dem bisherigen Tarifrecht nicht fremd. So kann z. B. die Vergütung für Rufbereitschaft durch Nebenabrede zum Arbeitsvertrag pauschaliert werden (Nr. 8 Abs. 6 Unterabs. 3 Satz 1 SR 2c BAT). Noch weitergehender sind die Pauschalierungsmöglichkeiten im Arbeiterrecht. Danach können die Löhne für Überstunden, Mehrarbeit und Arbeitsbereitschaft sowie die Lohnzuschläge bezirklich, betrieblich oder durch Einzelarbeitsvertrag pauschaliert werden (§ 25 Abs. 5 BMT-G/BMT-G-O).

Nach Satz 1 sind Pauschalierungen (nur) „durch **Vereinbarungen** mit den Beschäftigten" zulässig. Dabei handelt es sich um vertragliche Regelungen, die der Arbeitgeber sowohl mit einzelnen Beschäftigten als auch mit einer Gruppe von Beschäftigten treffen kann, soweit es sich um Regelungsgegenstände handelt, von denen eine Gruppe in gleicher Weise betroffen ist.

Als Alternative zur Pauschalierung wird auch eine **Abfindung** von Ansprüchen ermöglicht. Eine derartige Regelung gibt es im Tarifrecht des öffentlichen Dienstes bislang nur im Tarifvertrag Versorgungsbetriebe (**TV-V**). Danach können aufgrund einer einzelvertraglichen Vereinbarung die kinderbezogenen Entgeltbestandteile, die nur übergangsweise gesichert werden, abgefunden werden (§ 22 Abs. 3 Satz 4 TV-V). Die Abfindung unterscheidet sich von der Pauschalierung vor allem dadurch, dass sie zumeist in Form einer Einmalzahlung erfolgt, während eine Pauschalierung zwar auf Durchschnittsberechnungen beruhende, aber laufende Zahlungen zur Folge hat.

„Entgeltbestandteile aus Besitzständen" können sich lediglich aus dem Dritten Abschnitt des TVÜ (§§ 8 ff.) ergeben. Hauptanwendungsfälle in der Praxis werden die in Satz 2 erwähnten und ausdrücklich geregelten Fälle sein, nämlich die **kinderbezogenen Entgeltbestandteile** (§ 11 Abs. 2 Satz 3) sowie der **Strukturausgleich** (§ 12 Abs. 5). Da § 11 Abs. 2 Satz 3 die gegenüber § 16 Satz 1 speziellere Vorschrift darstellt, folgt hieraus im Umkehrschluss, dass eine Abfindung kinderbezogener Entgeltbestandteile nicht über § 16 Satz 1 zulässig ist, soweit sich diese auf Kinder beziehen, die das 16. Lebensjahr noch nicht vollendet haben. Das mit einem für beide Seiten nur schwer zu kalkulierende finanzielle Risiko wollten die Tarifvertragsparteien ganz bewusst dadurch minimieren, dass die Kinder schon ein fortgeschrittenes Alter erreicht haben müssen, sodass die für die Bemessung der Abfindung erforderliche Prognose nur noch einen relativ begrenzten Zeitraum umfasst.

Eine **Pauschalierung** kinderbezogener Entgeltbestandteile kommt aufgrund des Charakters dieser Leistung ohnehin nicht in Betracht, und zwar weder nach § 11 Abs. 2 Satz 3, der nur die Abfindung zulässt, noch nach § 16 Satz 1. Es handelt sich dabei nämlich um feste und gleich bleibende Beträge, die gemäß § 11 Abs. 2 Satz 2 lediglich bei allgemeinen Entgeltanpassungen Veränderungen unterliegen. Auch für den Strukturausgleich scheidet eine Pauschalierung aus, und zwar schon deshalb, weil es sich bei den in der Anlage 2 zum TVÜ aufgelisteten nicht dynamischen Strukturausgleichsbeträgen selbst um gerundete und damit pauschalierte Beträge handelt.

**Vergütungsgruppenzulagen** (§ 9) sind ausdrücklich von der Pauschalierungs- bzw. Abfindungsmöglichkeit ausgenommen. Damit soll verhindert werden, dass die Parteien des Arbeitsvertrages über Entgeltansprüche, die sich unmittelbar aus der auszuübenden Tätigkeit des Angestellten ergeben, Vereinbarungen treffen können. Insbesondere die Arbeitnehmer sollen durch diese tarifvertragliche Beschränkung vor Rechtsnachteilen geschützt werden.

| Entgeltbestandteile aus Besitzständen | Pauschalierung | Abfindung |
|---|---|---|
| Vergütungsgruppenzulagen | nicht zulässig | nicht zulässig |
| Kinderbezogene Entgeltbestandteile | nicht zulässig | zulässig |
| Strukturausgleich | nicht zulässig | zulässig |

### 3.9.2.2 TVÜ-Bund

Die Regelung ist **inhaltsgleich**.

## 3.10 Protokollerklärung zum Dritten Abschnitt

### 3.10.1 Tariftext TVÜ-VKA

Protokollerklärung zum 3. Abschnitt:

**¹Einvernehmlich werden die Verhandlungen zur Überleitung der Entgeltsicherung bei Leistungsminderung zurückgestellt. ²Da damit die fristgerechte Überleitung bei Beschäftigten, die eine Zahlung nach §§ 25 Abs. 4, 28 Abs. 1 und 2, § 28 a BMT-G/BMT-G-O bzw. § 56 BAT/BAT-O erhalten, nicht sichergestellt ist, erfolgt am 1. Oktober 2005 eine Fortzahlung der bisherigen Bezüge als zu verrechnender Abschlag auf das Entgelt, das diesen Beschäftigten nach dem noch zu erzielenden künftigen Verhandlungsergebnis zusteht.**

### 3.10.2 Regelungsinhalt

#### 3.10.2.1 TVÜ-VKA

Die Sicherung des Lohnstandes bei Leistungsminderung (§§ 25 Abs. 4, 28, 28a BMT-G/BMT-G-O) sowie die Ausgleichszulage bei Arbeitsunfall und Berufskrankheit (§ 56 BAT/BAT-O) waren Gegenstand der Verhandlungen zur Neugestaltung des Tarifrechts des öffentlichen Dienstes. Die Tarifvertragsparteien konnten sich insoweit jedoch nicht auf eine Nachfolgeregelung verständigen. Auch im Rahmen der Tarifrunde im Februar 2005, bei der diese Thematik erneut erörtert wurde, konnte kein einvernehmliches Verhandlungsergebnis erzielt werden. In dem sog. Protokoll „AG Mantel" sind deshalb insoweit lediglich die unterschiedlichen Positionen beider Seiten festgehalten worden.

Auch bei den Verhandlungen, die zum Abschluss des TVÜ geführt haben, sind sich die Tarifvertragsparteien in dieser Frage nicht näher gekommen. Deshalb sind die Verhandlungen zur Überleitung der hiervon betroffenen Beschäftigten zurückgestellt worden (Satz 1). Um gleichwohl die fristgerechte Überleitung der Beschäftigten, deren Entgelt sich nach den in Satz 2 genannten Vorschriften bemisst, durchführen zu können, ist vereinbart worden, dass die im September 2005 zustehenden Bezüge im Oktober 2005 in gleicher Höhe fortgezahlt werden. Da insoweit jedoch eine eindeutige und verbindliche Tarifregelung fehlt, haben die nach dem 30. September 2005 fortgezahlten Bezüge lediglich vorläufigen Charakter. Die Beschäftigten müssen davon ausgehen, dass es je nach dem Ergebnis künftiger Verhandlungen zu diesen Gegenständen zu Verrechnungen mit laufenden Bezügen kommen kann.

### 3.10.2.2 TVÜ-Bund

Die Protokollerklärung ist **inhaltsgleich** mit der Maßgabe, dass in Satz 2 anstelle der Regelungen des BMT-G/BMT-G-O auf die entsprechenden für die Arbeiter des Bundes geltenden Vorschriften im MTArb/MTArb-O verwiesen wird.

# 4 Sonstige vom TVöD abweichende oder ihn ergänzende Bestimmungen (4. Abschnitt)

## 4.1 Eingruppierung

### 4.1.1 Tariftext TVÜ-VKA

§ 17

Eingruppierung

(1) ¹**Bis zum In-Kraft-Treten von Eingruppierungsvorschriften des TVöD (mit Entgeltordnung) gelten die §§ 22, 23, 25 BAT und Anlage 3 BAT, §§ 22, 23 BAT-O/BAT-Ostdeutsche Sparkassen einschließlich der Vergütungsordnung sowie die landesbezirklichen Lohngruppenverzeichnisse gemäß Rahmentarifvertrag zu § 20 BMT-G und des Tarifvertrages zu § 20 Abs. 1 BMT-G-O (Lohngruppenverzeichnis) über den 30. September 2005 hinaus fort.** ²**In gleicher Weise gilt Nr. 2a SR x i. V. m. § 11 Satz 2 BAT/BAT-O fort.** ³Diese Regelungen finden auf übergeleitete und ab dem 1. Oktober 2005 neu eingestellte Beschäftigte im jeweiligen bisherigen Geltungsbereich nach Maßgabe dieses Tarifvertrages Anwendung. ⁴An die Stelle der Begriffe Vergütung und Lohn tritt der Begriff Entgelt.

(2) Abweichend von Absatz 1

- gelten Vergütungsordnungen und Lohngruppenverzeichnisse nicht für ab dem 1. Oktober 2005 in Entgeltgruppe 1 TVöD neu eingestellte Beschäftigte,

- gilt die Vergütungsgruppe I der Vergütungsordnung zum BAT/BAT-O/BAT-Ostdeutsche Sparkassen ab dem 1. Oktober 2005 nicht fort; die Ausgestaltung entsprechender Arbeitsverhältnisse erfolgt außertariflich.

(3) ¹Mit Ausnahme der Eingruppierung in die Entgeltgruppe 1 sind alle zwischen dem 1. Oktober 2005 und dem In-Kraft-Treten der neuen Entgeltordnung stattfindenden Eingruppierungsvorgänge (Neueinstellungen und Umgruppierungen) vorläufig und begründen keinen Vertrauensschutz und keinen Besitzstand. ²Dies gilt nicht für Aufstiege gemäß § 8 Abs. 1 Satz 1 und 2.

(4) Anpassungen der Eingruppierung aufgrund des Inkrafttretens der neuen Entgeltordnung erfolgen mit Wirkung für die Zukunft. Bei Rückgruppierungen, die in diesem Zusammenhang erfolgen, sind finanzielle Nachteile im Wege einer nicht dynamischen Besitzstandszulage auszugleichen, solange die Tätigkeit ausgeübt wird. Die Besitzstandszulage vermindert sich nach dem 30. September 2008 bei jedem Stufenaufstieg um die Hälfte des Unterschiedsbetrages zwischen der bisherigen und der neuen Stufe; bei Neueinstellungen (§ 1 Abs. 2) vermindert sich die Besitzstandszulage jeweils um den vollen Unterschiedsbetrag. Die Grundsätze korrigierender Rückgruppierung bleiben unberührt.

Protokollerklärung zu § 17 Abs. 4:

Dies gilt auch im Hinblick auf die Problematik des § 2 Abs. 4 des Rahmentarifvertrages zu § 20 Abs. 1 BMT-G (Eckeingruppierung in Lohngruppe 5 Fallgruppe 1 im Bereich des Kommunalen Arbeitgeberverbandes Nordrhein-Westfalen) mit folgenden Maßgaben:

- Neueinstellungen werden anstelle der Entgeltgruppe 5 zunächst der Entgeltgruppe 6 zugeordnet.
- Über deren endgültige Zuordnung werden im Rahmen der Verhandlungen über die neue Entgeltordnung entschieden, die insoweit zunächst auf landesbezirklicher Ebene geführt werden.

(5) [1]Bewährungs-, Fallgruppen- und Tätigkeitsaufstiege gibt es ab dem 1. Oktober 2005 nicht mehr; §§ 8 und 9 bleiben unberührt. [2]Satz 1 gilt auch für Vergütungsgruppenzulagen, es sei denn, dem Tätigkeitsmerkmal einer Vergütungsgruppe der Allgemeinen Vergütungsordnung (Anlage 1a zum BAT) ist eine Vergütungsgruppenzulage zugeordnet, die unmittelbar mit Übertragung der Tätigkeit zusteht; bei Übertragung einer entsprechenden Tätigkeit wird diese bis zum In-Kraft-Treten der neuen Entgeltordnung, längstens bis zum 31. Dezember 2007, unter den Voraussetzungen des bisherigen Tarifrechts als Besitzstandszulage in der bisherigen Höhe gezahlt; § 9 Abs. 4 gilt entsprechend.

(6) In der Zeit zwischen dem 1. Oktober 2005 und dem In-Kraft-Treten der neuen Entgeltordnung erhalten Beschäftigte, denen ab dem 1. Oktober 2005 eine anspruchsbegründende Tätigkeit übertragen wird, längstens bis zum 31. Dezember 2007 eine persönliche Zulage, die sich betragsmäßig nach der entfallenen Techniker-, Meister- und Programmiererzulage bemisst, soweit die Anspruchsvoraussetzungen nach bisherigem Tarifrecht erfüllt sind.

(7) [1]Für Eingruppierungen zwischen dem 1. Oktober 2005 und dem Inkrafttreten der neuen Entgeltordnung werden die Vergütungsgruppen der Allgemeinen Vergütungsordnungen (Anlagen 1a), die Vergütungsgruppen der Allgemeinen Vergütungsordnungen für Angestellte im Pflegedienst (Anlagen 1b) und die Lohngruppen der Lohngruppenverzeichnisse gemäß Anlage 3 TVÜ den Entgeltgruppen des TVöD zugeordnet. [2]Absatz 1 Satz 2 bleibt unberührt.

Protokollerklärung zu § 17 Abs. 7:

Die Protokollerklärung zu § 4 Abs. 1 betreffend die Überleitung der Lehrkräfte gilt entsprechend.

(8) [1]Beschäftigte, die zwischen dem 1. Oktober 2005 und dem Inkrafttreten der neuen Entgeltordnung in Entgeltgruppe 13 eingruppiert werden und die nach der allgemeinen Vergütungsordnung (Anlage 1a) in Vergütungsgruppe II BAT/BAT-O/BAT-Ostdeutsche Sparkassen mit fünf- bzw. sechsjährigem Aufstieg nach Vergütungsgruppe Ib BAT/BAT-O/BAT-Ostdeutsche Sparkassen eingruppiert wären, erhalten bis zum In-Kraft-Treten der neuen Entgeltordnung, längstens aber bis zum 31. Dezember 2007 eine persönliche Zulage in Höhe des Unterschiedsbetrages zwischen dem Entgelt ihrer Stufe nach Entgeltgruppe 13 und der entsprechenden Stufe der Entgeltgruppe 14. [2]Von Satz 1 werden auch Fallgruppen der Vergü-

tungsgruppe Ib BAT/BAT-O/BAT-Ostdeutsche Sparkassen erfasst, deren Tätigkeitsmerkmale eine bestimmte Tätigkeitsdauer voraussetzen. ³Die Sätze 1 und 2 gelten auch für Beschäftigte in Sinne des § 1 Abs. 2.

<u>Niederschriftserklärung zu § 17 Abs. 8:</u>

Mit dieser Regelung ist keine Entscheidung über die Zuordnung und Fortbestand/Besitzstand der Zulage im Rahmen der neuen Entgeltordnung verbunden.

(9) ¹Bis zum In-Kraft-Treten der Eingruppierungsvorschriften des TVöD gelten für Vorarbeiter/innen und Vorhandwerker/innen, Fachvorarbeiter/innen und vergleichbare Beschäftigte die bisherigen landesbezirklichen Regelungen und die Regelungen in Anlage 3 Teil I. des Tarifvertrages zu § 20 Abs. 1 BMT-G-O (Lohngruppenverzeichnis) im bisherigen Geltungsbereich fort; dies gilt auch für Beschäftigte im Sinne des § 1 Abs. 2. ²Satz 1 gilt für Lehrgesellen entsprechend, soweit hierfür besondere tarifliche Regelungen vereinbart sind.

(10) Die Absätze 1 bis 9 gelten für besondere tarifvertragliche Vorschriften über die Eingruppierungen entsprechend.

Protokollerklärung zu § 17:

¹Die Tarifvertragsparteien sind sich darin einig, dass in der noch zu verhandelnden Entgeltordnung die bisherigen unterschiedlichen materiellen Wertigkeiten aus Fachhochschulabschlüssen (einschließlich Sozialpädagogen/innen und Ingenieuren/innen) auf das Niveau der vereinbarten Entgeltwerte der Entgeltgruppe 9 ohne Mehrkosten (unter Berücksichtigung der Kosten für den Personenkreis, der nach der Übergangsphase nicht mehr in eine höhere bzw. niedrigere Entgeltgruppe eingruppiert ist) zusammengeführt werden; die Abbildung von Heraushebungsmerkmalen oberhalb der Entgeltgruppe 9 bleibt davon unberührt. ²Sollte hierüber bis zum 31. Dezember 2007 keine einvernehmliche Lösung vereinbart werden, so erfolgt ab dem 1. Januar 2008 bis zum In-Kraft-Treten der Entgeltordnung die einheitliche Eingruppierung aller ab dem 1. Januar 2008 neu einzugruppierenden Beschäftigten mit Fachhochschulabschluss nach den jeweiligen Regeln der Entgeltgruppe 9 zu „Vb BAT ohne Aufstieg nach IVb (mit und ohne FH-Abschluss)".

### 4.1.2 Regelungsinhalt

#### 4.1.2.1 TVÜ-VKA

**Ablösung der Vergütungsordnung Anlage 1a und Anlage 1b sowie der Lohngruppenverzeichnisse durch eine einheitliche Entgeltordnung**

Die bisherigen Eingruppierungsregelungen für Angestellte und Arbeiter in der Vergütungsordnung Anlage 1a und Anlage 1b sowie in den Lohngruppenverzeichnissen sind außerordentlich umfangreich, vielgestaltig und derart komplex, dass selbst erfahrene Praktiker Probleme bei der Umsetzung haben. So enthält die Anlage 1a und Anlage 1b etwa 17.000 Merkmale, u. a. auch so bedeutsame wie das des Bisamrattenjägers. Dieses Regelungsungetüm wird nun ersetzt durch **eine neue einheitliche Entgeltordnung**. Dabei soll der bisherige Regelungsinhalt wesentlich gestrafft und modernisiert werden. Ziel ist es, ein transparentes Eingruppierungsrecht zu schaffen, das über objektive Bewertungskriterien verfügt, die für alle gleichermaßen gelten. Aufgrund der Komplexität der Materie und um mögliche Neuregelungen zunächst in Pilotversuchen auf ihre Praxistauglichkeit prüfen zu können, haben die Tarifvertragsparteien die Eingruppierungsverhandlungen bis zum 31. Dezember 2006 verlängert. Bislang wurde Einigkeit über **folgende Eckpunkte** erzielt:

- Die Regelung in § 22 BAT bleibt im Wesentlichen unverändert. Das heißt:
  - die **Tarifautomatik** bleibt erhalten;
  - das **Bewertungsverfahren** knüpft an am **Arbeitsvorgang** und an der **überwiegend auszuübenden Tätigkeit**.
- Bewährungs-, Fallgruppen- und Tätigkeitsaufstiege werden abgeschafft.
- **Die künftige Entgeltordnung ist tätigkeitsbezogen und gliedert sich in vier ausbildungsbezogene Qualifikationsebenen,** d. h. Anforderungen, welche die Arbeit an den Beschäftigten stellt. Die persönliche Qualifikation steht nicht mehr im Vordergrund. Wer auf einer bestimmten Stufe arbeitet, bekommt bei höherer Qualifikation nicht mehr Geld, sondern alle werden entsprechend den dortigen Anforderungen gleich bezahlt. Ein solches System fördert die Motivation der Beschäftigten, da es als gerechter wahrgenommen wird. Die Qualifikationsebenen sind:

  - **Un-/Angelernte** (Entgeltgruppe 1 bis 4)

  Beschäftigte mit Tätigkeiten, die keine oder eine unter 3-jährige Ausbildung in einem nach dem BBiG anerkannten Ausbildungsberuf voraussetzen

  - **3-jährige Ausbildung erforderlich** (Entgeltgruppen 5 bis 8)

  Beschäftigte mit Tätigkeiten, die eine abgeschlossene Ausbildung in einem nach dem BBiG anerkannten Ausbildungsberuf mit einer Ausbildungsdauer von mindestens 3 Jahren voraussetzen.

  - **Fachhochschulabschluss/Bachelor erforderlich** (Entgeltgruppen 9 bis 12)

  Beschäftigte mit Tätigkeiten, die einen Fachhochschulabschluss voraussetzen.

  - **Wissenschaftlicher Hochschulabschluss/Master erforderlich** (Entgeltgruppen 13 bis 15)

  Beschäftigte mit Tätigkeiten, die einen Abschluss an einer wissenschaftlichen Hochschule voraussetzen.

  Die vier Qualifikationsebenen beginnen jeweils mit einer „**Einstiegsentgeltgruppe**". Innerhalb der jeweiligen Qualifikationsebenen wird es **Heraushebungsentgeltgruppen** mit höheren inhaltlichen Anforderungen geben. Als Bewertungskomponenten kommen in Betracht:

  - Vielseitigkeit
  - Schwierigkeit
  - Verantwortung (Führung/Sach- und Finanzmittel)
  - Selbständigkeit
  - Belastungen und Kundenkontakt

  Über die Bedeutung und das Gewicht von Gewerkschaftsseite vorgeschlagener weiterer Komponenten wie z. B. „Sozialkompetenz", „Stress", „Einfühlungsvermögen" muss noch verhandelt werden.

- Die Eingruppierungsmerkmale der einzelnen Entgeltgruppen sollen durch **abstrakte Oberbegriffe** definiert und durch **typische Beispiele** ergänzt werden. Des Weiteren wird es für bestimmte Tätigkeitsbereiche „**ferner**"-**Merkmale** geben. Verdeutlicht wird dies am Einigungsstand der Entgeltgruppe 1 und an der Grundsatzeinigung hinsichtlich der Entgeltgruppe 5.

> **Einigungsstand Entgeltgruppe 1**
>
> **Beschäftigte mit einfachsten Tätigkeiten**, z. B.
> - Essens- und Getränkeausgeber/innen
> - Garderobenpersonal
> - Spülen und Gemüse putzen und sonstige Tätigkeiten im Haus- und Küchenbereich
> - Reiniger/innen in Außenbereichen wie Höfe, Wege, Grünanlagen, Parks
> - Wärter/innen von Bedürfnisanstalten
> - Servierer/innen
> - Hausarbeiter/innen
> - Hausgehilfe/Hausgehilfin
> - Bote/Botin (ohne Aufsichtsfunktion)
>
> Ergänzungen können durch landesbezirklichen Tarifvertrag – für den Bund durch Tarifvertrag auf Bundesebene – geregelt werden.
>
> **Einigungstand Entgeltgruppe 5 (Eckeingruppierung)**
> 1. Beschäftigte mit Tätigkeiten, die eine abgeschlossene Ausbildung in einem nach dem **BBiG** anerkannten Ausbildungsberuf mit einer Ausbildungsdauer von mindestens 3 Jahren voraussetzen.
> (Dem BBiG stehen die entsprechenden Bestimmungen der **Handwerksordnung** gleich. Die Ausbildungsvoraussetzungen gelten durch den erfolgreichen Abschluss der **ersten Prüfung** oder des **Verwaltungslehrgangs I** als erfüllt.)
> sowie
> 2. Beschäftigte, die **ohne diese Ausbildung aufgrund entsprechender Fähigkeiten diese oder gleichwertige Tätigkeiten ausüben**
>
> **Protokollerklärung zu Ziff. 1:**
> *Die mindestens 2 ½-jährigen Ausbildungen nach altem Recht sind gleichgestellt.*
> **Niederschriftserklärung zu Ziff. 1:**
> *Die Tarifvertragsparteien verpflichten sich, den Anpassungsbedarf bei Änderungen der gesetzlichen Ausbildungsregelungen insbesondere bezüglich der Ausbildungsdauer zu prüfen und ggf. anzupassen. Bis zu einer anderweitigen Regelung gilt das bestehende Tarifrecht fort.*
>
> **Protokollerklärung zu Ziff. 2:**
> *Entsprechende Fähigkeiten im Sinne der Ziff. 2 müssen sich nicht auf die gesamte Breite und Tiefe des im Rahmen der vorausgesetzten Ausbildung vermittelnden fachlichen Wissens und Könnens beziehen, sondern auf den Teil, der für diese oder gleichwertige Tätigkeiten erforderlich ist.*

- Der „sonstige Angestellte" nach bisherigem Recht wird mit der neuen Entgeltordnung **in allen Qualifikationsebenen** und **für alle beschäftigten Gruppen** eingeführt. Aus der oben angeführten Protokollerklärung zu Ziff. 2 ergibt sich, dass die **geforderte Verwendungsbreite** gegenüber der bisherigen Rechtslage **reduziert wird und künftig tätigkeitsbezogen bestimmt ist**. Damit kann es mit Einführung der Entgeltordnung zu Anpassungen in Form von Höhergruppierungen kommen.

**Vorläufige Fortgeltung der bisherigen Eingruppierungsvorschriften (Abs.1)**

In der Zwischenphase zwischen In-Kraft-Treten des TVöD am 1. Oktober 2005 und (voraussichtlichem) In-Kraft-Treten der neuen Entgeltordnung am 1.Januar 2007 finden die bisherigen Eingruppierungs- bzw. Einreihungsvorschriften gemäß den §§ 22, 23, 25 BAT und Anlage 3 BAT, §§ 22, 23 BAT-O/BAT-Ostdeutsche Sparkassen einschließlich der Vergütungsordnung sowie die landesbezirklichen Lohngruppenverzeichnisse gemäß Rahmentarifvertrag zu § 20 BMT-G und des Tarifvertrages zu § 20 Abs. 1 BMT-G-O (Lohngruppenverzeichnis) über den 30. September 2005 weiterhin Anwendung. In gleicher Weise gilt für Angestellte im kommunalen feuerwehrtechnischen Dienst die Nr. 2a SR x i. V. m. § 11 Satz 2 BAT/BAT-O fort. Diese Regelungen finden auf übergeleitete und ab dem 1. Oktober 2005 neu eingestellte Beschäftigte im jeweiligen bisherigen Geltungsbereich nach Maßgabe dieses Tarifvertrages Anwendung. An die Stelle der Begriffe „Vergütung" und „Lohn" tritt der Begriff „Entgelt".

Dies hat zur Folge, dass die in der **Vergütungsordnung enthaltenen Zulagen** zunächst weiter gewährt werden, es sei denn im TVÜ – VKA ist etwas Abweichendes geregelt. Weiter gewährt werden sonach z. B. **folgende Zulagen**:

- Heimzulage für Angestellte im Sozial und Erziehungsdienst
- Zulagen nach Nr. 1 der Protokollerklärungen in Anlage 1b Unterabschnitt A (Krankenanstalten) wie Unterabschnitt B (Altenheime), wie z. B. Intensivzulage, Pflege von gelähmten Patienten, Pflege von Kranken in geriatrischen Abteilungen.

Abweichendes geregelt **ist hinsichtlich der** Vergütungsgruppenzulagen.[17]

Trotz Fortgelten der Anlagen 1a und 1b entfallen dennoch ab 1. Oktober 2005 die Tätigkeits- und Bewährungs- und Fallgruppenaufstiege.[18]

**Ausnahmen von der Anwendung der bisherigen Eingruppierungsvorschriften bei Neueinstellungen ab dem 1. Oktober 2005 (Abs. 2)**

In **zwei Ausnahmefällen** erfolgt die Eingruppierung **nicht** nach den bisherigen Eingruppierungsvorschriften:

- **Die Neueinstellungen in der Entgeltgruppe 1 erfolgen originär.** Dies beruht darauf, dass diese um ca. 19 % unter dem bisherigen Lohnniveau angesiedelte Entgeltgruppe neu geschaffen wurde.

- Neueinstellungen im Bereich der bisherigen Vergütungsgruppe I **der Vergütungsordnung zum BAT/BAT-O/BAT-Ostdeutsche Sparkassen erfolgen außertariflich, weil dieser Bereich in der Entgeltordnung nicht mehr abgebildet ist.**

**Vorläufigkeit der Eingruppierungen (Abs. 3)**

Alle Eingruppierungsvorgänge – Eingruppierung bei Neueinstellungen wie Umgruppierungen **zwischen dem 1. Oktober 2005 und dem In-Kraft-Treten der neuen Entgeltordnung** haben gemäß § 17 Abs. 3 TVÜ-VKA **nur vorläufigen Charakter** und **begründen weder Besitzstände noch Vertrauensschutz**.

Dies gilt nicht bei **Neueinstellungen in Entgeltgruppe 1**. Diese sind endgültig. Des Weiteren sind von der Vorläufigkeit nicht erfasst **die erstmaligen Zuordnungen der Entgeltgruppen bei den übergeleiteten Beschäftigten**, da sie nicht „zwischen" dem 1. Oktober und dem In-Kraft-Treten der neuen Entgeltordnung erfolgen sondern „zum" 1. Oktober.

**Bei den Umgruppierungen wird Vertrauensschutz gewährt** hinsichtlich der in der Zwischenzeit erfolgten Höhergruppierungen **aufgrund ausstehender Fallgruppen- oder Bewährungsaufstiege** gemäß § 8 Abs.1 Satz 1 und 2 in den Entgeltgruppen 3, 5, 6, oder 8. Diese Höhergruppierungen von Beschäftigten, die am Stichtag bereits 50 % der erforderlichen Zeit der Bewährung oder Tätigkeit erfüllt haben, beruht ihrerseits auf Gewährung von Bestandsschutz, der nicht nachträglich in Frage gestellt werden soll. Nicht ausdrücklich geregelt ist der Fall, dass der individuelle Aufstiegszeitpunkt bis zum In-Kraft-Treten der Entgeltordnung noch nicht erreicht worden ist, die Höhergruppierung

---

[17] Siehe näher hierzu die Darlegungen zu § 9 TVÜ-VKA sowie unten bei § 17 TVÜ-VKA, 4.1.
[18] Siehe hierzu die Darlegungen zu den §§ 8 und 9 TVÜ-VKA sowie unten bei § 17 VKA-TVÜ unter Punkt VI (XXX).

also noch aussteht. Aus Sinn und Zeck der Regelung ergibt sich aber, dass der Aufstieg auch in diesem Fall weiterhin zu gewähren ist. Nicht erfasst vom Vertrauensschutz sind die ausstehenden Aufstiege in den Entgeltgruppen 2 sowie 9 bis 15 gemäß § 8 Abs. 2 TVÜ. Dies war auch nicht erforderlich, weil bei der dortigen Regelung die Eingruppierung nicht berührt wird, sondern sich der Aufstieg lediglich in einem höheren Vergleichsentgelt auswirkt und allenfalls einen Stufenaufstieg innerhalb der Entgeltgruppe zur Folge hat.

**Anpassungen der Eingruppierung aufgrund der neuen Entgeltordnung (Abs. 4)**
Mit In-Kraft-Treten der neuen Entgeltordnung sind die Eingruppierungen der neu ab dem 1. Oktober eingestellten Beschäftigten sowie sämtliche Umgruppierungen nach dem 1. Oktober 2005 dahingehend zu überprüfen, ob sie mit der Wertung der neuen Entgeltordnung übereinstimmen. Sollte dies nicht der Fall sein, sind die Eingruppierungen/Umgruppierungen der neuen Entgeltordnung anzupassen. Diese Anpassungen erfolgen nur für die Zukunft. Die Anpassung kann in Form einer Höhergruppierung – z. B. aufgrund der Weiterfassung des Begriffs des „sonstigen" Beschäftigten wie einer Rückgruppierung erfolgen. Die Darlegungs- und Beweislast bei einer Rückgruppierung obliegt dem Arbeitgeber. Bei einer Rückgruppierung wird Bestandsschutz gewährt, indem die finanziellen Nachteile durch eine nicht dynamische Besitzstandszulage ausgeglichen werden, so lange die Tätigkeit ausgeübt wird. Diese Besitstandzulage bleibt unverändert bis zum 30. September 2008. Danach ist zu unterscheiden zwischen den am Stichtag übergeleiteten Beschäftigten, die allerdings nur bezüglich einer Umgruppierung betroffen sein können, und den nach dem 1. Oktober 2005 neu eingestellten Beschäftigten.

**Bei den übergeleiteten Beschäftigten** vermindert sich die Besitzstandszulage bei jedem Stufenaufstieg nach dem 30. September 2008 um die **Hälfte des Unterschiedsbetrages** zwischen der bisherigen und der neuen Stufe.

**Bei Neueinstellungen** nach dem 30. September 2005 vermindert sie sich bei jedem Stufenaufstieg nach dem 30. September 2008 um den **vollen Unterschiedsbetrag** zwischen der bisherigen und der neuen Stufe.

Eine **Besonderheit** ist im Hinblick auf die Problematik des § 2 Abs. 4 des Rahmentarifvertrages zu § 20 Abs. 1 BMT-G (Eckeingruppierung in Lohngruppe 5 Fallgruppe 1 im Bereich des Kommunalen Arbeitgeberverbandes Nordrhein-Westfalen) in einer Protokollerklärung zu § 17 Abs.4 geregelt. Danach gelten die obigen Darlegungen mit folgenden Maßgaben:

- Neueinstellungen werden anstelle der Entgeltgruppe 5 zunächst der Entgeltgruppe 6 zugeordnet.
- Über deren endgültige Zuordnung wird im Rahmen der Verhandlungen über die neue Entgeltordnung entschieden, die insoweit zunächst auf landesbezirklicher Ebene geführt werden.

Die Regelung über die Anpassung erfasst lediglich den Fall, dass eine tariflich zutreffend erfolgte Eingruppierung oder Umgruppierung mit der neuen Entgeltordnung nicht im Einklang steht und daher die Ein- bzw. Umgruppierung entsprechend der Wertung der neuen Entgeltordnung verändert werden muss. Hiervon nicht erfasst ist der Fall einer versehentlich tariflich unrichtig erfolgten Ein- bzw. Umgruppierung. In derartigen Fällen ist wie bisher auch eine korrigierende Rückgruppierung oder Höhergruppierung möglich. Dies gilt auch in dem Fall, dass bei einem übergeleiteten Beschäftigten die der Zuordnung zugrunde gelegte Eingruppierung versehentlich tariflich unzutreffend war.

## Beispiel

Ein Beschäftigter war am 30. September 2005 in der Vergütungsgruppe Vc eingruppiert. Demzufolge wird er der Entgeltgruppe 8 zugeordnet. Es stellt sich nachträglich heraus, dass die Eingruppierung versehentlich unrichtig war. Tariflich zutreffend wäre die Eingruppierung in Vergütungsgruppe VIb gewesen. Unter Zugrundelegung der Grundsätze einer korrigierenden Rückgruppierung kann die Zuordnung korrigiert werden. Der Beschäftigte wird ohne Zahlung einer Besitzstandzulage der Entgeltgruppe 6 zugeordnet. Zu prüfen wäre hier noch, ob Besitzstand bezüglich eines Aufstiegs zu berücksichtigen ist.

Wäre die Eingruppierung in Vb ohne Aufstieg in IVb zutreffend gewesen, wäre die Zuordnung in Entgeltgruppe 9 zu korrigieren.

**Bewährungs-, Fallgruppen- und Tätigkeitsaufstiege (Abs. 5)**
Bei **Neueinstellungen** ab dem 1.Oktober 2005 finden Bewährungs-, Fallgruppen- und Tätigkeitsaufstiege nicht mehr statt.

Bei **übergeleiteten Beschäftigten** erfolgen noch weiterhin Aufstiege in den in §§ 8 und 9 angeführten Fällen aus Gründen des Bestandsschutzes.[19]

**Vergütungsgruppenzulagen (Abs. 5)**
Grundsätzlich besteht **bei einer ab dem 1. Oktober 2005 erfolgten Neuübertragung einer einen Anspruch auf eine Vergütungsgruppenzulage begründenden Tätigkeit** – gleichgültig ob bei einem neu eingestellten oder übergeleiteten Beschäftigten **kein Anspruch auf Gewährung einer Vergütungsgruppenzulage**.

**Eine Ausnahme** besteht, wenn dem Tätigkeitsmerkmal einer Vergütungsgruppe der Allgemeinen Vergütungsordnung (Anlage 1a zum BAT) eine Vergütungsgruppenzulage zugeordnet ist, die **unmittelbar** mit Übertragung der Tätigkeit zusteht. Hintergrund dieser Ausnahmeregelung ist, dass in diesen Fällen das Entgeltniveau für diese Tätigkeit sich erst aus der Gesamtschau von Grundvergütung und Zulage ergibt. In diesen Fällen wollten die Tarifvertragsparteien eine an sich angezeigte höhere Eingruppierung vermeiden und haben als Ausgleich stattdessen eine Zulage gewährt. So z. B. bei Angestellten im Schreibdienst in Anlage 1a Teil II Abschnitt N oder Leiter von Kindertagesstätten in Vergütungsgruppe Vc, FGr. 10 (VKA).

Da die Überleitung in die Entgeltgruppe sich nach der Vergütungsgruppe ausrichtet, würde nun ein Teil des Entgelts für diese Tätigkeit unberücksichtigt bleiben, die Tätigkeit also schlechter bezahlt werden. Daher wird bei schon bestehender Übertragung der anspruchsbegründenden Tätigkeit am Stichtag bei den übergeleiteten Beschäftigten durch Fortzahlung oder späteren Erhalt der Zulage gemäß § 9 TVÜ-VKA Bestandsschutz gewährt[20]. Aber auch bei einer Neuübertragung der Tätigkeit nach dem Stichtag stellt sich die Situation dergestalt dar, dass das Entgelt der Entgeltgruppe nur einen Teil des Entgeltniveaus für diese Tätigkeit abbildet. Daher wird in diesen Fällen **auch bei Neuübertragung der anspruchsbegründenden Tätigkeit eine Vergütungsgruppenzulage** als Besitzstandszulage in der bisherigen Höhe gezahlt. Insofern gilt der TVÜ-VKA auch für **Neueinstellungen**. Voraussetzung ist, dass die anspruchsbegründende Tätigkeit ununterbrochen ausgeübt wird und die sonstigen Voraussetzungen für die Vergütungsgruppenzulage nach bisherigem Recht weiterhin bestehen. Sie verändert sich bei allgemeinen Entgeltanpassungen um den von den Tarifvertragsparteien für die jeweilige Entgeltgruppe festgelegten Vomhundertsatz.

Diese Vergütungsgruppenzulage hat nur **vorläufigen Charakter**. Sie wird gewährt bis zum In-Kraft-Treten der neuen Entgeltordnung, längstens bis zum 31. Dezember 2007.

**Techniker -, Meister- und Programmiererzulage (Abs. 6)**
Techniker -, Meister- und Programmiererzulage entfallen.

---

[19] Vgl. hierzu die Darlegungen zu den §§ 8, 9 TVÜ-VKA.
[20] Vgl. hierzu näher die Darlegungen zu § 9 TVÜ-VKA.

Die Neuregelungen im Einzelnen

Am **Stichtag 30. September 2005** gewährte Zulagen werden als **Besitzstandszulage** weiter gewährt. Auch bei Neuübertragung einer nach den bisherigen tariflichen Regelungen anspruchsbegründenden Tätigkeit wird eine entsprechende Zulage bis zum In-Kraft-Treten der neuen Entgeltordnung „längstens bis zum 31.Dezember 2007" gewährt, soweit die Anspruchsvoraussetzungen nach bisherigem Tarifrecht erfüllt sind.

**Eingruppierung bei Neueinstellungen ab dem 1. Oktober 2005 (Abs. 7)**
Werden ab dem 1. Oktober 2005 Beschäftigte neu eingestellt, ist wie folgt zu verfahren:

**Vorgehen bei Neueinstellungen**

**Erster Schritt:** Ab dem 1. Oktober neu eingestellte Beschäftigte sind zunächst nach den bisherigen Eingruppierungsvorschriften und nach dem bisherigen Bewertungsverfahren in das System der Vergütungsordnung bzw. Lohngruppenverzeichnisses einzureihen.

**Zweiter Schritt:** Anschließend werden sie sofort in den TVöD übergeleitet, indem die Vergütungsgruppe bzw. Lohngruppe einer Entgeltgruppe zugeordnet wird. Diese Zuordnung erfolgt nicht nach derselben Zuordnungstabelle wie bei bereits am Stichtag vorhandenen Beschäftigten (Anlage 1 zum TVÜ), sondern nach einer eigenen Zuordnungstabelle in Anlage 3. Diese ist ähnlich gestaltet wie die Anlage 1.

**Beispiel**

Ein lediger 27-jähriger Absolvent einer Fachhochschule für die öffentliche Verwaltung wird nach Abschluss seines Studiums am 1. Januar 2006 von einer Gemeinde in einer Tätigkeit von Vergütungsgruppe Vb, FGr.1 BAT eingestellt. Seine Vergütung nach BAT würde sich wie folgt gestalten.

| | |
|---|---|
| Grundvergütung | 1.713,03 EUR |
| Ortszuschlag | 502,36 EUR |
| Allgemeine Zulage | 114,60 EUR |
| | 2.329, 99 EUR |

Diese Vergütung spielt nunmehr aber keine Rolle mehr. Er wird vielmehr nach § 22 BAT eingruppiert in Vb und sofort nach der Anlage 3 des TVÜ-VKA der Entgeltgruppe 9 zugeordnet. Er erhält zunächst für ein Jahr das Entgelt aus der Stufe 1 i. H. v. 2.061 EUR.

Nach einem Jahr erhält er 2.290 EUR. In die Stufe 5 gelangt er erst nach 9 Jahren in der Stufe 4. Die Stufe 5 ist zugleich Endstufe.

In der **Protokollerklärung** zu Abs. 7 wird hinsichtlich der **Eingruppierung der Lehrkräfte eine Sonderregelung** getroffen. Aus dem Verweis auf die Protokollerklärung zu § 4 Abs. 1 TVÜ-VKA ergibt sich, dass die neu eingestellten Lehrkräfte bis auf Weiteres nicht einer Entgeltgruppe zugeordnet werden. Vielmehr werden sie auf der Grundlage des bisherigen Rechts eingruppiert und auch vergütet. Die Vergütung erfolgt als zu verrechnender Abschlag auf das Entgelt, das dem Beschäftigten nach der noch zu treffenden tariflichen Regelung zusteht.

**Eingruppierung in Entgeltgruppe 13 (Abs. 8)**
Die Einstiegsentgeltgruppe bei einem Wissenschaftlichen Hochschulabschluss/Master ist die Entgeltgruppe 13. Bei der Überleitung wurden die vorhandenen Beschäftigten der Vergütungsgruppe II mit ausstehendem Aufstieg nach Vergütungsgruppe Ib der Entgeltgruppe 14 zugeordnet. Dies woll-

ten die Arbeitgeber bei Neueinstellungen vermeiden. Denn grundsätzlich sollen alle Neueinstellungen in einer Tätigkeit dieser Wertigkeit der Einstiegsentgeltgruppe zugeordnet werden. Dies hätte jedoch nach Auffassung der Gewerkschaftsseite im Hinblick auf die Tätigkeiten, bei denen ein Aufstieg nach Ib vorgesehen ist, z. B. bei den Ärzten, zu Unzuträglichkeiten geführt, da die Wertigkeit dieser Tätigkeit in der Entgeltgrupp 13 nicht hinreichend zum Ausdruck kommt. Eine generelle Zuordnung zur Entgeltgruppe 14 lehnte die Arbeitgeberseite jedoch ab, da Heraushebungsmerkmale noch nicht entwickelt sind und eine Präjudizierung vermieden werden soll. Die Regelung in Abs. 8 stellt einen Kompromiss zwischen diesen beiden Positionen dar. Sie gilt für alle Neueinstellungen ab dem 1. Oktober 2005 und für alle ab diesem Zeitpunkt erfolgten Umgruppierungen. Die Beschäftigten, die zwischen dem 1. Oktober 2005 und dem In-Kraft-Treten der neuen Entgeltordnung in Entgeltgruppe 13 eingruppiert werden und die nach der allgemeinen Vergütungsordnung (Anlage 1a) in Vergütungsgruppe II BAT/BAT-O/BAT-Ostdeutsche Sparkassen mit fünf- bzw. sechsjährigem Aufstieg nach Vergütungsgruppe Ib BAT/BAT-O/BAT-Ostdeutsche Sparkassen eingruppiert wären, erhalten eine **persönliche Zulage** in Höhe des Unterschiedsbetrages zwischen dem Entgelt ihrer Stufe nach Entgeltgruppe 13 und der entsprechenden Stufe der Entgeltgruppe 14. Erfasst werden auch Fallgruppen der Vergütungsgruppe Ib BAT/BAT-O/BAT-Ostdeutsche Sparkassen, deren Tätigkeitsmerkmale eine bestimmte Tätigkeitsdauer voraussetzen.

Die Zulage wird gewährt bis zum In-Kraft-Treten der neuen Entgeltordnung, längstens aber bis zum 31. Dezember 2007.

**Betroffen von dieser Regelung sind z. B. Ärzte, Zahnärzte, Tierärzte, Apotheker.**

In einer **Niederschriftserklärung** haben die Tarifvertragsparteien hierzu festgestellt, dass mit dieser Regelung keine Entscheidung über die Zuordnung und den Fortbestand/Besitzstand der Zulage im Rahmen der neuen Entgeltordnung verbunden ist.

### Vorarbeiter-, Vorhandwerker- und Fachvorarbeiterzulage (Abs. 9)

Für die **übergeleiteten Beschäftigten** gelten bis zum In-Kraft-Treten der Eingruppierungsvorschriften des TVöD für Vorarbeiter/innen und Vorhandwerker/innen, Fachvorarbeiter/innen und vergleichbare Beschäftigte die bisherigen landesbezirklichen Regelungen und die Regelungen in Anlage 3 Teil I des Tarifvertrages zu § 20 Abs. 1 BMT-G-O (Lohngruppenverzeichnis) im bisherigen Geltungsbereich fort. Das bedeutet: Etwaige am Stichtag gewährte Zulagen werden weitergewährt.

Desgleichen wird die Zulage gewährt bei einer nach dem Stichtag erfolgten Übertragung einer anspruchsbegründenden Tätigkeit an übergeleitete wie danach neu eingestellte Beschäftigte.

Abs. 9 Satz 1 gilt für Lehrgesellen entsprechend, soweit hierfür besondere tarifliche Regelungen vereinbart sind.

### Eingruppierung nach besonderen tariflichen Normen (Abs. 10)

In Abs. 10 wird klargestellt, dass die Regelungen des § 17 für besondere tarifliche Vorschriften über die Eingruppierung entsprechend gelten.

### Protokollerklärung zu § 17

Die Protokollerklärung enthält zunächst einmal eine lediglich schuldrechtlich wirkende Verpflichtungserklärung hinsichtlich der noch zu verhandelnden Entgeltordnung.

Für den Fall, dass bis zum 31. Dezember 2007 doch keine einvernehmliche Lösung in der angesprochenen Frage zustande kommt, wird schon jetzt eine normative Regelung getroffen. Ab dem 1. Januar 2008 werden bis zum In-Kraft-Treten der Entgeltordnung alle neu einzugruppierenden

Beschäftigten mit Fachhochschulabschluss nach den jeweiligen Regeln der Entgeltgruppe 9 zu „Vb BAT ohne Aufstieg nach IVb (mit und ohne FH-Abschluss)" eingruppiert.

#### 4.1.2.2 TVÜ-Bund

Die obigen Darlegungen gelten im Bereich des Bundes entsprechend.

### 4.2 Vorübergehende Übertragung einer höherwertigen Tätigkeit nach dem 30. September 2005

#### 4.2.1 Tariftext TVÜ-VKA

§ 18
Vorübergehende Übertragung
einer höherwertigen Tätigkeit nach dem 30. September 2005

(1) [1]Wird aus dem Geltungsbereich des BAT/BAT-O/BAT-Ostdeutsche Sparkassen übergeleiteten Beschäftigten in der Zeit zwischen dem 1. Oktober 2005 und dem 30. September 2007 erstmalig außerhalb von § 10 eine höherwertige Tätigkeit vorübergehend übertragen, findet der TVöD Anwendung. [2]Ist die/der Beschäftigte in eine individuelle Zwischenstufe übergeleitet worden, gilt für die Bemessung der persönlichen Zulage § 6 Abs. 2 Satz 1 und 2 entsprechend. [3]Bei Überleitung in eine individuelle Endstufe gilt § 6 Abs. 3 Satz 2 entsprechend. [4]In den Fällen des § 6 Abs. 4 bestimmt sich die Höhe der Zulage nach den Vorschriften des TVöD über die vorübergehende Übertragung einer höherwertigen Tätigkeit.

(2) Wird aus dem Geltungsbereich des BMT-G/BMT-G-O übergeleiteten Beschäftigten nach dem 30. September 2005 erstmalig außerhalb von § 10 eine höherwertige Tätigkeit vorübergehend übertragen, gelten bis zum In-Kraft-Treten eines Tarifvertrages über eine persönliche Zulage die bisherigen bezirklichen Regelungen gemäß § 9 Abs. 3 BMT-G und nach Anlage 3 Teil I. des Tarifvertrages zu § 20 Abs. 1 BMT-G-O (Lohngruppenverzeichnis) im bisherigen Geltungsbereich mit der Maßgabe entsprechend, dass sich die Höhe der Zulage nach dem TVöD richtet.

(3) Bis zum In-Kraft-Treten der Eingruppierungsvorschriften des TVöD gilt – auch für Beschäftigte im Sinne des § 1 Abs. 2 – die Regelung des TVöD zur vorübergehenden Übertragung einer höherwertigen Tätigkeit mit der Maßgabe, dass sich die Voraussetzungen für die übertragene höherwertige Tätigkeit nach § 22 Abs. 2 BAT/BAT-O bzw. den entsprechenden Regelungen für Arbeiter bestimmen.

(4) Die Absätze 1 und 3 gelten in Fällen des § 2 der Anlage 3 zum BAT entsprechend. An die Stelle der Begriffe Grundvergütung, Vergütungsgruppe und Vergütung treten die Begriffe Entgelt und Entgeltgruppe.

Niederschriftserklärungen zu § 18:

1. [1]Abweichend von der Grundsatzregelung des TVöD über eine persönliche Zulage bei vorübergehender Übertragung einer höherwertigen Tätigkeit ist durch einen landesbezirklichen Tarifvertrag im Rahmen eines Katalogs, der die hierfür in Frage kommenden Tätigkeiten aufführt, zu bestimmen, dass die Voraussetzung für die Zahlung einer persönlichen Zulagen bereits erfüllt ist, wenn die vorübergehende übertragene Tätigkeit mindestens drei Arbeitstage angedauert hat und der/die Beschäftigte ab dem ersten Tag der Vertretung in Anspruch genommen ist. [2]Die landesbezirklichen Tarifverträge sollen spätestens am 1. Juli 2007 in Kraft treten.

2. **Die Niederschriftserklärung zu § 10 Abs. 1 und 2 gilt entsprechend.**

### 4.2.2 Regelungsinhalt

#### 4.2.2.1 TVÜ-VKA

**Übersicht**

§ 10 TVÜ-VKA regelt den Fall, dass **am Stichtag** der Überleitung die höherwertige Tätigkeit bereits übertragen worden ist.

Wird einem ab dem 1. Oktober 2005 **neu eingestellten Beschäftigten** eine höherwertige Tätigkeit vorübergehend übertragen, findet unmittelbar der TVöD Anwendung.

§ 18 regelt die Fälle, dass einem **übergeleiteten Beschäftigten nach dem Stichtag** bis zum 30. September 2007 die höherwertige Tätigkeit vorübergehend übertragen wird. Obgleich hier grundsätzlich der TVöD zur Anwendung kommt, war eine gesonderte Regelung erforderlich, weil aufgrund der Überführung in eine individuelle Zwischenstufe die Ausgangsbasis von der allgemeinen Regelung TVöD abweicht.

**Vorübergehende Übertragung einer höherwertigen Tätigkeit auf einen Angestellten (Abs. 1)**
Ist einem übergeleiteten Angestellten **in der Zeit zwischen dem 1. Oktober 2005 und dem 30. September 2007 erstmalig** eine höherwertige Tätigkeit vorübergehend übertragen worden, findet der TVöD Anwendung wie folgt:

Ist der Beschäftigte in eine **individuelle Zwischenstufe** übergeleitet worden, so bemisst sich die persönliche Zulage aus der Differenz zwischen dem Entgelt der regulären Stufe in der höheren Entgeltgruppe, deren Betrag mindestens der individuellen Zwischenstufe entspricht, und dem Entgelt der individuellen Zwischenstufe. Sie ist jedoch nicht geringer als die Differenz zwischen der bisherigen individuellen Zwischenstufe und dem Entgelt der Stufe 2.

Ist der Beschäftigte in eine **individuelle Endstufe** übergeleitet worden, bemisst sich die persönliche Zulage nach der Differenz der regulären Stufe in der höheren Entgeltgruppe, deren Betrag mindestens der individuellen Endstufe entspricht, und dem Entgelt der individuellen Endstufe, mindestens jedoch nach der Differenz der Stufe 2 zu der bisherigen individuellen Endstufe.

Ist der Beschäftigte **in die reguläre Stufe 2** übergeleitet worden, richtet sich die Höhe der Zulage nach den Vorschriften des TVöD über die vorübergehende Übertragung einer höherwertigen Tätigkeit. Das heißt, sie bemisst sich aus dem Unterschiedsbetrag zwischen der bisherigen Entgeltgruppe und Stufe und mindestens der Stufe 2 der Entgeltgruppe, die dem Beschäftigten zustehen würde, wenn er in die Entgeltgruppe des Vertretenen höhergruppiert worden wäre.

### Beispiel 1

Angestellter im Innendienst, IVa, Fgr. 1a, verheiratet, Ehefrau nicht im öffentlichen Dienst, BAT-VKA, Stufe 9:

| | |
|---:|:---|
| 2.703,56 EUR | Grundvergütung |
| 609,26 EUR | Ortszuschlag Stufe 2 |
| 114,60 EUR | Allgemeine Zulage |
| 3.427,42 EUR | Vergleichsentgelt |

Der Beschäftigte wird übergeleitet in die Entgeltgruppe 10. Ihm werden im November 2005 vorübergehend höherwertige Tätigkeiten der Entgeltgruppe 11 übertragen. Die reguläre Stufe in der

Entgeltgruppe 11, deren Betrag mindestens der individuellen Zwischenstufe entspricht, ist die Stufe 5 mit einem Entgelt von 3.635 EUR. Die Zulage beträgt sonach 207,58 EUR.

## Beispiel 2

Arzthelferin, VII, Fgr. 10, verheiratet, Ehegatte nicht im öffentlichen Dienst, BAT-VKA, Stufe 9:

| | |
|---|---|
| 1.529,32 EUR | Grundvergütung |
| 575,03 EUR | Ortszuschlag Stufe 2 |
| 107,44 EUR | Allgemeine Zulage |
| 2.211,79 EUR | Vergleichsentgelt |

Die Beschäftigte wird übergeleitet in die Entgeltgruppe 5 in eine individuelle Endstufe. Ihr werden im November 2005 vorübergehend höherwertige Tätigkeiten der Entgeltgruppe 6 übertragen. Die reguläre Stufe in der Entgeltgruppe 6, deren Betrag mindestens der individuellen Endstufe entspricht, ist die Stufe 5 mit einem Entgelt von 2.220 EUR. Die Zulage beträgt sonach 8,21 EUR.

Erfolgt die Übertragung der höherwertigen Tätigkeit **ab dem 1. Oktober 2007**, findet uneingeschränkt der TVöD Anwendung. Die persönliche Zulage bemisst sich aus dem Unterschiedsbetrag zwischen der bisherigen Entgeltgruppe und Stufe und **mindestens der Stufe 2** der Entgeltgruppe, die dem Beschäftigten zustehen würde, wenn er in die Entgeltgruppe des/der Vertretenen höhergruppiert worden wäre. Liegt das bisherige Entgelt des Beschäftigten über der Stufe 2 der Entgeltgruppe des Vertretenen, so ist die Stufe maßgeblich, die mindestens dem bisherigen Entgelt entspricht. Steht die Zulage nicht für einen vollen Kalendermonat zu, erhält er für jeden Kalendertag der Übertragung 1/30 der Zulage.

**Vorübergehende Übertragung einer höherwertigen Tätigkeit auf einen Arbeiter (Abs. 2)**
**Im Arbeiterbereich** gelten die bisherigen bezirkstariflichen Regelungen weiter bis zum In-Kraft-Treten eines Tarifvertrages über eine persönliche Zulage. Allerdings richtet sich hier die Höhe der Zulage unmittelbar nach dem TVöD. Diesbezüglich wird auf die Ausführungen im vorherigen Absatz verwiesen.

**Definition der höherwertigen Tätigkeit (Abs. 3)**
Hinsichtlich der Frage, ob es sich bei der vorübergehend übertragenen Tätigkeit auch um eine **höherwertige im tariflichen Sinne** handelt, ist bis zum In-Kraft-Treten der neuen Entgeltordnung die Regelung in § 22 Abs. 2 BAT/BAT-O maßgebend, für die (ehemaligen) Arbeiter die entsprechenden bezirkstariflichen Regelungen.

**Niederschriftserklärung zu § 18**
Darüber hinaus haben sich die Tarifvertragsparteien verpflichtet, spätestens am 1. Juli 2007 in einem landesbezirklichen Tarifvertrag bzw. in einem Tarifvertrag für den Bund in einem Katalog bestimmte Tätigkeiten aufzuführen, bei denen die Voraussetzung für die Zahlung einer persönlichen Zulagen bereits erfüllt ist, wenn die vorübergehende übertragene Tätigkeit mindestens drei Arbeitstage angedauert hat und der Beschäftigte ab dem ersten Tag der Vertretung in Anspruch genommen ist.

Diese Niederschriftserklärung bezieht sich auf den Arbeiterbereich

#### 4.2.2.2 TVÜ-Bund

Im **Bereich des Bundes** gelten entsprechende Regelungen.

## 4.3 Entgeltgruppen 2 Ü und 15 Ü

### 4.3.1 Tariftext TVÜ-VKA

§ 19
Entgeltgruppen 2 Ü und 15 Ü

(1) Zwischen dem 1. Oktober 2005 und dem In-Kraft-Treten der neuen Entgeltordnung gelten für Beschäftigte, die in die Entgeltgruppe 2 Ü übergeleitet oder in die Lohngruppen 1 mit Aufstieg nach 2 und 2a oder in die Lohngruppe 2 mit Aufstieg nach 2a eingestellt werden, folgende Tabellenwerte:

| Stufe 1 | Stufe 2 | Stufe 3 | Stufe 4 | Stufe 5 | Stufe 6 |
|---|---|---|---|---|---|
| 1.503 | 1.670 | 1.730 | 1.810 | 1.865 | 1.906 |

(2) [1]Übergeleitete Beschäftigte der Vergütungsgruppe I BAT/BAT-O/BAT-Ostdeutsche Sparkassen unterliegen dem TVöD. [2]Sie werden in die Entgeltgruppe 15 Ü mit folgenden Tabellenwerten übergeleitet:

| Stufe 2 | Stufe 3 | Stufe 4 | Stufe 5 | Stufe 6 |
|---|---|---|---|---|
| 4.330 | 4.805 | 5.255 | 5.555 | 5.625 |

[3]Die Verweildauer in den Stufen 2 bis 5 beträgt jeweils fünf Jahre.

(3) Die Regelungen des TVöD über die Bezahlung im Tarifgebiet Ost gelten entsprechend.

### 4.3.2 Regelungsinhalt

#### 4.3.2.1 TVÜ-VKA

**Überleitung in die Entgeltgruppe 2 Ü (Abs. 1)**
Die Regelung betrifft lediglich den **Arbeiterbereich** wie folgt:

Am 1. Oktober 2005 übergeleitete Arbeiter

| kommend aus | **Ist-Lohngruppe am Stichtag** | noch ausstehender Aufstieg nach | Entgeltgruppe | Bemerkungen |
|---|---|---|---|---|
| | 1 FGr.2 ➡ 2 | 2 FGr. 2 ➡ 2 a | | FGr. 2 Arbeiter mit einfachen Tätigkeiten Arbeiter LGr 1 FGr 2 nach 3 Jahr. Bewähr. |
| 1 FGr. 2 ➡ | **2 FGr.2** ➡ **2 „ferner"** ➡ | 2 a | 2 Ü | Arbeiter in einem „ferner"-Merkmal Arbeiter in einem „ferner"-Merkmal der LGr. 2 nach 4 jähr. Tätigkeit, |
| | **2 a** | 2 a | | Arbeiter LGr.1 FGr.2 nach 4-jähr. Tätigkeit. in LGr. 2, FGr. 2 |

Die Neuregelungen im Einzelnen

**Nach dem 1. Oktober 2005 eingestellte Arbeiter**

| Ist-Lohngruppe bei Einstellung | noch ausstehender Aufstieg nach | Entgeltgruppe |
|---|---|---|
| 1 FGr. 2 ➡ | 2 FGr.2 ➡ 2a | |
| 2 FGr. 2 ➡ | 2 a | 2 Ü |
| 2 „ferner" ➡ | 2 a | |

Hierdurch werden die 15 Entgeltgruppen für den Zeitraum bis zum In-Kraft-Treten der neuen Entgeltordnung **um eine weitere Entgeltgruppe erweitert**.

Die Regelung betrifft Arbeiter der Lohngruppe 1 Fallgruppe 2 mit einfachen Tätigkeiten, bei denen ein doppelter Aufstieg zunächst in Lohngruppe 2 Fallgruppe 2 nach 3 Jahren Bewährung und anschließend in Lohngruppe 2a nach weiteren 4 Jahren Bewährung vorgesehen ist. Diese Arbeiter stehen zwischen den Arbeitern mit einfachsten Tätigkeiten (LGr. 1, FGr. 1 mit Aufstieg in LGr. 1a nach 4 Jahren Bewährung) und Arbeitern mit Tätigkeiten, die eine eingehende fachliche Einarbeitung erfordern. Erstere werden übergeleitet in Entgeltgruppe 2, letztere in Entgeltgruppe 3. Die Arbeiter der Lohngruppe 1 Fallgruppe 2 liegen von ihrer Wertigkeit dazwischen und lassen sich nicht ohne Wertungsbrüche einer der beiden Entgeltgruppen zuordnen. Bei einer Zuordnung zur Entgeltgruppe 2 wäre zum Ausgleich von Expektanzverlusten ein Strukturausgleich erforderlich geworden, den man im Arbeiterbereich vermeiden wollte. Aufgrund dessen wurde für die Überleitung und die Übergangszeit eine eigene Entgeltgruppe geschaffen.

Des Weiteren betrifft diese Regelung aus den gleichen Gründen auch Arbeiter die originär in Lohngruppe 2 unter ein „ferner"-Merkmal fallen mit Aufstieg in Lohngruppe 2a nach vier Jahren.

**Überleitung in die Entgeltgruppe 15 Ü (Abs. 2)**
Hierdurch werden die 15 Entgeltgruppen für den Zeitraum bis zum In-Kraft-Treten der neuen Entgeltordnung noch um eine weitere Entgeltgruppe erweitert.

Diese Regelung betrifft Angestellte in BAT I. Sie betrifft gleichermaßen den **Bereich der VKA wie auch den Bund**. Allerdings sind die Tabellenwerte naturgemäß **unterschiedlich**.

| Entgelt- gruppe | Tabelle TVöD (West = 100 %) | | | | | | |
|---|---|---|---|---|---|---|---|
| | | Grundentgelt | | Entwicklungsstufen | | | |
| | | Stufe 1 | Stufe 2 | Stufe 3 | Stufe 4 | Stufe 5 | Stufe 6 |
| | Verweildauer | 5 Jahre | 5 Jahre | 5 Jahre | 5 Jahre | 5 Jahre | |
| 15 Ü | VKA | – | 4.330 | 4.805 | 5.255 | 5.555 | 5.625 |
| 15 Ü | Bund | 4.275 | 4.750 | 5.200 | 5.500 | 5.570 | |

Hintergrund der Regelung ist der Umstand, dass die Vergütungsgruppe BAT I nicht mehr im TVöD abgebildet ist. Ohne eigene Regelung wären die Angestellten in BAT I mit der Überleitung in den TVöD außerhalb des tariflich geregelten und damit auch geschützten Bereiches gewesen. Ihre Arbeitsbedingungen wären frei aushandelbar gewesen. Dies sollte verhindert werden. **Wer bislang im tariflich geregelten und damit geschützten Bereich war, soll auch weiterhin darin verbleiben.** Um dies zu erreichen, wird die zusätzliche Entgeltgruppe 15 Ü geschaffen. Die Überleitung erfolgt allerdings genau nach den gleichen Regeln wie bei den übrigen Angestellten. Es wird also zunächst in Höhe des Vergleichsentgelts eine individuelle Zwischenstufe gebildet, in welcher der Angestellte zunächst bis zum 31. September 2007 verbleibt. Anschließend rückt er auf in die reguläre Stufe. Der weitere Verlauf weicht jedoch von der Grundregelung der Entgelttabelle insofern ab, als die **Verweildauer jeweils 5 Jahre** beträgt. Diese Verweildauer kann jedoch bei erheblich über oder unter dem Durchschnitt liegenden Leistungen beschleunigt bzw. auch verlängert werden.

Im Bereich des Tarifgebietes Ost gelten die gemäß dem jeweiligen Bemessungssatz abgesenkten Tabellenwerte.

**Neueinstellungen** im Bereich des bisherigen BAT I fallen nicht mehr unter den TVöD. Deren Arbeitsbedingungen werden außertariflich geregelt.

#### 4.3.2.2 TVÜ-Bund

Die Regelung in Abs. 1 ist im TVÜ-Bund identisch. Die Regelung in Abs. 2 ist oben dargestellt.

## 4.4 Übergeleitete Beschäftigte mit Anspruch auf Beamtenversorgung

### 4.4.1 Tariftext TVÜ-VKA

§ 20

Übergeleitete Beschäftigte mit Anspruch auf Beamtenversorgung

Aus dem Geltungsbereich des BAT/BAT-O/BAT-Ostdeutsche Sparkassen übergeleitete Beschäftigte, denen nach ihrem Arbeitsvertrag ein Anspruch auf Versorgung nach beamtenrechtlichen Vorschriften zusteht, unterliegen dem TVöD.

### 4.4.2 Regelungsinhalt

#### 4.4.2.1 TVÜ-VKA

Der TVöD wird eine Regelung enthalten, wonach Beschäftigte, denen nach ihrem Arbeitsvertrag ein Anspruch auf Versorgung nach beamtenrechtlichen Vorschriften zusteht, vom Geltungsbereich des TVöD ausgenommen sind. Eine entsprechende Regelung enthält der BAT nicht. Ohne eigene Regelung wären diese Angestellten mit der Überleitung in den TVöD außerhalb des tariflich geregelten und damit auch geschützten Bereiches gewesen. Ihre Arbeitsbedingungen wären frei aushandelbar gewesen. Deshalb war es erforderlich, die zum Zeitpunkt der Überleitung vorhandenen Beschäftigten dahingehend abzusichern, dass sie auch nach dem 30. September 2005 unter dem Schutz des Tarifrechts bleiben. Dies wurde durch die Regelung erreicht, dass übergeleitete Beschäftigte, die vom Arbeitgeber eine arbeitsvertragliche Versorgungszusage nach beamtenrechtlichen Grundsätzen erhalten haben, auch weiterhin dem TVöD unterliegen.

Eine derartige Versorgungszusage liegt nur vor, wenn die zugesagte Versorgung nach Voraussetzung, Art und Umfang dem Beamtenrecht entspricht, d. h. im wesentlichen Berechnung der Versorgungsbezüge nach ruhegehaltfähiger Dienstzeit und ruhegeldfähigen – letzten – Dienstbezügen sowie ohne Eigenbeteiligung.

Eine derartige Vereinbarung ist z. B. in vielen Arbeitsverträgen leitender Angestellter im Sparkassenbereich enthalten.

#### 4.4.2.2 TVÜ-Bund

Der TVÜ-Bund enthält in § 20 eine entsprechende Regelung.

## 4.5 Jahressonderzahlung für die Jahre 2005 und 2006

### 4.5.1 Tariftext TVÜ-VKA

§ 21
Jahressonderzahlung für die Jahre 2005 und 2006

(1) ¹Im Zeitraum vom 1. Oktober bis 31. Dezember 2005 gelten für Beschäftigte nach § 1 Abs. 1 und 2 im jeweiligen Geltungsbereich folgende Tarifverträge bzw. Tarifregelungen als den TVöD ergänzende Tarifverträge bzw. Tarifregelungen:

(a) Tarifvertrag über eine Zuwendung für Angestellte vom 12. Oktober 1973,

(b) Tarifvertrag über eine Zuwendung für Angestellte (TV Zuwendung Ang-O) vom 10. Dezember 1990,

(c) Tarifvertrag über eine Zuwendung für Angestellte (TV Zuwendung Ang-Ostdeutsche Sparkassen) vom 25. Oktober 1990,

(d) Tarifvertrag über eine Zuwendung für Arbeiter vom 12. Oktober 1973,

(e) Tarifvertrag über eine Zuwendung für Arbeiter (TV Zuwendung Arb-O) vom 10. Dezember 1990,

(f) Nr. 7 des Tarifvertrages über die Anwendung von Tarifverträgen auf Arbeiter (TV Arbeiter-Ostdeutsche Sparkassen) vom 25. Oktober 1990.

²Die unter Buchst. a bis f aufgezählten Tarifverträge bzw. Tarifregelungen finden auf Beschäftigte, die unter den Geltungsbereich des TVöD fallen, nach dem 31. Dezember 2005 keine Anwendung mehr.

(2) Im Zeitraum vom 1. Oktober bis 31. Dezember 2005 gelten für Beschäftigte nach § 1 Abs. 1 und 2 Nr. 5 SR 2s BAT und Nr. 5 SR 2s BAT-Ostdeutsche Sparkassen als den TVöD ergänzende Regelung mit der Maßgabe, dass Bemessungsgrundlage für die Überstundenpauschvergütung das Vergleichsentgelt (§ 5) zuzüglich einer etwaigen Besitzstandszulage nach § 9 und der kinderbezogenen Entgeltbestandteile gemäß § 11 ist.

(3) Die mit dem Entgelt für den Monat November 2006 zu gewährende Jahressonderzahlung berechnet sich für Beschäftigte nach § 1 Abs. 1 und 2 nach den Bestimmungen des § ▮ (Jahressonderzahlung) TVöD mit folgenden Maßgaben:

1. Der Bemessungssatz der Jahressonderzahlung beträgt in allen Entgeltgruppen

a) bei Beschäftigten, für die nach dem TVöD die Regelungen des Tarifgebiets West Anwendung finden, 82,14 v. H.

b) bei Beschäftigten, für die nach dem TVöD die Regelungen des Tarifgebiets Ost Anwendung finden, 61,60 v. H.

2. ¹Der sich nach Nr. 1 ergebende Betrag der Jahressonderzahlung erhöht sich um einen Betrag in Höhe von 255,65 EUR. ²Bei Beschäftigten, für die nach dem TVöD die Regelungen des Tarifgebiets West Anwendung finden und denen am 1. Juli 2006 Entgelt nach einer der Entgeltgruppen 1 bis 8 zusteht, erhöht sich dieser Zusatzbetrag auf 332,34 EUR. ³Satz 2 gilt entsprechend bei Beschäftigten – auch für Beschäftigte nach § 1 Abs. 2 – im Tarifgebiet West, denen bei Weitergeltung des BAT Grundvergütung nach der Vergütungsgruppen Kr. VI zugestanden hätte.. ⁴Teilzeitbeschäftigte erhalten von dem Zusatzbetrag nach Satz 1 oder 2 den Teil, der dem Anteil ihrer Arbeitszeit an der Arbeitszeit vergleichbarer Vollzeitbeschäftigter entspricht. ⁴Der Zusatzbetrag nach den Sätzen 1 bis 3 ist kein zusatzversorgungspflichtiges Entgelt.

**3. Der sich nach Nr. 1 ergebende Betrag der Jahressonderzahlung erhöht sich für jedes Kind, für das Beschäftigte im September 2006 kinderbezogene Entgeltbestandteile gemäß § 11 erhalten, um 25,56 EUR.**

**(4) Absatz 3 gilt nicht für Sparkassen.**

### 4.5.2 Regelungsinhalt

#### 4.5.2.1 TVÜ-VKA

**Urlaubsgeld 2005**
Im Jahr 2005 erfolgt die Zahlung des Urlaubsgeldes nach Maßgabe des Urlaubsgeldtarifvertrages. Insoweit bedurfte es keiner ergänzenden Regelung, da das Urlaubsgeld im Juli 2005 und damit vor In-Kraft-Treten des TVöD fällig ist.

Soweit in Ausnahmefällen nach dem 30. September 2005 nach bisherigem Recht das Urlaubsgeld zu zahlen wäre, weil die Arbeit in unmittelbarem Anschluss an den Ablauf der Schutzfristen bzw. an die Elternzeit wieder aufgenommen wird, kann das Urlaubsgeld auch im Geltungsbereich des TVöD für das Jahr 2005 noch bezahlt werden.

**Zuwendung 2005 (Abs. 1)**
Die Zuwendungstarifverträge für Angestellte und Arbeiter werden für die Zeit vom 1. Oktober bis 31. Dezember 2005 als den **TVöD ergänzende Tarifverträge fingiert**. Die Höhe der Zuwendung richtet sich 2005 nach der Urlaubsvergütung bzw. dem Urlaubslohn des Monats September 2005 und damit nach BAT bzw. MTArb bzw. BMT-G, wobei der Bemessungssatz im Tarifgebiet West unverändert 82,14 v. H. beträgt.

Bei nach dem 1. September 2005 eingestellten Beschäftigten tritt an die Stelle des Monats September der erste volle Kalendermonat im TVöD, wobei das zusätzlich für Überstunden gezahlte Entgelt (mit Ausnahme der im Dienstplan vorgesehenen Überstunden), Leistungszulagen, Leistungsprämien sowie Ertrags- und Erfolgsprämien unberücksichtigt bleiben.

Auch die **Auszubildenden und Schülerinnen/Schüler**, die nach Maßgabe des Krankenpflegegesetzes usw. ausgebildet werden, sowie die Praktikantinnen/Praktikanten (TV Prakt) erhalten im November 2005 die Zuwendung nach bisherigem Recht.

Dies wird eigens geregelt in einem Anhang zum neuen Tarifvertrag für die Auszubildenden (TVAöD).

**Zuwendung 2005 für Sparkassenangestellte (Abs. 2)**
Desgleichen wird für die Zeit vom 1. Oktober bis 31. Dezember 2005 die Nr. 5 SR 2 s BAT (Angestellte der Sparkassen) als den TVöD ergänzende Regelung fingiert. Damit wird sichergestellt, dass für das Jahr 2005 die bestehenden besonderen Überstundenregelungen für die Sparkassen insgesamt weiter gelten. Die für die Berechnung der Überstundenpauschalvergütung vereinbarte Regelung bedeutet, dass sich ihre Höhe nach der bisherigen BAT-Vergütung (Grundvergütung, Ortszuschlag und allgemeine Zulage) nach dem Stand vom 1. Oktober 2005 bemisst.

**Wegfall der Rückzahlungsverpflichtung bei Ausscheiden bis März 2006**
Bei einem Ausscheiden aus dem Arbeitsverhältnis im Jahr 2006 bis zum 31. März entfällt eine Rückzahlungsverpflichtung, weil die Zuwendungstarifverträge lediglich bis zum Ende des Jahres 2005 als fortgeltend fingiert werden. Damit entfällt die Anspruchsgrundlage für die Rückzahlungsverpflichtung.

### Jahressonderzahlung 2006 (Abs. 3)
Urlaubsgeld und Zuwendungen werden im Jahr 2006 im Monat November zu **einer Jahressonderzahlung zusammengefasst**.

Bezüglich der Jahressonderzahlung wird auf die künftige Regelung des TVöD Bezug genommen. Voraussetzung ist damit, dass der Beschäftigte am **1. Dezember in einem Arbeitsverhältnis** steht.

**Berechnungsbasis** ist das durchschnittliche monatliche Entgelt der Kalendermonate Juli, August und September. Unberücksichtigt bleiben hierbei das für Überstunden gezahlte Entgelt (mit Ausnahme der im Dienstplan vorgesehenen Überstunden), Leistungszulagen, Leistungsprämien sowie Ertrags- und Erfolgsprämien.

Bei Beschäftigten, deren Arbeitsverhältnis nach dem 30. September begonnen hat, tritt an die Stelle des Bemessungszeitraums der erste volle Kalendermonat des Arbeitsverhältnisses.

Wird 2006 während des Bemessungszeitraums eine erziehungsgeldunschädliche Teilzeitbeschäftigung hinsichtlich eines im Jahre 2006 geborenen Kindes ausgeübt, bemisst sich die Jahressonderzahlung nach dem Beschäftigungsumfang am Tag vor dem Beginn der Elternzeit.

Die Berechnung des **durchschnittlich gezahlten monatlichen Entgelts** wird in einer Protokollerklärung näher erläutert und konkretisiert wie folgt:

Es werden die gezahlten Entgelte der 3 Monate addiert und durch 3 geteilt; dies gilt auch bei einer Änderung des Beschäftigungsumfangs.

Ist im Bemessungszeitraum nicht für alle Kalendertage Geld gezahlt worden, werden die gezahlten Entgelte der 3 Monate addiert, durch die Zahl der Kalendertage mit Entgelt geteilt und sodann mit 30,67 multipliziert. Zeiträume, für die Krankengeldzuschuss gezahlt worden ist, bleiben hierbei unberücksichtigt.

Besteht während des Bemessungszeitraums an weniger als 30 Kalendertagen Anspruch auf Entgelt, ist der letzte Kalendermonat, in dem für alle Kalendertage Anspruch auf Entgelt bestand, maßgeblich.

Von dieser Bemessungsgrundlage werden

- im Tarifgebiet West 82,14 %,
- im Tarifgebiet Ost 61,60 %

bezahlt.

Der Anspruch auf Jahressonderzahlung vermindert sich um ein Zwölftel für jeden Kalendermonat, in dem der Beschäftigte keinen Anspruch auf Entgelt, Entgeltfortzahlung im Krankheitsfall oder Fortzahlung des Entgelts während des Erholungsurlaubs hat. Die Verminderung unterbleibt für Kalendermonate,

1. für die Beschäftigte kein Entgelt erhalten haben wegen

    a) Ableistung von Grundwehrdienst oder Zivildienst, wenn sie vor dem 1. Dezember diesen beendet und die Beschäftigung unverzüglich wieder aufgenommen haben,

    b) Beschäftigungsverboten nach § 3 Abs. 2 und § 6 Abs. 1 des Mutterschutzgesetzes,

    c) Inanspruchnahme der Elternzeit nach dem Bundeserziehungsgeldgesetz bis zum Ende des Kalenderjahres, in dem das Kind geboren ist, wenn am Tag vor Antritt der Elternzeit Entgeltanspruch bestanden hat,

2. in denen Beschäftigten nur wegen der Höhe des zustehenden Krankengelds ein Krankengeldzuschuss nicht gezahlt worden ist.

Beschäftigte, die bis zum 31. März 2005 Altersteilzeitarbeit vereinbart haben, erhalten die Jahressonderzahlung auch dann, wenn das Arbeitsverhältnis wegen Rentenbezugs vor dem 1. Dezember endet. In diesem Falle treten an die Stelle des Bemessungszeitraums Juli, August und September die letzten drei Kalendermonate vor Beendigung des Arbeitsverhältnisses.

Dieser Betrag erhöht sich pro **besitzstandgesichertem Kind** um 25,56 EUR.

Des Weiteren erhöht er sich um einen dem **bisherigen Urlaubsgeld** entsprechenden Betrag von 332,34 EUR für die Entgeltgruppen 1 bis 8 – TVöD, 255,65 EUR für die Entgeltgruppen 9 bis 14 – TVöD.

**Sonderregelung für Sparkassenangestellte (Abs. 4)**
Diese für das Jahr 2006 geltende Regelung gilt **nicht für die Beschäftigten der Sparkassen**. Hier tritt bereits im Jahr 2006 an die Stelle der Jahressonderzahlung die **Sparkassensonderzahlung**.

**Jahressonderzahlung 2007**
Die Jahressonderzahlung 2007 ist nicht im TVÜ sondern im TVöD geregelt.

Danach gilt folgende Staffelung für die Jahressonderzahlung:

- 90 (67,5 Ost) v. H. für die Entgeltgruppen 1 bis 8,

- 80 (60 Ost) v. H. für die Entgeltgruppen 9 bis 12,

- 60 (45 Ost) v. H. für die Entgeltgruppen 13 bis 15.

Der **Bemessungssatz** bestimmt sich nach der Entgeltgruppe am 1. September.

Hinsichtlich der Bemessungsgrundlage gilt das für 2006 Angeführte entsprechend.

**Die Zusatzbeträge für Urlaubsgeld und Kinder entfallen.**

### 4.5.2.2 TVÜ-Bund

Die Zuwendung für **2005** wurde in einem eigenständigen Tarifvertrag geregelt, der eine Besonderheit aufweist. Aufgrund der Kündigung des Urlaubsgeldtarifvertrages mit Wirkung zum 31. Juli 2003 und des Zuwendungstarifvertrages mit Wirkung zum 30. Juni 2003 wird hier differenziert zwischen den Beschäftigten, die vor Wirksamwerden der Tarifkündigung schon im Arbeitsverhältnis waren, und den Beschäftigten, die ab dem 1.August 2003 neu eingestellt wurden.

Hierzu haben die TV-Parteien in einer Niederschrift erklärt:

„Die Tarifvertragsparteien sind sich einig:

1. Beschäftigte, deren Arbeitsverhältnis mit dem Bund nach dem 31. Juli 2003 begründet worden ist, erhalten im Jahr 2005 mit den Bezügen für den Monat November 2005 eine Zuwendung in gleicher Weise (Anspruchsgrund und Anspruchshöhe) wie im Jahr 2004.

2. Beschäftigte, deren Arbeitsverhältnis mit dem Bund vor dem 1. August 2003 begründet worden ist, erhalten im Jahr 2005 eine Jahressonderzahlung, bestehend aus Urlaubsgeld und Zuwendung nach Maßgabe der nachwirkenden Tarifverträge über ein Urlaubsgeld sowie über eine Zuwendung."

Das bedeutet für die Tarifbeschäftigten und Auszubildenden, deren Arbeits- bzw. Ausbildungsverhältnisse nach dem 31. Juli 2003 begründet worden sind, dass sie im Jahr 2005 kein Urlaubsgeld erhalten. Sie erhalten jedoch mit den Bezügen für den Monat November 2005 eine außertarifliche Zuwendung in Höhe von 60 v. H. der Urlaubsvergütung/des Urlaubslohnes, welche(r) zugestanden hätte, wenn sie während des ganzen Monats September Erholungsurlaub gehabt hätten.

Für das **Jahr 2006** gelten obige Darlegungen zum TVÜ-VKA entsprechend.

## 4.6 Einmalzahlungen für 2006 und 2007

### 4.6.1 Tariftext TVÜ-VKA

§ 22
Einmalzahlungen für 2006 und 2007

(1) Die von § 1 Abs. 1 und 2 erfassten Beschäftigten im Tarifgebiet West erhalten für die Jahre 2006 und 2007 jeweils eine Einmalzahlung in Höhe von 300 EUR, die in zwei Teilbeträgen in Höhe von jeweils 150 EUR mit den Bezügen für die Monate April und Juli der Jahre 2006 und 2007 ausgezahlt wird.

(2) [1]Der Anspruch auf die Teilbeträge nach Absatz 1 besteht, wenn die/der Beschäftigte an mindestens einem Tag des jeweiligen Fälligkeitsmonats Anspruch auf Bezüge (Entgelt, Urlaubsentgelt oder Entgeltfortzahlung im Krankheitsfall) gegen einen Arbeitgeber im Sinne des § 1 Abs. 1 hat; dies gilt auch für Kalendermonate, in enen nur wegen der Höhe der Barleistungen des Sozialversicherungsträgers Krankengeldzuschuss nicht gezahlt wird. [2]Die jeweiligen Teilbeträge werden auch gezahlt, wenn eine Beschäftigte wegen der Beschäftigungsverbote nach § 3 Abs. 2 und § 6 Abs. 1 des Mutterschutzgesetzes in dem jeweiligen Fälligkeitsmonat keine Bezüge erhalten hat.

(3) [1]Nichtvollbeschäftigte erhalten den jeweiligen Teilbetrag der Einmalzahlung, der dem Verhältnis der mit ihnen vereinbarten durchschnittlichen Arbeitszeit zu der regelmäßigen wöchentlichen Arbeitszeit eines entsprechenden Vollbeschäftigten entspricht. [2]Maßgebend sind die jeweiligen Verhältnisse am 1. April bzw. 1. Juli.

(4) Die Einmalzahlungen sind bei der Bemessung sonstiger Leistungen nicht zu berücksichtigen.

(5) [1]Absätze 1 bis 4 gelten für das Jahr 2006 auch für Beschäftigte im Tarifgebiet West, die gem. § ■ TVöD (Ausschluss von Versorgungsbetrieben, in Nahverkehrsbetrieben und in der Wasserwirtschaft in Nordrhein-Westfalen) vom Geltungsbereich des TVöD ausgenommen sind und wenn auf sie nicht der TV-V, TV-WW/NW oder ein TV-N Anwendung findet. [2]Gleiches gilt für das Jahr 2007 nur dann, wenn der Arbeitgeber die Anwendung des TV-V, TV-WW/NW bzw. TV-N ablehnt.

### 4.6.2 Regelungsinhalt

#### 4.6.2.1 TVÜ-VKA

**Grundregelung (Abs. 1)**
**Im Bereich der VKA-Tarifgebiet West** erfasst der Tarifvertrag über die Einmalzahlung vom 9 Februar 2005 lediglich das Jahr 2005. Die Einmalzahlungen für die Jahre 2006 und 2007 sind Gegenstand des Überleitungstarifvertrages.

**Im Bereich der VKA-Tarifgebiet Ost** erfolgt keine Einmalzahlung. Stattdessen wird der Bemessungssatz angehoben wie folgt:

- 94 % ab 1. Juli 2005

- 95,5 % ab 1. Juli 2006
- 97 % ab 1. Juli 2007

Zugleich wird im Bereich des Tarifgebietes Ost die **AN-Beteiligung in der ZVK** angehoben wie folgt:

- Stand 0,5 %
- Juli 2005 auf 0,8 %
- Juli 2006 auf 1,1 %
- Juli 2007 auf 2,0 %

Im **Jahr 2005** werden die Teilbeträge in Höhe von jeweils 100 EUR mit den Bezügen für April, Juli und Oktober 2005 ausgezahlt.

**2006 und 2007** erfolgt im April und im Juli eine Teilzahlung von je 150 EUR.

Maßgebend für die Auszahlung für die Monate April und Juli 2005 ist § 36 BAT bzw. § 26a BMT-G und für den Monat Oktober 2005 und für die Auszahlungen 2006/2007 die entsprechende, im Einzelnen noch zu formulierende Vorschrift des TVöD.

### Anspruchsvoraussetzungen (Abs. 2)
Anknüpfungspunkt ist ein Anspruch auf Bezüge (Entgelt, Urlaubsentgelt oder Entgeltfortzahlung im Krankheitsfall) für **mindestens einen Tag des jeweiligen Fälligkeitsmonats**. Es erfolgt **keine Quotelung** bezüglich der Anzahl der Beschäftigungstage im jeweiligen Monat.

## Beispiele

- Eine Aushilfe wird im Juli für eine Woche in Vollzeit beschäftigt. Sie erhält die Einmalzahlung von 100 EUR in voller Höhe.
- Eine Mitarbeiterin wird vom 15. Juli bis 10. Oktober 2005 beschäftigt. Sie erhält zwei Teilbeträge i. H. v. zusammen 200 EUR.
- Eine Mitarbeiterin wird in den Monaten Mai und Juni sowie August und September beschäftigt. Sie erhält keine Einmalzahlung.

Ein Anspruch auf Bezüge an mindestens einem Tag des jeweiligen Fälligkeitsmonats gilt auch dann als gegeben, wenn bei Vorliegen von Arbeitsunfähigkeit nur wegen der Höhe der Barleistungen des Sozialversicherungsträgers ein Krankengeldzuschuss nicht gezahlt wird.

Anspruch auf die jeweiligen Teilbeträge der Einmalzahlung haben auch Arbeitnehmerinnen, die wegen der Beschäftigungsverbote nach § 3 Abs. 2 und § 6 Abs. 1 des Mutterschutzgesetzes in dem jeweiligen Fälligkeitsmonat keine Bezüge erhalten haben (Absatz 2 Satz 2). Dabei ist es unschädlich, wenn die Beschäftigte anschließend in Elternzeit geht.

### Teilzeitbeschäftigte (Abs. 3)
Teilzeitbeschäftigte erhalten eine entsprechend gekürzte Einmalzahlung. Maßgebend ist der arbeitsvertraglich vereinbarte Umfang der Beschäftigung jeweils **am 1. des Fälligkeitsmonats**.

Die Neuregelungen im Einzelnen 113

**Auszubildende und Schüler**
Auszubildende, Schülerinnen/Schüler und Praktikantinnen/Praktikanten erhalten eine Einmalzahlung in Höhe von 100 EUR, die mit der Ausbildungsvergütung bzw. dem Entgelt für den Monat Juli 2005/2006/2007 ausgezahlt wird. Im Übrigen gelten die obigen Ausführungen entsprechend.

Für 2005 ist dies im TV über die Einmalzahlung geregelt, für 2006 und 2007 im TVAöD.

**Auswirkungen auf sonstige Leistungen**
Die Einmalzahlung ist **weder Basis- noch Tabellenwirksam** und hat daher keine Auswirkung bei der Bemessung sonstiger Leistungen. Das bedeutet, dass sie z. B. bei Krankenbezügen, Urlaubsvergütung, Zulagen, Zuschlägen, Vergütung für Überstunden, Vergütung für Bereitschaftsdienst und Rufbereitschaft, Sterbegeld, Jahressonderzahlung nicht zu berücksichtigen ist. Ein in den Fälligkeitsmonaten zu zahlender Krankengeldzuschuss ist wegen der Einmalzahlung nicht neu zu berechnen.

Insbesondere belastet sie die Tabellenwerte auch zukünftig nicht.

Die materielle Belastung liegt statistisch im VKA-Bereich bei ca. 1 v. H.

Die **ungewöhnlich lange Laufzeit von 35 Monaten** ist wegen der sich daraus ergebenden Planungssicherheit sowohl für die Aufstellung der kommunalen Haushalte als auch für die Wirtschaftsplanung kommunaler Unternehmen sehr vorteilhaft.

Die Einmalzahlung ist steuer- und sozialversicherungspflichtiges Entgelt. Mangels einer ausdrücklichen Regelung ist sie **auch zusatzversorgungspflichtiges Entgelt** im Sinne des ATV-K/ATV. Die Einmalzahlung ist als einmalig gezahltes Arbeitsentgelt im Sinne der in Betracht kommenden Vorschriften des § 23a SGB IV anzusehen.

**Ausweitung des Anwendungsbereichs (Abs. 5)**
Die Regelungen in den Absätzen 1 bis 4 gelten für das Jahr 2006 auch für Beschäftigte im Tarifgebiet West, die gem. § ▌ TVöD (Ausschluss von Versorgungsbetrieben, in Nahverkehrsbetrieben und in der Wasserwirtschaft in Nordrhein-Westfalen) vom Geltungsbereich des TVöD ausgenommen sind und wenn auf sie nicht der TV-V, TV-WW/NW oder ein TV-N Anwendung findet. Gleiches gilt für das Jahr 2007 nur dann, wenn der Arbeitgeber die Anwendung des TV-V, TV-WW/NW bzw. TV-N ablehnt.

### 4.6.2.2 TVÜ-Bund

Die Einmalzahlung für die Tarifbeschäftigten des Bundes ist nicht im TVÜ sondern in einem eigenen Tarifvertrag geregelt[21]. Sie erhalten einheitlich in den Tarifgebieten Ost und West in den Jahren 2005, 2006 und 2007 jeweils eine Einmalzahlung in Höhe von 300 EUR, die in Teilbeträgen ausbezahlt wird.

Auszubildende, Schüler und Praktikanten erhalten eine Einmalzahlung in Höhe von 100 EUR, die mit den Bezügen für den Monat Juli der Jahre 2005, 2006 und 2007 ausgezahlt wird.

Im Übrigen gelten obige Darlegungen entsprechend.

---

[21] TV über Einmalzahlungen für die Jahre 2005, 2006 und 2007 für den Bereich des Bundes vom 9. Februar 2005.

## 4.7 Fortgeltung der Regelungen zum Bereitschaftsdienst und zur Rufbereitschaft

### 4.7.1 Tariftext TVÜ-VKA

§ 22
Fortgeltung der Regelungen zum
Bereitschaftsdienst und zur Rufbereitschaft

Im bisherigen Geltungsbereich der SR 2a, 2b und 2c zum BAT/BAT-O gilt für Beschäftigte gem. § 1 Abs. 1 und 2 folgendes:

1. ¹Die Regelungen des § ■ TVöD (§ a bis c und y Kr) treten am 1. Januar 2006 in Kraft. Bis zum In-Kraft-Treten dieser Regelungen gelten die für Bereitschaftsdienst und Rufbereitschaft einschlägigen tarifvertraglichen Regelungen des BAT/BAT-O abweichend von § 2 fort.

2. Aufgrund einer Betriebs- oder Dienstvereinbarung können bereits vor dem 1. Januar 2006 die Regelungen der §§ ■ TVöD [§§ a bis c und y Kr] angewendet werden.

3. Abweichend von Absatz 1 tritt § ■ TVöD [§ b Kr Abs. 7] für die von § 1 Abs. 1 erfassten Beschäftigten erst zum 1. Juli 2006 in Kraft, sofern dessen Anwendung zu Veränderungen führt.

### 4.7.2 Regelungsinhalt

#### 4.7.2.1 TVÜ-VKA

**Hintergrund der Regelung**

Nach den Ausführungen des Europäischen Gerichtshofes im „Simap-Urteil" vom 3. Oktober 2000[22] und im Urteil[23] in der Sache Landeshauptstadt Kiel/Jäger vom 9. Oktober 2003 ist der Bereitschaftsdienst nach der EU-Richtlinie 2003/88/EG **arbeitsschutzrechtlich als Arbeitszeit** zu werten. Dieser Rechtsprechung hatte sich das Bundesarbeitsgericht in mehreren Entscheidungen[24] angeschlossen.

Der deutsche Gesetzgeber hat ebenfalls auf die Rechtsprechung des Europäischen Gerichtshofes reagiert und das Arbeitszeitgesetz zum 1. Januar 2004 geändert.

In Folge der Änderungen des Arbeitszeitgesetzes ist **die Anordnung von Bereitschaftsdienst nur noch in einem sehr geringen Umfang möglich**. Jegliche Dienste, die 10 Stunden überschreiten, sind ausgeschlossen. Der Bereitschaftsdienst ist voll anzurechnen. Mithin sind im Anschluss an einen 8-Stunden-Dienst **nur 2 Stunden Bereitschaftsdienst möglich**. Selbst ein Bereitschaftsdienst ohne Zusammenhang mit täglicher Arbeitszeit dürfte **10 Stunden nicht überschreiten.**

Die Folgen für die Praxis sind dadurch abgemildert worden, dass eine **Übergangsregelung** in das Gesetz eingefügt worden ist, wonach bis zum 31. Dezember 2005 diejenigen Tarifregelungen weiterhin gültig sind, die zum Zeitpunkt des In-Kraft-Tretens der Änderungen des Arbeitszeitgesetzes zum 1. Januar 2004 bereits abgeschlossen waren und die in ihren Regelungstatbeständen über die neu festgesetzten arbeitsschutzrechtlichen Höchstgrenzen des Arbeitszeitgesetzes hinausgehen. Von dieser Übergangsregelung des § 25 ArbZG sind insbesondere auch die Sonderregelungen SR 2 a und SR 2 c zum BAT im Bereich der Privatwirtschaft und der Kirchen erfasst worden. Darüber hinaus

---

[22] EuGH, Urteil vom 3. Oktober 2000 – Rs. C-303/98.
[23] Rechtssache C-151/02 Landeshauptstadt Kiel/Jäger.
[24] BAG, Urteil vom 28. Januar 2003 5 AZR 530/02; BAG, Beschluss vom 18. Februar 2003 – 1 ABR 2/02.

wurde von ihr – trotz der hiergegen erhobenen rechtlichen Bedenken[25] – auch im Bereich des öffentlichen Dienstes weitgehend Gebrauch gemacht.

Aufgrund des **Auslaufens der Übergangsregelung des § 25 ArbZG zum 31. Dezember 2005** müssten die Regelungen des Arbeitszeitgesetzes ab dem 1. Januar 2006 in vollem Umfang angewendet werden. Die Anordnung von Bereitschaftsdiensten wäre demnach nur noch in einem sehr geringen Umfang möglich.

**Das Arbeitszeitgesetz sieht jedoch Öffnungen für tarifvertragliche Vereinbarungen vor.** Die Tarifvertragparteien können demnach die arbeitsschutzrechtlichen Höchstgrenzen innerhalb des im Arbeitszeitgesetz für solche tarifvertraglichen Regelungen gesetzten Rahmens erweitern.

**Am 19. April 2005 ist in Hannover ist eine derartige tarifvertragliche Regelung zur Ermöglichung des Bereitschaftsdienstes in Krankenhäusern und Pflegeeinrichtungen im Bereich des TVöD abgeschlossen worden.**

### Wortlaut der tariflichen Regelung im TVöD
*Bereitschaftsdienst und Rufbereitschaft für den Geltungsbereich der bisherigen Sonderregelungen SR 2a, SR 2b und SR 2c*

*I. § a Kr Geltungsbereich*

> *Dieser besondere Teil des TVöD gilt für Beschäftigte in Krankenhäusern, Heil-, Pflege- und Entbindungseinrichtungen sowie in sonstigen Einrichtungen und Heimen, in denen die betreuten Personen in ärztlicher Behandlung stehen oder die der Förderung der Gesundheit, der Erziehung, Fürsorge oder Betreuung von Kindern und Jugendlichen, der Fürsorge oder Betreuung von obdachlosen, alten, gebrechlichen, erwerbsbeschränkten oder sonstigen hilfsbedürftigen Personen dienen.*
> *Dazu gehören auch die Beschäftigten in medizinischen Instituten von Kranken-, Heil- und Pflegeeinrichtungen (z. B. pathologischen Instituten und Röntgeninstituten).*

*§ b Kr Bereitschaftsdienst und Rufbereitschaft*

> *(1) Bereitschaftsdienst leistet der Beschäftigte, der sich auf Anordnung des Arbeitgebers außerhalb der regelmäßigen Arbeitszeit an einer vom Arbeitgeber bestimmten Stelle aufhält, um im Bedarfsfall die Arbeit aufzunehmen. Der Arbeitgeber darf Bereitschaftsdienst nur anordnen, wenn zu erwarten ist, dass zwar Arbeit anfällt, erfahrungsgemäß aber die Zeit ohne Arbeitsleistung überwiegt.*
>
> *(2) Abweichend von §§ 3, 5 und 6 Abs. 2 ArbZG kann im Rahmen des § 7 ArbZG die tägliche Arbeitszeit im Sinne des Arbeitszeitgesetzes über 8 Stunden hinaus verlängert werden, wenn mindestens die 8 Stunden überschreitende Zeit im Rahmen von Bereitschaftsdienst geleistet wird, und zwar wie folgt:*
>
> - *bei Bereitschaftsdiensten der Stufen A und B bis zu insgesamt maximal 16 Stunden täglich. Die gesetzlich vorgeschriebene Pause verlängert diesen Zeitraum nicht.*
>
> - *bei Bereitschaftsdiensten der Stufen C und D bis zu insgesamt maximal 13 Stunden täglich. Die gesetzlich vorgeschriebene Pause verlängert diesen Zeitraum nicht.*
>
> *(3) Im Rahmen des § 7 ArbZG kann unter den Voraussetzungen*
>
> - *einer Prüfung alternativer Arbeitszeitmodelle,*
> - *einer Belastungsanalyse gem. § 5 ArbSchG und*
> - *ggf. daraus resultierender Maßnahmen zur Gewährleistung des Gesundheitsschutzes*
>
> *aufgrund einer Betriebs- bzw. Dienstvereinbarung von den Regelungen des Arbeitszeitgesetzes abgewichen werden. Für einen Betrieb/eine Verwaltung, in dem/der ein Personalvertretungsgesetz Anwendung findet, kann eine Regelung nach Satz 1 in einem landesbezirklichen Tarifvertrag getroffen werden, wenn eine Dienstvereinbarung nicht einvernehmlich zustande kommt und der Arbeitgeber ein Letztentscheidungsrecht hat.*
>
> *Abweichend von §§ 3, 5 und 6 Abs. 2 ArbZG kann die tägliche Arbeitszeit im Sinne des Arbeitszeitgesetzes über 8 Stunden hinaus verlängert werden. Hierbei darf die tägliche Arbeitszeit ausschließlich der Pausen maximal 24 Stunden betragen.*

---

[25] Vgl. näher Hock, ZTR 2004, 114, 118, 119; Schliemann, NZA 2004, 513, 518; Wahlers, ZTR 2004, 446, 450; a. A. Litschen, ZTR 2004, 119.

(4) Unter den Voraussetzungen des Absatzes 3 Satz 1 und 2 kann die tägliche Arbeitszeit gemäß § 7 Abs. 2a ArbZG ohne Ausgleich verlängert werden, wobei

- bei Bereitschaftsdiensten der Stufen A und B eine wöchentliche Arbeitszeit von bis zu maximal durchschnittlich 58 Stunden;

- bei Bereitschaftsdiensten der Stufen C und D eine wöchentliche Arbeitszeit von bis zu maximal durchschnittlich 54 Stunden;

zulässig ist.

(5) Für den Ausgleichszeitraum nach den Absätzen 2 bis 4 gilt § 8 Abs. 2 Satz 1 TVöD.

(6) Bei Aufnahme von Verhandlungen über eine Betriebs- oder Dienstvereinbarung nach den Absätzen 3 und 4 ist die landesbezirkliche Ebene der Tarifvertragsparteien zu informieren.

(7) In den Fällen, in denen Beschäftigte Teilzeitarbeit vereinbart haben, weil sie mindestens ein Kind unter 18 Jahren oder einen nach ärztlichem Gutachten pflegebedürftigen sonstigen Angehörigen tatsächlich betreuen oder pflegen, verringern sich die Höchstgrenzen der wöchentlichen Arbeitszeit in den Absätzen 2 bis 4 in demselben Verhältnis wie die Arbeitszeit dieser Beschäftigten zu der regelmäßigen Arbeitszeit der Vollbeschäftigten verringert worden ist. Mit Zustimmung des Arbeitnehmers oder aufgrund von dringenden dienstlichen oder betrieblichen Belangen kann hiervon abgewichen werden.

(8) Der Arbeitgeber darf Rufbereitschaft nur anordnen, wenn erfahrungsgemäß lediglich in Ausnahmefällen Arbeit anfällt. Durch tatsächliche Arbeitsleistung innerhalb der Rufbereitschaft kann die tägliche Höchstarbeitszeit von 10 Stunden (§ 3 ArbZG) überschritten werden (§ 7 ArbZG).

(9) § 8 Abs. 4 TVöD bleibt im Übrigen unberührt.

(10) Für Beschäftigte in Einrichtungen und Heimen, die der Förderung der Gesundheit, der Erziehung, der Fürsorge oder Betreuung von Kindern und Jugendlichen, der Fürsorge oder Betreuung von obdachlosen, alten, gebrechlichen, erwerbsbeschränkten oder sonstigen hilfsbedürftigen Personen dienen, die jedoch nicht der ärztlichen Behandlung der betreuten Personen dienen, gelten die Absätze 1 bis 9 mit der Maßgabe, dass die Grenzen für die Stufen A und B einzuhalten sind. Dazu gehören auch die Beschäftigten in Einrichtungen, in denen die betreuten Personen nicht regelmäßig ärztlich behandelt und beaufsichtigt werden (Erholungsheime).

(11) Für die Ärzte in Einrichtungen nach Absatz 10 gelten die Absätze 1 bis 9 ohne Einschränkungen.

**§ c Kr Bereitschaftsdienstentgelt**

(1) Zum Zwecke der Entgeltberechnung wird die Zeit des Bereitschaftsdienstes einschließlich der geleisteten Arbeit wie folgt als Arbeitszeit gewertet:

a) Nach dem Maß der während des Bereitschaftsdienstes erfahrungsgemäß durchschnittlich anfallenden Arbeitsleistungen wird die Zeit des Bereitschaftsdienstes wie folgt als Arbeitszeit gewertet:

| Stufe | Arbeitsleistung innerhalb des Bereitschaftsdienstes | Bewertung als Arbeitszeit |
|---|---|---|
| A | 0 bis 10 v. H. | 15 v. H. |
| B | mehr als 10 bis 25 v. H. | 25 v. H. |
| C | mehr als 25 bis 40 v. H. | 40 v. H. |
| D | mehr als 40 bis 49 v. H. | 55 v. H. |

Ein hiernach der Stufe A zugeordneter Bereitschaftsdienst wird der Stufe B zugeteilt, wenn der Beschäftigte während des Bereitschaftsdienstes in der Zeit von 22 bis 6 Uhr erfahrungsgemäß durchschnittlich mehr als dreimal dienstlich in Anspruch genommen wird.

b) Entsprechend der Zahl der vom Beschäftigten je Kalendermonat abgeleisteten Bereitschaftsdiensten wird die Zeit eines jeden Bereitschaftsdienstes zusätzlich wie folgt als Arbeitszeit gewertet:

| Zahl der Bereitschaftsdienste im Kalendermonat | Bewertung als Arbeitszeit |
|---|---|
| 1. bis 8. Bereitschaftsdienst | 25 v. H. |
| 9. bis 12. Bereitschaftsdienst | 35 v. H. |
| 13. und folgende Bereitschaftsdienste | 45 v. H. |

(2) Die Zuweisung zu den einzelnen Stufen des Bereitschaftsdienstes erfolgt durch die Betriebsparteien.

*(3) Für die Beschäftigten gemäß § b Kr Abs. 10 wird zum Zweck der Entgeltberechnung die Zeit des Bereitschaftsdienstes einschließlich der geleisteten Arbeit mit 25 v. H. als Arbeitszeit bewertet. Leistet der Beschäftigte in einem Kalendermonat mehr als acht Bereitschaftsdienste, wird die Zeit eines jeden über acht Bereitschaftsdienste hinausgehenden Bereitschaftsdienstes zusätzlich mit 15 v. H. als Arbeitszeit gewertet.*

*(4) Die nach den Absätzen 1 und 3 zum Zwecke der Entgeltberechnung als Arbeitszeit gewertete Bereitschaftsdienstzeit wird wie folgt vergütet:*

| Bereitschaftsdienstentgelte je Stunde: | |
|---|---|
| Egr. 15 | |
| Egr. 14 | |
| Egr. 13 | |
| Egr. 12 | |
| Egr. 11 | |
| Egr. 10 | |
| Egr. 9 | |
| Egr. 8 | |
| Egr. 7 | |
| Egr. 6 | |
| Egr. 5 | |
| Egr. 4 | |
| Egr. 3 | |
| Egr. 2 | |
| Egr. 1 | |

*(Die Beträge des Bereitschaftsdienstentgelts werden von den Tarifvertragsparteien für die jeweiligen Entgeltgruppen der Entgelttabelle des TVöD jeweils gesondert festgelegt. Bei der Festlegung dieser Beträge ist zwingend das Gebot der Kostenneutralität zu beachten. Sie sind dynamisch.)*

*(5) Das Bereitschaftsdienstentgelt kann im Falle der Faktorisierung nach § 11 Abs. 3 TVöD im Verhältnis 1:1 in Freizeit abgegolten werden.*

### § y Kr Sonderkündigungsrecht

*Abweichend von § [x] TVöD (Kündigungsbestimmungen) können die §§ b und c Kr mit einer Frist von 3 Monaten gekündigt werden, wenn infolge einer Änderung des Arbeitszeitgesetzes sich materiellrechtliche Auswirkungen ergeben oder weitere Regelungsmöglichkeiten für die Tarifvertragsparteien eröffnet werden. Rein formelle Änderungen berechtigen nicht zu einer Ausübung des Sonderkündigungsrechts.*

### II. § [x].. TVÜ (VKA)

*(1) Die Regelungen des § b Kr treten am 1. Januar 2006 in Kraft. Bis zum In-Kraft-Treten dieser Regelungen gelten die für Bereitschaftsdienst und Rufbereitschaft einschlägigen tarifvertraglichen Regelungen des BAT abweichend von § 2 TVÜ fort.*

*(2) Aufgrund einer Betriebs- bzw. Dienstvereinbarung können bereits vor dem 1. Januar 2006 die Regelungen des §§ b und c Kr angewendet werden.*

*(3) Abweichend von Absatz 1 tritt § b Kr Abs. 7 für die von § 1 Abs. 1 TVÜ erfassten Beschäftigten erst zum 1. Juli 2006 in Kraft, sofern dessen Anwendung zu Veränderungen führt.*

## Bedeutung der Regelung in § 23 TVÜ-VKA

Im Überleitungstarifvertrag ist zwischen den Tarifvertragsparteien vereinbart worden, dass diese Regelungen im TVöD zum Bereitschaftsdienst und zur Rufbereitschaft nicht schon am 1. Oktober 2005, sondern **erst am 1. Januar 2006** in Kraft treten.

Für die Zeit bis zum In-Kraft-Treten am 1. Januar 2006 gelten die für den Bereitschaftsdienst und die Rufbereitschaft einschlägigen tarifvertraglichen Regelungen des BAT fort. Damit soll sichergestellt werden, dass **bis zum Ende der Übergangsfrist des § 25 ArbZG die bisherigen Regelungen der SR 2a bis SR 2c weiterhin angewendet werden können.**

Sonstige vom TVöD abweichende oder ihn ergänzende Bestimmungen (4. Abschnitt)

Auf freiwilliger Basis können die Betriebsparteien in einer Betriebs- bzw. Dienstvereinbarung ab In-Kraft-Treten des TVöD am 1. Oktober 2005 die Anwendung der tarifvertraglichen Regelungen zum Bereitschaftsdienst und zur Rufbereitschaft vor deren In-Kraft-Treten am 1. Januar 2006 vereinbaren.

Nr. 3 betrifft § b Kr Abs.7. Danach **reduziert** sich bei **teilzeitbeschäftigten Arbeitnehmern**, die Teilzeit vereinbart haben, weil sie mindestens ein Kind unter 18 Jahren oder einen nach ärztlichem Gutachten pflegebedürftigen sonstigen Angehörigen tatsächlich betreuen oder pflegen, die **höchstzulässige wöchentliche Arbeitszeit in dem gleichen Umfang**, in dem die Arbeitszeit des teilzeitbeschäftigten Arbeitnehmers im Vergleich zur regelmäßigen wöchentlichen Arbeitszeit eines Vollzeitbeschäftigten reduziert worden ist. Hierzu ist eine gesonderte Regelung für das In-Kraft-Treten vereinbart worden. Diese Regelung tritt für diejenigen Beschäftigten, die zum 30. September 2005 in einem Arbeitsverhältnis zu einem öffentlichen Arbeitgeber stehen, **erst zum 1. Juli 2006 in Kraft**. Damit will man der Praxis Zeit einräumen, die betrieblichen Abläufe den veränderten Umständen anzupassen.

Bei **Neueinstellungen ab dem 1. Oktober 2005** greift die Regelung bereits ab dem 1. Januar 2006.

#### 4.7.2.2 TVÜ-Bund

Der TVÜ-Bund enthält keine Regelung zum Bereitschaftsdienst und Rufbereitschaft.

## 4.8 Erschwerniszuschläge

### 4.8.1 Tariftext TVÜ-VKA

§ 24
Erschwerniszuschläge

¹Bis zur Regelung in einem landesbezirklichen Tarifvertrag gelten für die von § 1 Abs. 1 und 2 erfassten Beschäftigten im jeweiligen bisherigen Geltungsbereich

- die jeweils geltenden bezirklichen Regelungen zu Erschwerniszuschlägen gemäß § 23 Abs. 3 BMT-G,
- der Tarifvertrag zu § 23 Abs. 3 BMT-G-O vom 14. Mai 1991,
- der Tarifvertrag über die Gewährung von Zulagen gemäß § 33 Abs. 1 Buchst. c) BAT vom 11. Januar 1962 und
- § 1 Abs. 1 Nr. 1 des Tarifvertrages über Zulagen an Angestellte (TV Zulagen Ang-O) vom 8. Mai 1991

fort. ²Sind die Tarifverhandlungen nach Satz 1 nicht bis zum 31. Dezember 2007 abgeschlossen, gelten die landesbezirklichen Tarifverträge ab 1. Januar 2008 mit der Maßgabe fort, dass **die Grenzen und die Bemessungsgrundlagen des § ▌ Abs. 4 TVöD (Erschwerniszuschläge) zu beachten sind.**

### 4.8.2 Regelungsinhalt

#### 4.8.2.1 TVÜ-VKA

Hinsichtlich der Erschwerniszuschläge bleiben zunächst für eine Übergangszeit die bisherigen Regelungen weiterhin in Kraft. Und zwar so lange, bis sie durch eine neue tarifliche Regelung abgelöst werden. **Enddatum** der Übergangszeit ist allerdings der **31. Dezember 2007**. Ist zu diesem Zeitpunkt keine Ablösung erfolgt, gelten die bisherigen Regelungen weiter mit der Maßgabe, dass die

Grenzen und die Bemessungsgrundlagen des § *(Verweis noch nicht bekannt)* TVöD zu beachten sind.

Nach der Regelung im TVöD werden Erschwerniszuschläge nicht gezahlt für Erschwernisse, die mit dem der Eingruppierung zugrunde liegenden Berufs- oder Tätigkeitsbild verbunden sind.

Des Weiteren nicht, soweit der außergewöhnlichen Erschwernis durch geeignete Vorkehrungen, insbesondere zum Arbeitsschutz, ausreichend Rechnung getragen wird.

**Bemessungsgrundlagen** des TVöD sind in der Regel 5 bis 15 v. H., in besonderen Fällen auch abweichend des auf eine Stunde entfallenden Anteils des monatlichen Entgelts der Stufe 2 der Entgeltgruppe 2. Das Stundenentgelt Entgeltgruppe 2 Stufe 2 beträgt 9,62 EUR.

5 % des Stundenentgelts Entgeltgruppe 2 Stufe 2 beträgt 0,48 EUR.

15 % des Stundenentgelts Entgeltgruppe 2 Stufe 2 beträgt 1,44 EUR.

**Zum Vergleich**: Die Bemessungsgrundlage nach dem Erschwerniszuschlagskatalog – Katalog zum BZT-G/NRW beträgt derzeit 7,90 EUR.

Nach Abschn. A Allg.Teil Nr. 18 des EZ-Katalogs/NRW steht für bestimmte Tätigkeiten ein EZ von 25 % = 1,98 EUR zu.

Durch die „**Plafondierung**" nach dem TVöD stehen für diese Tätigkeiten ab dem 1. Januar 2008 maximal 15 % von 9,62 EUR = 1,44 EUR zu.

### 4.8.2.2 TVÜ-Bund

**Der TVÜ-Bund** enthält keine eigenen Regelungen zu Erschwerniszuschlägen. Jedoch ergibt sich aus dem TVöD unmittelbar zunächst eine Weitergeltung der bisherigen Regelungen bis zur Ablösung durch einen Tarifvertrag. Ob auch hier die oben angeführte Begrenzung durch eine Plafondierung greift, bleibt der tariflichen Regelung vorbehalten.

## 4.9 Bereitschaftszeiten

### 4.9.1 Tariftext TVÜ-VKA

§ 25
Bereitschaftszeiten

**Die landesbezirklich für Hausmeister und Beschäftigtengruppen mit Bereitschaftszeiten innerhalb ihrer regelmäßigen Arbeitszeit getroffenen Tarifverträge und Tarifregelungen sowie Nr. 3 SR 2r BAT-O gelten fort. § ▪ Abs. TVöD [Sonderregelung Arbeitszeit Hausmeister und andere Beschäftigtengruppen] widersprechende Regelungen zur Arbeitszeit sind bis zum 31. Dezember 2005 entsprechend anzupassen.**

### 4.9.2 Regelungsinhalt

#### 4.9.2.1 TVÜ-VKA

Der BAT sah in § 15 Abs.2 und der BMT-G in § 14 Abs. 2 i. V. m. den Bezirkstarifverträgen der kommunalen Arbeitgeberverbände Möglichkeiten vor, die Arbeitszeit erheblich zu verlängern, wenn Zeiten von Arbeitsbereitschaft in die Arbeitszeit fielen. So wurde in Nr. 3 der SR 2 r die Arbeitszeit für Hausmeister beim Bund und im Bereich der TdL auf 50 ½ Stunden festgesetzt. Und im Bereich des BAT-O (VKA) wurde in der SR 2 r die regelmäßige Arbeitszeit der Hausmeister auf 52 Stunden und im Bereich des Landes Berlin auf 50 ½ Stunden festgelegt. Arbeitsbereitschaft war dabei auf der

Grundlage der Rechtsprechung als „wache Achtsamkeit im Zustand der Entspannung" verstanden worden.

**Der TVöD kennt eine Verlängerung der regelmäßigen Arbeitszeit bei Zeiten von Arbeitsbereitschaft nicht mehr.** An die Stelle dieser Regelungen tritt eine besondere Regelung von **Bereitschaftszeiten**, die eine nahezu kostenneutrale Gestaltung der Arbeitszeit ermöglicht. Für welche Beschäftigtengruppen diese Regelung neben den Hausmeistern gilt, ist derzeit noch offen. Ins Auge gefasst sind Bereiche wie z. B. Rettungsdienste, Schleusenwärter.

§ 25 TVÜ-VKA regelt die Weitergeltung der bestehenden tariflichen Regelungen mit verlängerter Arbeitszeit aufgrund Arbeitsbereitschaft, ordnet aber zugleich an, dass diese weiter geltenden tariflichen Regelungen bis zum 31. Dezember 2005 an die eingrenzenden Bestimmungen zur Bereitschaftszeit im TVöD anzupassen sind. Nach der Neuregelung im TVöD kann das Volumen der regelmäßigen Arbeitszeit verlängert werden, wenn in deren Tätigkeit

1. regelmäßig und

2. in nicht unerheblichem Umfang

3. Bereitschaftszeiten fallen.

An diese drei Voraussetzungen stellen die Tarifvertragsparteien keine hohen Anforderungen.

Bereitschaftszeiten in diesem Sinn werden definiert als Zeiten, in denen sich der Beschäftigte, z. B. ein Hausmeister, am Arbeitsplatz oder einer anderen vom Arbeitgeber bestimmten Stelle zur Verfügung halten muss, um im Bedarfsfall die Arbeit selbständig, ggf. auch auf Anordnung aufzunehmen und in denen die Zeiten ohne Arbeitsleistung überwiegen. Die Bereitschaftszeiten entsprechen also in Bezug auf den möglichen Arbeitsanfall dem früheren aus den Sonderregelungen zum BAT bekannten Bereitschaftsdienst Stufe D. Der Arbeitsanfall während der Bereitschaftszeit darf 49 v. H. betragen. Der Arbeitgeber ist nicht verpflichtet, die Bereitschaftszeiten innerhalb von Beginn und Ende der regelmäßigen täglichen Arbeitszeit gesondert auszuweisen. Es genügt also eine Regelung im Arbeitsvertrag, aufgrund derer die Arbeitnehmer berechtigt sind, während ihrer täglichen Arbeitszeit Bereitschaftszeiten im beschriebenen Sinne wahrzunehmen. Diese Zeiten dürfen nicht selten, sondern müssen regelmäßig und in nicht unerheblichem Umfang vorliegen. Wenn die drei genannten Voraussetzungen erfüllt sind, werden die Bereitschaftszeiten zunächst faktorisiert und zur Hälfte als Arbeitszeit gewertet.

**Die Regelung enthält zwei Grenzen:**

1. Die Summe aus Vollarbeit und (den faktorisierten) Bereitschaftszeiten darf die regelmäßige Arbeitszeit nach § 8 Abs. 1 Satz 1 TvöD (zurzeit im Tarifgebiet West 38,5, im Tarifgebiet Ost 40 Stunden, beim Bund 39 Stunden) nicht überschreiten.

2. Die Summe aus Vollarbeits- und Bereitschaftszeiten darf durchschnittlich 48 Stunden wöchentlich nicht überschreiten. Dies folgt unabhängig von der tariflichen Regelung bereits aus dem nationalen Arbeitszeitgesetz und den vom Europäischen Gerichtshof aufgestellten Grundsätzen.

**Beispiel**

30 h Vollarbeit + 17 h Bereitschaftszeit ⟶ 8,5 h „faktorisierte" Bereitschaftszeit

**1. Grenze:** regelmäßige Wochenarbeitszeit von 38,5 h (30 h + 8,5 h)

**2. Grenze:** gesetzliche Höchstarbeitszeit von 48 h (30 h + 17 h)

Die maximal zulässige Verteilung wären sonach 28,75 Stunden Vollarbeit und 19,25 Stunden Bereitschaftszeit.

Die bisherigen Regelungen gehen hinsichtlich des Volumens der regelmäßigen Arbeitszeit als auch bezüglich der Überstundenregelung über die Höchstgrenze von 48 h pro Woche deutlich hinaus. Insofern war eine Anpassung bereits zwingend durch europäisches und deutsches Arbeitszeitrecht vorgegeben.

Die Bereitschaftszeiten im Sinne dieser Sonderregelung sind nicht mit einer gesonderten Regelung für das Entgelt versehen worden. Ihre einzige Funktion ist die Ausweitung der regelmäßigen Arbeitszeit durch Zeiten mit weniger Arbeitsanfall. Die Bereitschaftszeiten werden somit zusammen mit der Vollarbeit mit dem Entgelt für die Arbeit im Rahmen der regelmäßigen Arbeitszeit eines Vollbeschäftigten abgegolten.

Im Ergebnis sind die früheren Regelungen zur Verlängerung der Arbeitszeit bei Arbeitsbereitschaft damit kostenneutral im TvöD abgebildet worden.

### 4.9.2.2 TVÜ-Bund

Der **TVÜ-Bund** enthält in § 23 eine entsprechende Regelung.

## 4.10 Übergangsregelung zur Zusatzversorgungspflicht der Feuerwehrzulage

### 4.10.1 Tariftext TVÜ-VKA

§ 26
Übergangsregelung zur Zusatzversorgungspflicht der Feuerwehrzulage

[1]Abweichend von der allgemeinen Regelung, dass die Feuerwehrzulage für Beschäftigte im feuerwehrtechnischen Dienst nicht zusatzversorgungspflichtig ist, ist diese Zulage bei Beschäftigten, die eine Zulage nach Nr. 2 Absatz 2 SR 2 x BAT/BAT-O bereits vor dem 1. Januar 1999 erhalten haben und bis zum 30. September 2005 nach Vergütungsgruppen X bis Va/b eingruppiert waren (§ 4 Abs. 1 <u>Anlage 1 TVÜ</u>), zusatzversorgungspflichtig nach Ablauf des Kalendermonats, in dem sie sieben Jahre lang bezogen worden ist, längstens jedoch bis zum 31. Dezember 2007. [2]Auf die Mindestzeit werden auch solche Zeiträume angerechnet, während derer die Feuerwehrzulage nur wegen Ablaufs der Krankenbezugsfristen nicht zugestanden hat. [3]Sätze 1 und 2 gelten nicht, wenn der Beschäftigte bis zum 31. Dezember 2007 bei Fortgeltung des BAT/BAT-O oberhalb der Vergütungsgruppe Va/b eingruppiert wäre.

### 4.10.2 Regelungsinhalt

#### 4.10.2.1 TVÜ-VKA

§ 26 enthält eine besondere Besitzstandsregelung für Angestellte im feuerwehrtechnischen Dienst.

Die Besitzstandsregelung bezieht sich ausschließlich auf die Zusatzversorgungspflichtigkeit der so genannten Feuerwehrzulage nach Nr. 2 Abs. 2 SR 2x BAT/BAT-O und greift die dort verankerte Besitzstandsregelung auf.

„R 2x BAT/BAT-O Nr. 2
(2) Angestellte im Einsatzdienst erhalten eine Zulage unter den gleichen Voraussetzungen, in der gleichen Höhe und in dem gleichen Umfang, wie sie die entsprechenden vergleichbaren Beamten des Arbeitgebers nach Nr. 10 der Vorbemerkungen zu den Besoldungsordnungen A und B des Bundesbesoldungsgesetzes erhalten (Feuerwehrzulage).

Die Feuerwehrzulage wird nur für Zeiträume gezahlt, für die Bezüge (Vergütung, Urlaubsvergütung, Krankenbezüge) zustehen. Sie ist bei der Bemessung des Sterbegeldes (§ 41) und des Übergangsgeldes (§ 63) zu berücksichtigen.

*Die Feuerwehrzulage ist – auch im Rahmen der Zuwendung nach dem Tarifvertrag über eine Zuwendung für Angestellte – nicht zusatzversorgungspflichtig. Abweichend von Satz 1 dieses Unterabsatzes ist die Feuerwehrzulage bei Angestellten, die diese Zulage bereits vor dem 1. Januar 1999 erhalten haben, zusatzversorgungspflichtig nach Ablauf des Kalendermonats, in dem sie sieben Jahre lang bezogen worden ist, längstens jedoch bei Angestellten der Vergütungsgruppen IV bis I bis zum 31. Dezember 2004 und bei Angestellten der Vergütungsgruppen X bis V a/b bis zum 31. Dezember 2007. Auf die Mindestzeit werden auch solche Zeiträume angerechnet, während derer die Feuerwehrzulage nur wegen Ablaufs der Krankenbezugsfristen nicht zugestanden hat."*

Da mit der Ersetzung des BAT/BAT-O ab dem 1. Oktober 2005 durch den TVöD auch deren Sonderregelungen ersetzt werden, hat § 26 ausschließlich zum Gegenstand, die aus der bisherigen SR 2x noch bestehenden (Rest-)Besitzstandsregelungen bis zu deren Auslaufen am 31. Dezember 2007 zu „retten".

Zwar gibt es noch keine Regelung zur Weiterführung der Feuerwehrzulage in bisheriger Ausprägung im TVöD, dies ist jedoch vor allem dem von den Tarifvertragsparteien verfolgten Grundsatz der srikten Trennung von Tarif- und Beamtenrecht geschuldet. Dass es auch im Geltungsbereich des TVöD eine vergleichbare Zulage geben wird, scheint indes gewiss – sonst wäre eine auf die Anrechenbarkeit der Zulage auf das zusatzversicherungspflichtige Entgelt ausgerichtete Besitzstandsregelung entbehrlich gewesen.

### 4.10.2.2 TVÜ-Bund

§ 26 TVÜ-VKA ist eine kommunale Überleitungsvorschrift, die kein Pendant im TVÜ-Bund hat.

## 4.11 Angestellte als Lehrkräfte in Musikschulen

### 4.11.1 Tariftext TVÜ-VKA

§ 27
Angestellte als Lehrkräfte an Musikschulen

**Für die bis zum 30. September 2005 unter den Geltungsbereich der Nr. 1 SR 2 l ll BAT fallenden Angestellten, die am 28. Februar 1987 in einem Arbeitsverhältnis standen, das am 1. März 1987 zu demselben Arbeitgeber bis zum 30. September 2005 fortbestanden hat, wird eine günstigere einzelarbeitsvertragliche Regelung zur Arbeitszeit durch das In-Kraft-Treten des TVöD nicht berührt.**

### 4.11.2 Regelungsinhalt

#### 4.11.2.1 TVÜ-VKA

Die Vorschrift bestimmte für Musikschullehrer, die am 28. Februar 1987 in einem Arbeitsverhältnis gestanden haben, das am 1. März 1987 zu demselben Arbeitgeber fortbestanden hat, dass eine günstigere arbeitsvertragliche Festlegung der durchschnittlichen regelmäßigen wöchentlichen Arbeitszeit durch das In-Kraft-Treten der Nr. 2 der SR 2 l II BAT nicht berührt wird.

Die Tarifvertragsparteien haben am 27. April 2005 Tarifverhandlungen über die Sonderregelungen für Angestellte als Lehrkräfte an Musikschulen im Bereich der VKA (SR 2L II BAT) geführt und sich im Wesentlichen auf inhaltsgleiche Nachfolgeregelungen für den TVöD verständigt. Danach gilt auch ab 1. Oktober 2005 ein Musikschullehrer dann als vollbeschäftigt, wenn die arbeitsvertrag-

Die Neuregelungen im Einzelnen 123

lich vereinbarte durchschnittliche regelmäßige wöchentliche Arbeitszeit 30 Unterrichtsstunden zu je 45 Minuten beträgt.

In § 27 TVÜ-VKA wird nun bestimmt, dass für die Musikschullehrer, die seit dem 28. Februar 1987 in einem Arbeitsverhältnis zu demselben Arbeitgeber stehen, eine günstigere einzelvertragliche Regelung zur Arbeitszeit durch das In-Kraft-Treten der Nachfolgeregelung der SR 2L II BAT am 1. Oktober 2005 nicht berührt wird.

#### 4.11.2.2 TVÜ-Bund

Der **TVÜ-Bund** enthält hierzu keine Regelung.

## 4.12 Abrechnung unständiger Bezügebestandteile

### 4.12.1 Tariftext TVÜ-VKA

§ 28
Abrechnung unständiger Bezügebestandteile

**Bezüge im Sinne des § 36 Abs. 1 Unterabs. 2 BAT/BAT-O/BAT-Ostdeutsche Sparkassen, § 26 a Abs. 1 Unterabs. 2 BMT-G/BMG-O für Arbeitsleistungen bis zum 30. September 2005 werden nach den bis dahin jeweils geltenden Regelungen abgerechnet als ob das Arbeitsverhältnis mit Ablauf des 30. September 2005 beendet worden wäre.**

### 4.12.2 Regelungsinhalt

#### 4.12.2.1 TVÜ-VKA

Der Teil der Bezüge, der nicht in monatlichen Beträgen oder Pauschalen festgelegt ist, bemisst sich nach dem bisherigen Tarifrecht nach der **Arbeitsleistung des Vorvormonats**. Dies ergibt sich aus den in § 28 aufgeführten Vorschriften. Ohne die vereinbarte Übergangsregelung wären z. B. Zeitzuschläge, die den Beschäftigten aufgrund von im August 2005 erbrachten Arbeitsleistungen zustehen, nach den ab 1. Oktober 2005 geltenden Regelungen des TVöD abzurechnen. Da sich die Vorschriften über Zeitzuschläge („Ausgleich für Sonderformen der Arbeit") im TVöD gegenüber den bisherigen Tarifbestimmungen schon allein aufgrund der Vereinheitlichung des Angestellten- und Arbeiterrechts zwangsläufig ändern werden, gebietet es der Vertrauensschutz, die vor dem 1. Oktober 2005 geleistete Arbeit auch nach den bis zu diesem Zeitpunkt geltenden Regelungen zu berechnen und abzuwickeln.

Die Tarifvertragsparteien haben deshalb insoweit die Überleitung in den TVöD als **rechtliche Beendigung des Arbeitsverhältnisses fingiert**. Dies führt dazu, dass die Regelungen in § 36 Abs. 1 Unterabs. 3 BAT/BAT-O/BAT-Ostdeutsche Sparkassen bzw. in § 26a Abs. 1 Unterabs. 3 BMT-G/BMT-G-O zur Anwendung kommen. Nach diesen Vorschriften bemessen sich im Monat der Beendigung des Arbeitsverhältnisses die sog. unständigen Bezügebestandteile auch nach der Arbeitsleistung des Vormonats und des laufenden Monats. Auf diese Weise wird sichergestellt, dass bis Ende September 2005 alle bis zu diesem Zeitpunkt erbrachten Arbeitsleistungen nach den bis zu diesem Zeitpunkt geltenden Tarifbestimmungen abgerechnet werden können. Über diesen Weg können z. B. sowohl im August als auch im September 2005 geleistete Arbeitsstunden, die einen Anspruch auf Zeitzuschläge auslösen, bei der Gehaltsabrechnung für September entsprechend berücksichtigt und die Zuschläge zu dem Fälligkeitszeitpunkt ausgezahlt werden.

#### 4.12.2.2 TVÜ-Bund

Die Regelung in § 28 TVÜ-VKA ist **inhaltsgleich** unter § 22 TVÜ-Bund zu finden mit der Maßgabe, dass der BAT-Ostdeutsche Sparkassen nicht aufgeführt ist und anstelle der aufgeführten Regelungen des BMT-G/BMT-G-O auf die für die Arbeiter des Bundes geltenden Vorschriften im MTArb/ MTArb-O verwiesen wird.

# 5 Besondere Regelungen für einzelne Mitgliedverbände der VKA

## 5.1 Tariftext

5. Abschnitt
Besondere Regelungen für einzelne Mitgliedverbände der VKA

§ 29

(1) Mit In-Kraft-Treten dieses Tarifvertrages bleiben

- § 3 Abs. 1 Satz 2 des Vergütungstarifvertrages Nr. 7 zum BAT-O für den Bereich der Vereinigung der VKA,
- § 3 Abs. 1 Satz 2 des Vergütungstarifvertrages Nr. 7 zum BAT-Ostdeutsche Sparkassen
- § 3 Abs. 1 Satz 2 des Monatslohntarifvertrages zum BMT-G-O
- § 3 Abs. 1 Satz 2 des Monatslohntarifvertrages für die Arbeiter der ostdeutschen Sparkassen

unberührt.

(2) ...

<u>Niederschriftserklärung zu § 29 Abs. 2 ff:</u>

Die Tarifvertragsparteien werden hinsichtlich besonderer Regelungen für einzelne Mitgliedverbände der VKA hierzu baldmöglichst einen Termin vereinbaren.

## 5.2 Regelungsinhalt

Die in Absatz 1 aufgeführten Vorschriften der Vergütungs- bzw. Monatslohntarifverträge regeln jeweils den Bemessungssatz für die Löhne und Vergütungen im Tarifgebiet Ost im Verhältnis zum Tarifgebiet West.

Zugleich beinhalten sie die **schuldrechtliche Verpflichtung** der Tarifvertragsparteien, „die Anpassung des Bemessungssatzes" bis zum 31. Dezember 2007 (Arbeiter und Angestellte in unteren bis mittleren Vergütungsgruppen) bzw. bis 31. Dezember 2009 (Angestellte in oberen Vergütungsgruppen) abzuschließen.

Mit der Formulierung, dass mit In-Kraft-Treten des TVÜ diese Vorschriften „unberührt" bleiben, wird klargestellt, dass diese schuldrechtliche Verpflichtung auch nach Ablösung des BAT-O bzw. BMT-G-O mit den entsprechenden Lohn- und Vergütungstarifverträgen erhalten bleiben soll.

Im Übrigen ist **der noch unvollständige § 29 TVÜ** noch durch die Tarifvertragsparteien zu ergänzen.

# 6 Übergangs- und Schlussvorschriften

## 6.1 Tariftext TVÜ-VKA

6. Abschnitt:
Übergangs- und Schlussvorschriften

§ 30
In-Kraft-Treten, Laufzeit

(1) Dieser Tarifvertrag tritt am 1. Oktober 2005 in Kraft.

(2) ¹Der Tarifvertrag kann ohne Einhaltung einer Frist jederzeit schriftlich gekündigt werden, frühestens zum 31. Dezember 2007.

²Die §§ 17 bis 19 einschließlich Anlagen können ohne Einhaltung einer Frist, jedoch nur insgesamt, schriftlich gekündigt werden, frühestens zum 31. Dezember 2007; die Nachwirkung dieser Vorschriften wird ausgeschlossen.

Niederschriftserklärung zu § 30 Abs. 1:

Im Hinblick auf die notwendigen personalwirtschaftlichen, organisatorischen und technischen Vorarbeiten für die Überleitung der vorhandenen Beschäftigten in den TVöD sehen die Tarifvertragsparteien die Problematik einer fristgerechten Umsetzung der neuen Tarifregelungen zum 1. Oktober 2005. Sie bitten die personalverwaltenden und bezügezahlenden Stellen, im Interesse der Beschäftigten gleichwohl eine zeitnahe Überleitung zu ermöglichen und die Zwischenzeit mit zu verrechnenden Abschlagszahlungen zu überbrücken.

## 6.2 Regelungsinhalt

**Absatz 1 (In-Kraft-Treten)**
In Absatz 1 ist bestimmt, dass der TVÜ (gleichzeitig mit dem TVöD) **am 1. Oktober 2005** in Kraft tritt.

Mit Blick auf die organisatorische Vorbereitung haben die Tarifvertragsparteien mit dem TVÜ die Überleitung in einen Tarifvertrag (TVöD) vereinbart, der zwar in groben Umrissen, aber noch nicht im Wortlaut existiert.

Dies ist ungewöhnlich, da gewissermaßen „das Pferd von hinten aufgezäumt wird".

In der Niederschriftserklärung zu § 30 Absatz 1 werden jedoch die Beweggründe für diese Verfahrensweise deutlich.

Wegen des engen Zeitfensters für die **organisatorischen, technischen und personalwirtschaftlichen Vorarbeiten zur Einführung des TVöD** bis zum 1. Oktober 2005[26] war es erforderlich, den Personalverwaltenden und Bezüge zahlenden Stellen das Handwerkszeug für die Überleitung der Beschäftigten zeitnah an die Hand zu geben.

**Absatz 2 (Mindestlaufzeit, Kündigungsfristen)**
In Absatz 2 Satz 1 ist eine Mindestlaufzeit für den TVÜ (Analog zum TVöD) bis zum 31. Dezember 2007 vereinbart. Bis dahin kann der Tarifvertrag zwar jederzeit ohne Einhaltung einer Frist ge-

---

[26] Der Termin 1. Oktober 2005 für das In-Kraft-Treten des TVöD ist Bestandteil des Potsdamer Tarifabschlusses, eines Pakets aus Lohn- und Vergütungserhöhungen und der Vereinbarung des reformierten Tarifrechts.

kündigt werden, solange keine Gründe für eine vorherige außerordentliche Kündigung (aus wichtigem Grund) vorliegen, wirkt die Kündigungserklärung jedoch erst zum 31. Dezember 2007. Für die Kündigung ist als Wirksamkeitsvoraussetzung die Schriftform vereinbart.

Als Besonderheit ist hervorzuheben, dass nach Absatz 2 Satz 2, 2. Halbsatz die **Nachwirkung ausgeschlossen** ist.

Wird die Nachwirkung eines Tarifvertrages nicht ausgeschlossen, gelten gemäß § 4 Abs. 5 TVG nach Ablauf des Tarifvertrages (z. B. infolge Kündigung) seine Rechtsnormen weiter, bis sie durch eine andere Abmachung ersetzt werden.

Da gemäß § 1 Abs. 3 TVÜ die Rechtsnormen des TVÜ bei Normenkollision Vorrang vor denen des TVöD haben, war es im **Interesse der Rechtsklarheit** richtig, die Nachwirkung des Überleitungsrechts auszuschließen, um bei Ablauf des TVÜ die uneingeschränkte Geltung des TVöD zu bewirken.

# C Arbeitshilfen

## 1 Kommunen

### 1.1 TVÜ-VKA

Tarifvertrag zur Überleitung der Beschäftigten der kommunalen Arbeitgeber in den TVöD und zur Regelung des Übergangsrechts
(TVÜ-VKA)[27]
vom 1. Juni 2005

Zwischen

der Vereinigung der kommunalen Arbeitgeberverbände,
vertreten durch den Vorstand,
einerseits

und

der Vereinten Dienstleistungsgewerkschaft – ver.di –
– Bundesvorstand –,

diese zugleich handelnd für
Gewerkschaft der Polizei,
Industriegewerkschaft Bauen – Agrar – Umwelt,
Gewerkschaft Erziehung und Wissenschaft,
Marburger Bund,

andererseits

wird Folgendes vereinbart:

---

[27] Vorbehaltlich redaktioneller Anpassungen an den TVöD.

## 1. Abschnitt
## Allgemeine Vorschriften

### § 1
### Geltungsbereich

(1) ¹Dieser Tarifvertrag gilt für Angestellte, Arbeiterinnen und Arbeiter, deren Arbeitsverhältnis zu einem tarifgebundenen Arbeitgeber, der Mitglied eines Mitgliedverbandes der Vereinigung der kommunalen Arbeitgeberverbände (VKA) ist, über den 30. September 2005 hinaus fortbesteht, und die am 1. Oktober 2005 unter den Geltungsbereich des Tarifvertrages für den öffentlichen Dienst (TVöD) fallen, für die Dauer des ununterbrochen fortbestehenden Arbeitsverhältnisses. ²Dieser Tarifvertrag gilt ferner für die unter § 19 Abs. 2 und § 20 fallenden sowie für die von § 2 Abs. 6 erfassten Beschäftigten hinsichtlich § 22 Abs. 5.

**Protokollerklärung zu § 1 Abs. 1 Satz 1:**

In der Zeit bis zum 30. September 2007 sind Unterbrechungen von bis zu einem Monat unschädlich.

(2) Nur soweit nachfolgend ausdrücklich bestimmt, gelten die Vorschriften dieses Tarifvertrages auch für Beschäftigte, deren Arbeitsverhältnis zu einem Arbeitgeber im Sinne des Absatzes 1 nach dem 30. September 2005 beginnt und die unter den Geltungsbereich des TVöD fallen.

(3) Die Bestimmungen des TVöD gelten, soweit dieser Tarifvertrag keine abweichenden Regelungen trifft.

### § 2
### Ablösung bisheriger Tarifverträge durch den TVöD

(1) ¹Der TVöD ersetzt bei tarifgebundenen Arbeitgebern, die Mitglied eines Mitgliedverbandes der VKA sind, den

- Bundes-Angestelltentarifvertrag (BAT) vom 23. Februar 1963
- Tarifvertrag zur Anpassung des Tarifrechts – Manteltarifliche Vorschriften – (BAT-O) vom 10. Dezember 1990
- Tarifvertrag zur Anpassung des Tarifrechts – Manteltarifliche Vorschriften – (BAT-Ostdeutsche Sparkassen) vom 21. Januar 1991
- Bundesmanteltarifvertrag für Arbeiter gemeindlicher Verwaltungen und Betriebe – BMT-G II – vom 31. Januar 1962
- Tarifvertrag zur Anpassung des Tarifrechts – Manteltarifliche Vorschriften für Arbeiter gemeindlicher Verwaltungen und Betriebe – (BMT-G-O) vom 10. Dezember 1990
- Tarifvertrag über die Anwendung von Tarifverträgen auf Arbeiter (TV Arbeiter-Ostdeutsche Sparkassen) vom 25. Oktober 1990

sowie die diese Tarifverträge ergänzenden Tarifverträge der VKA, soweit in diesem Tarifvertrag oder im TVöD nicht ausdrücklich etwas anderes bestimmt ist. ²Die Ersetzung erfolgt mit Wirkung vom 1. Oktober 2005, soweit kein abweichender Termin bestimmt ist.

**Protokollerklärung zu § 2 Abs. 1:**

Von der ersetzenden Wirkung werden von der VKA abgeschlossene ergänzende Tarifverträge nicht erfasst, soweit diese anstelle landesbezirklicher Regelungen vereinbart sind.

Niederschriftserklärung zur Protokollerklärung zu § 2 Abs. 1:

Landesbezirkliche Regelungen sind auch Regelungen, die vor der ver.di-Gründung im Tarifrecht als bezirkliche Regelungen bezeichnet sind.

(2) ¹Die von den Mitgliedverbänden der VKA abgeschlossenen Tarifverträge sind durch die landesbezirklichen Tarifvertragsparteien hinsichtlich ihrer Weitergeltung zu prüfen und bei Bedarf an den TVöD anzupassen, sofern nicht in diesem Tarifvertrag (TVÜ) ihre vorübergehende Weitergeltung ausdrücklich bestimmt ist. ²Soweit nicht bis zum 31. Dezember 2006 anders vereinbart, ersetzt der TVöD auch diese Tarifverträge ab dem 1. Januar 2007. ³Die landesbezirklichen Tarifvertragsparteien können die Frist nach Satz 2 verlängern.

**Protokollerklärung zu § 2 Abs. 2:**

Entsprechendes gilt hinsichtlich der von der VKA abgeschlossenen Tarifverträge, soweit diese anstelle landesbezirklicher Regelungen vereinbart sind.

(3) ¹Sind in Tarifverträgen nach Absatz 2 Satz 1 Vereinbarungen zur Beschäftigungssicherung/Sanierung und/oder Steigerung der Wettbewerbsfähigkeit getroffen, findet ab dem 1. Oktober 2005 der TVöD unter Berücksichtigung der materiellen Wirkungsgleichheit dieser Tarifverträge Anwendung. ²In diesen Fällen ist durch die landesbezirklichen Tarifvertragsparteien baldmöglichst die redaktionelle Anpassung der in Satz 1 genannten Tarifverträge vorzunehmen.³ Bis dahin wird auf der Grundlage der bis zum 30. September 2005 gültigen Tarifregelungen weiter gezahlt. ⁴Die Überleitung in den TVöD erfolgt auf der Grundlage des Rechtsstandes vom 30. September 2005. ⁵Familienbezogene Entgeltbestandteile richten sich ab 1. Oktober 2005 nach diesem Tarifvertrag.

**Protokollerklärung zu § 2 Abs. 3:**

¹Der Rahmentarifvertrag vom 13. Oktober 1998 zur Erhaltung der Wettbewerbsfähigkeit der deutschen Verkehrsflughäfen und zur Sicherung der Arbeitsplätze (Fassung 28. November 2002) wird in seinen Wirkungen nicht verändert. ²Er bleibt mit gleichem materiellen Inhalt und gleichen Laufzeiten als Rechtsgrundlage bestehen. ³Beschäftigte in Unternehmen, für die Anwendungstarifverträge zum Rahmentarifvertrag nach Satz 1 vereinbart worden sind, werden zum 1. Oktober 2005 übergeleitet. ⁴Die tatsächliche personalwirtschaftliche Überleitung – einschließlich individueller Nachberechnungen – erfolgt zu dem Zeitpunkt, zu dem die Verständigung über den angepassten Anwendungstarifvertrag erzielt ist.

(4) Abweichend von Absatz 1 und 2 gelten Tarifverträge gemäß § 3 Tarifvertrag zur sozialen Absicherung fort und sind bei Bedarf an den TVöD anzupassen.

(5) Die Absätze 1 und 2 gelten nicht für Beschäftigte in Versorgungsbetrieben, Nahverkehrsbetrieben und für Beschäftigte in Wasserwirtschaftsverbänden in Nordrhein-Westfalen, die gemäß § TVöD vom Geltungsbereich des TVöD ausgenommen sind, es sei denn Betriebe oder Betriebsteile, die dem fachlichen Geltungsbereich des TV-V, eines TV-N oder des TV-WW/NW entsprechen, werden in begründeten Einzelfällen durch landesbezirklichen Tarifvertrag in den Geltungsbereich des TVöD und dieses Tarifvertrages einbezogen.

**Protokollerklärung zu § 2 Abs. 5:**

Die Möglichkeit, Betriebsteile, die dem Geltungsbereich eines TV-N entsprechen, in den Geltungsbereich eines anderen Spartentarifvertrages (TV-V, TV-WW/NW) einzubeziehen, bleibt unberührt.

(6) [1]Die Absätze 1 und 2 gelten längstens bis zum 31. Dezember 2007 nicht für Beschäftigte von Arbeitgebern, wenn die Anwendung des TV-V, eines TV-N oder des TV-WW/NW auf diese Beschäftigten beabsichtigt ist und vor dem 1. Oktober 2005 Tarifverhandlungen zur Einführung eines dieser Tarifverträge aufgenommen worden sind. [2]Dies gilt auch dann, wenn die Tarifverhandlungen erst nach dem 1. Oktober 2005, aber spätestens mit Ablauf des 31. Dezember 2007 zu der Überleitung in diese Tarifverträge führen.

**Protokollerklärung zu § 2 Abs. 6:**

[1]Tarifverhandlungen zur – ggf. teilbetrieblichen Einführung – der genannten Spartentarifverträge sind auch dann aufgenommen, wenn auf landesbezirklicher Ebene die jeweils andere Tarifvertragspartei zum Abschluss eines Tarifvertrages zur Einbeziehung aufgefordert worden ist. [2]Kommt bis zum 31. Dezember 2007 eine Vereinbarung über die Anwendung eines der genannten Spartentarifverträge nicht zustande, findet ab dem 1. Januar 2008 der TVöD und dieser Tarifvertrag auf Beschäftigte Anwendung, die nicht im Geltungsbereich des BAT/BAT-O/BMT-G/BMT-G-O verbleiben. Absatz 5 bleibt unberührt.

<u>Niederschriftserklärung:</u>

[1]Die Tarifvertragsparteien gehen davon aus, dass der TVöD und dieser Tarifvertrag bei tarifgebundenen Arbeitgebern das bisherige Tarifrecht auch dann ersetzen, wenn arbeitsvertragliche Bezugnahmen nicht ausdrücklich den Fall der ersetzenden Regelung beinhalten. [2]Die Geltungsbereichsregelungen zu den Spartentarifverträgen bleiben hiervon unberührt.

## 2. Abschnitt:
### Überleitungsregelungen

### § 3
### Überleitung in den TVöD

Die von § 1 Abs. 1 erfassten Beschäftigten werden am 1. Oktober 2005 gemäß den nachfolgenden Regelungen in den TVöD übergeleitet.

### § 4
### Zuordnung der Vergütungs- und Lohngruppen

(1) Für die Überleitung der Beschäftigten wird ihre Vergütungs- bzw. Lohngruppe (§ 22 BAT/BAT-O/BAT-Ostdeutsche Sparkassen bzw. entsprechende Regelungen für Arbeiterinnen und Arbeiter bzw. besondere tarifvertragliche Vorschriften für bestimmte Berufsgruppen) nach der <u>Anlage 1 TVÜ</u> den Entgeltgruppen des TVöD zugeordnet.

**Protokollerklärung zu § 4 Abs. 1:**

[1]Die Überleitung von Lehrkräften wird noch verhandelt. [2]Am 1. Oktober 2005 erfolgt vorerst die Fortzahlung der bisherigen Bezüge als zu verrechnender Abschlag auf das Entgelt, das diesen Beschäftigten nach der Überleitung zusteht.

<u>Niederschriftserklärung zur Protokollerklärung zu § 4 Abs. 1:</u>

Die Tarifvertragsparteien werden hierzu baldmöglichst einen Termin vereinbaren.

(2) Beschäftigte, die im Oktober 2005 bei Fortgeltung des bisherigen Tarifrechts die Voraussetzungen für einen Bewährungs-, Fallgruppen- oder Tätigkeitsaufstieg erfüllt hätten, werden für die Überleitung so behandelt, als wären sie bereits im September 2005 höhergruppiert worden.

(3) Beschäftigte, die im Oktober 2005 bei Fortgeltung des bisherigen Tarifrechts in eine niedrigere Vergütungs- bzw. Lohngruppe eingruppiert worden wären, werden für die Überleitung so behandelt, als wären sie bereits im September 2005 herabgruppiert worden.

Niederschriftserklärung zu §§ 3,4:

[1]Soweit bei Mitgliedsverbänden der VKA oder ihren Mitgliedern die Vergütungstabelle des Bundes und der Länder Anwendung findet, werden die Tarifvertragsparteien gesonderte Regelungen für die Überleitung vereinbaren. [2]Soweit in bezirklichen Lohngruppenverzeichnissen/Tarifvertrag zu § 20 BMT-G-O bei den Aufstiegen andere Verweildauern als 3 Jahre bzw. – für die Eingruppierung in eine a-Gruppe – als 4 Jahre vereinbart sind, werden die Tarifvertragsparteien prüfen, ob die Zuordnung der Lohngruppen zu den Entgeltgruppen gemäß Anlage 1 TVÜ nach den zu Grunde liegenden Grundsätzen erfolgt oder ob abweichende Regelungen notwendig sind. [3]Entsprechendes gilt für Beschäftigte, die in den TVöD übergeleitet werden und die dem Gehaltstarifvertrag für Angestellte in Versorgungs- und Verkehrsbetrieben im Lande Hessen (HGTAV) unterfallen. [4]Soweit besondere Lohngruppen vereinbart sind (z. B. F-Lohngruppen) erfolgt eine entsprechende Zuordnung zu den Entgeltgruppen.

## § 5
### Vergleichsentgelt

(1) Für die Zuordnung zu den Stufen der Entgelttabelle des TVöD wird für die Beschäftigten nach § 4 ein Vergleichsentgelt auf der Grundlage der im September 2005 erhaltenen Bezüge gemäß den Absätzen 2 bis 7 gebildet.

(2) [1]Bei Beschäftigten aus dem Geltungsbereich des BAT/BAT-O/BAT-Ostdeutsche Sparkassen setzt sich das Vergleichsentgelt aus der Grundvergütung, allgemeiner Zulage und Ortszuschlag der Stufe 1 oder 2 zusammen. [2]Ist auch eine andere Person im Sinne von § 29 Abschn. B Abs. 5 BAT/BAT-O/BAT-Ostdeutsche Sparkassen ortszuschlagsberechtigt oder nach beamtenrechtlichen Grundsätzen familienzuschlagsberechtigt, wird nur die Stufe 1 zugrunde gelegt; findet der TVöD am 1. Oktober 2005 auch auf die andere Person Anwendung, geht der jeweils individuell zustehende Teil des Unterschiedsbetrages zwischen den Stufen 1 und 2 des Ortszuschlags in das Vergleichsentgelt ein. [3]Ferner fließen im September 2005 tarifvertraglich zustehende Funktionszulagen insoweit in das Vergleichsentgelt ein als sie nach dem TVöD nicht mehr vorgesehen sind. [4]Erhalten Beschäftigte eine Gesamtvergütung (§ 30 BAT/BAT-O/BAT-Ostdeutsche Sparkassen), bildet diese das Vergleichsentgelt.

**Protokollerklärung zu § 5 Abs. 2 Satz 3:**

Vorhandene Beschäftigte erhalten bis zum Inkrafttreten der neuen Entgeltordnung, längstens bis zum 31. Dezember 2007, ihre Techniker-, Meister- und Programmiererzulagen unter den bisherigen Voraussetzungen als persönliche Besitzstandszulage.

(3) [1]Bei Beschäftigten aus dem Geltungsbereich des BMT-G/BMT-G-O/TV Arbeiter-Ostdeutsche Sparkassen wird der Monatstabellenlohn als Vergleichsentgelt zugrunde gelegt. [2]Absatz 2 Satz 3 gilt entsprechend. [3]Erhalten Beschäftigte nicht den Volllohn (§ 21 Abs. 1 Buchst. a BMT-G/BMT-G-O), gilt Absatz 2 Satz 4 entsprechend.

(4) [1]Beschäftigte, die im Oktober 2005 bei Fortgeltung des bisherigen Rechts die Grundvergütung bzw. den Monatstabellenlohn der nächsthöheren Stufe erhalten hätten, werden für die Bemessung

des Vergleichsentgelts so behandelt, als wäre der Stufenaufstieg bereits im September 2005 erfolgt.
²§ 4 Abs. 2 und 3 gilt bei der Bemessung des Vergleichsentgelts entsprechend.

**Protokollerklärung zu § 5 Abs. 4:**

Fällt bei Beschäftigten aus dem Geltungsbereich des BAT/BAT-O/BAT-Ostdeutsche Sparkassen, bei denen sich bisher die Grundvergütung nach § 27 Abschn. A BAT/BAT-O/BAT-Ostdeutsche Sparkassen bestimmt, im Oktober 2005 eine Stufensteigerung mit einer Höhergruppierung zusammen, ist zunächst die Stufensteigerung in der bisherigen Vergütungsgruppe und danach die Höhergruppierung durchzuführen.

(5) ¹Bei Teilzeitbeschäftigten wird das Vergleichsentgelt auf der Grundlage eines vergleichbaren Vollzeitbeschäftigten bestimmt. ²Satz 1 gilt für Beschäftigte, deren Arbeitszeit nach § 3 des Tarifvertrages zur sozialen Absicherung vom 6. Juli 1992 herabgesetzt ist, entsprechend.

Niederschriftserklärung zu § 5 Abs. 5:

Lediglich das Vergleichsentgelt wird auf der Grundlage eines entsprechenden Vollzeitbeschäftigten ermittelt; sodann wird nach der Stufenzuordnung das zustehende Entgelt zeitratierlich berechnet.

(6) Für Beschäftigte, die nicht für alle Tage im September 2005 oder für keinen Tag dieses Monats Bezüge erhalten, wird das Vergleichsentgelt so bestimmt, als hätten sie für alle Tage dieses Monats Bezüge erhalten; in den Fällen des § 27 Abschn. A Abs. 3 Unterabs. 6 und Abschn. B Abs. 3 Unterabs. 4 BAT/BAT-O/BAT-Ostdeutsche Sparkassen bzw. der entsprechenden Regelungen für Arbeiterinnen und Arbeiter werden die Beschäftigten für das Vergleichsentgelt so gestellt, als hätten sie am 1. September 2005 die Arbeit wieder aufgenommen.

(7) Abweichend von den Absätzen 2 bis 6 wird bei Beschäftigten, die gemäß § 27 Abschn. A Abs. 6 oder Abschn. B Abs. 7 BAT/BAT-O/BAT-Ostdeutsche Sparkassen bzw. den entsprechenden Regelungen für Arbeiterinnen und Arbeiter den Unterschiedsbetrag zwischen der Grundvergütung bzw. dem Monatstabellenlohn ihrer bisherigen zur nächsthöheren Stufe im September 2005 nur zur Hälfte erhalten, für die Bestimmung des Vergleichsentgelts die volle Grundvergütung bzw. der volle Monatstabellenlohn aus der nächsthöheren Stufe zugrunde gelegt.

## § 6
### Stufenzuordnung der Angestellten

(1) ¹Beschäftigte aus dem Geltungsbereich des BAT/BAT-O/BAT-Ostdeutsche Sparkassen werden einer ihrem Vergleichsentgelt entsprechenden individuellen Zwischenstufe der gemäß § 4 bestimmten Entgeltgruppe zugeordnet. ²Zum 1. Oktober 2007 steigen diese Beschäftigten in die dem Betrag nach nächsthöhere reguläre Stufe ihrer Entgeltgruppe auf. ³Der weitere Stufenaufstieg richtet sich nach den Regelungen des TVöD.

(2) ¹Werden Beschäftigte vor dem 1. Oktober 2007 höhergruppiert (nach § 8 Abs. 1, § 9 Abs. 3 Buchst. a oder aufgrund Übertragung einer mit einer höheren Entgeltgruppe bewerteten Tätigkeit), so erhalten sie in der höheren Entgeltgruppe Entgelt nach der regulären Stufe, deren Betrag mindestens der individuellen Zwischenstufe entspricht, jedoch nicht weniger als das Entgelt der Stufe 2; der weitere Stufenaufstieg richtet sich nach den Regelungen des TVöD. ²Werden Beschäftigte vor dem 1. Oktober 2007 herabgruppiert, werden sie in der niedrigeren Entgeltgruppe derjenigen individuellen Zwischenstufe zugeordnet, die sich bei Herabgruppierung im September 2005 ergeben hätte; der weitere Stufenaufstieg richtet sich nach Absatz 1 Satz 2 und 3.

(3) ¹Liegt das Vergleichsentgelt über der höchsten Stufe der gemäß § 4 bestimmten Entgeltgruppe, werden Beschäftigte abweichend von Absatz 1 einer dem Vergleichsentgelt entsprechenden individuellen Endstufe zugeordnet. ²Werden Beschäftigte aus einer individuellen Endstufe höhergruppiert, so erhalten sie in der höheren Entgeltgruppe mindestens den Betrag, der ihrer bisherigen individuellen Endstufe entspricht. ³Im Übrigen gilt Absatz 2 entsprechend. ⁴Die individuelle Endstufe verän-

dert sich um denselben Vomhundertsatz bzw. in demselben Umfang wie die höchste Stufe der jeweiligen Entgeltgruppe.

(4) ¹Beschäftigte, deren Vergleichsentgelt niedriger ist als das Entgelt in der Stufe 2, werden abweichend von Absatz 1 der Stufe 2 zugeordnet. ²Der weitere Stufenaufstieg richtet sich nach den Regelungen des TVöD. ³Abweichend von Satz 1 werden Beschäftigte, denen am 30. September 2005 eine in der Allgemeinen Vergütungsordnung (Anlage 1a) durch die Eingruppierung in Vergütungsgruppe Vb BAT/BAT-O/BAT-Ostdeutsche Sparkassen mit Aufstieg nach IVb und IVa abgebildete Tätigkeit übertragen ist, in Entgeltgruppe 10 der Stufe 1 zugeordnet.

### § 7
### Stufenzuordnung der Arbeiterinnen und Arbeiter

(1) ¹Beschäftigte aus dem Geltungsbereich des BMT-G/BMT-G-O/TV Arbeiter-Ostdeutsche Sparkassen werden entsprechend ihrer Beschäftigungszeit nach § 6 BMT-G/BMT-G-O der Stufe der gemäß § 4 bestimmten Entgeltgruppe zugeordnet, die sie erreicht hätten, wenn die Entgelttabelle des TVöD bereits seit Beginn ihrer Beschäftigungszeit gegolten hätte; Stufe 1 ist hierbei ausnahmslos mit einem Jahr zu berücksichtigen. ²Der weitere Stufenaufstieg richtet sich nach den Regelungen des TVöD.

(2) § 6 Abs. 3 und Abs. 4 Satz 1 und 2 gilt für Beschäftigte gemäß Absatz 1 entsprechend.

(3) ¹Ist das Entgelt nach Absatz 1 Satz 1 niedriger als das Vergleichsentgelt, werden Beschäftigte einer dem Vergleichsentgelt entsprechenden individuellen Zwischenstufe zugeordnet. ²Der Aufstieg aus der individuellen Zwischenstufe in die dem Betrag nach nächsthöhere reguläre Stufe ihrer Entgeltgruppe findet zu dem Zeitpunkt statt, zu dem sie gemäß Absatz 1 Satz 1 die Voraussetzungen für diesen Stufenaufstieg aufgrund der Beschäftigungszeit erfüllt haben.

(4) ¹Werden Beschäftigte während ihrer Verweildauer in der individuellen Zwischenstufe höhergruppiert, erhalten sie in der höheren Entgeltgruppe Entgelt nach der regulären Stufe, deren Betrag mindestens der individuellen Zwischenstufe entspricht, jedoch nicht weniger als das Entgelt der Stufe 2; der weitere Stufenaufstieg richtet sich nach den Regelungen des TVöD. ²Werden Beschäftigte während ihrer Verweildauer in der individuellen Zwischenstufe herabgruppiert, erfolgt die Stufenzuordnung in der niedrigeren Entgeltgruppe, als sei die niedrigere Eingruppierung bereits im September 2005 erfolgt; der weitere Stufenaufstieg richtet sich bei Zuordnung zu einer individuellen Zwischenstufe nach Absatz 3 Satz 2, sonst nach Absatz 1 Satz 2.

### 3. Abschnitt:
### Besitzstandsregelungen

### § 8
### Bewährungs- und Fallgruppenaufstiege

(1) ¹Aus dem Geltungsbereich des BAT/BAT-O/BAT-Ostdeutsche Sparkassen in eine der Entgeltgruppen 3, 5, 6 oder 8 übergeleitete Beschäftigte, die am 1. Oktober 2005 bei Fortgeltung des bisherigen Tarifrechts die für eine Höhergruppierung erforderliche Zeit der Bewährung oder Tätigkeit zur Hälfte erfüllt haben, sind zu dem Zeitpunkt, zu dem sie nach bisherigem Recht höhergruppiert wären, in die nächsthöhere Entgeltgruppe des TVöD eingruppiert. ²Abweichend von Satz 1 erfolgt die Höhergruppierung in die Entgeltgruppe 5, wenn die Beschäftigten aus der Vergütungsgruppe VIII BAT/BAT-O/BAT-Ostdeutsche Sparkassen mit ausstehendem Aufstieg nach Vergütungsgruppe VII BAT/BAT-O/BAT-Ostdeutsche Sparkassen übergeleitet worden sind; sie erfolgt in die Entgeltgruppe 8, wenn die Beschäftigten aus der Vergütungsgruppe VIb BAT/BAT-O/BAT-Ostdeutsche Sparkassen mit ausstehendem Aufstieg nach Vergütungsgruppe Vc BAT/BAT-O/BAT-Ostdeutsche Sparkassen übergeleitet worden sind. ³Voraussetzung für die Höhergruppierung nach Satz 1 und 2 ist, dass

- zum individuellen Aufstiegszeitpunkt keine Anhaltspunkte vorliegen, die bei Fortgeltung des bisherigen Rechts einer Höhergruppierung entgegengestanden hätten, und

- bis zum individuellen Aufstiegszeitpunkt nach Satz 1 weiterhin eine Tätigkeit auszuüben ist, die diesen Aufstieg ermöglicht hätte.

[4]Die Sätze 1 bis 3 gelten nicht in den Fällen des § 4 Abs. 2. [5]Erfolgt die Höhergruppierung vor dem 1. Oktober 2007, gilt – gegebenenfalls unter Berücksichtigung des Satzes 2 – § 6 Abs. 2 Satz 1 entsprechend.

(2) [1]Aus dem Geltungsbereich des BAT/BAT-O/BAT-Ostdeutsche Sparkassen in eine der Entgeltgruppen 2 sowie 9 bis 15 übergeleitete Beschäftigte, die am 1. Oktober 2005 bei Fortgeltung des bisherigen Tarifrechts die für eine Höhergruppierung erforderliche Zeit der Bewährung oder Tätigkeit zur Hälfte erfüllt haben, und in der Zeit zwischen dem 1. November 2005 und dem 30. September 2007 höhergruppiert worden wären, erhalten ab dem Zeitpunkt, zu dem sie nach bisherigem Recht höhergruppiert wären, in ihrer bisherigen Entgeltgruppe Entgelt nach derjenigen individuellen Zwischen- bzw. Endstufe, die sich ergeben hätte, wenn sich ihr Vergleichsentgelt (§ 5) nach der Vergütung aufgrund der Höhergruppierung bestimmt hätte. [2]Voraussetzung für diesen Stufenaufstieg ist, dass

- zum individuellen Aufstiegszeitpunkt keine Anhaltspunkte vorliegen, die bei Fortgeltung des bisherigen Rechts einer Höhergruppierung entgegengestanden hätten, und

- bis zum individuellen Aufstiegszeitpunkt nach Satz 1 weiterhin eine Tätigkeit auszuüben ist, die diesen Aufstieg ermöglicht hätte.

[3]Ein etwaiger Strukturausgleich wird ab dem individuellen Aufstiegszeitpunkt nicht mehr gezahlt. [4]Der weitere Stufenaufstieg richtet sich bei Zuordnung zu einer individuellen Zwischenstufe nach § 6 Abs. 1. [5]§ 4 Abs. 2 bleibt unberührt.

Niederschriftserklärung zu § 8 Abs. 2:

Die Neuberechnung des Vergleichsentgelts führt nicht zu einem Wechsel der Entgeltgruppe.

## § 9
### Vergütungsgruppenzulagen

(1) [1]Aus dem Geltungsbereich des BAT/BAT-O/BAT-Ostdeutsche Sparkassen übergeleitete Beschäftigte, denen am 30. September 2005 nach der Vergütungsordnung zum BAT/BAT-O/BAT-Ostdeutsche Sparkassen eine Vergütungsgruppenzulage zusteht, erhalten in der Entgeltgruppe, in die sie übergeleitet werden, eine Besitzstandszulage in Höhe der Vergütungsgruppenzulage.

(2) [1]Aus dem Geltungsbereich des BAT/BAT-O/BAT-Ostdeutsche Sparkassen übergeleitete Beschäftigte, die bei Fortgeltung des bisherigen Rechts nach dem 30. September 2005 eine Vergütungsgruppenzulage ohne vorausgehenden Bewährungs- oder Fallgruppenaufstieg erreicht hätten, erhalten ab dem Zeitpunkt, zu dem ihnen die Zulage nach bisherigem Recht zugestanden hätte, eine Besitzstandszulage. [2]Die Höhe der Besitzstandszulage bemisst sich nach dem Betrag, der als Vergütungsgruppenzulage zu zahlen gewesen wäre, wenn diese bereits am 30. September 2005 zugestanden hätte. [3]Voraussetzung ist, dass

- am 1. Oktober 2005 die für die Vergütungsgruppenzulage erforderliche Zeit der Bewährung oder Tätigkeit nach Maßgabe des § 23 b Abschn. B BAT/BAT-O/BAT-Ostdeutsche Sparkassen zur Hälfte erfüllt ist,

- zu diesem Zeitpunkt keine Anhaltspunkte vorliegen, die bei Fortgeltung des bisherigen Rechts der Vergütungsgruppenzulage entgegengestanden hätten und

– bis zum individuellen Zeitpunkt nach Satz 1 weiterhin eine Tätigkeit auszuüben ist, die zu der Vergütungsgruppenzulage geführt hätte.

(4) ¹Für aus dem Geltungsbereich des BAT/BAT-O/BAT-Ostdeutsche Sparkassen übergeleitete Beschäftigte, die bei Fortgeltung des bisherigen Rechts nach dem 30. September 2005 im Anschluss an einen Fallgruppenaufstieg eine Vergütungsgruppenzulage erreicht hätten, gilt Folgendes:

(a) ¹In eine der Entgeltgruppen 3, 5, 6 oder 8 übergeleitete Beschäftigte, die den Fallgruppenaufstieg am 30. September 2005 noch nicht erreicht haben, sind zu dem Zeitpunkt, zu dem sie nach bisherigem Recht höhergruppiert worden wären, in die nächsthöhere Entgeltgruppe des TVöD eingruppiert; § 8 Abs. 1 Satz 2 bis 5 gilt entsprechend. ²Eine Besitzstandszulage für eine Vergütungsgruppenzulage steht nicht zu.

(b) Ist ein der Vergütungsgruppenzulage vorausgehender Fallgruppenaufstieg am 30. September 2005 bereits erfolgt, gilt Absatz 2 mit der Maßgabe, dass am 1. Oktober 2005 die Hälfte der Gesamtzeit für den Anspruch auf die Vergütungsgruppenzulage einschließlich der Zeit für den vorausgehenden Aufstieg zurückgelegt sein muss.

(5) ¹Die Besitzstandszulage nach den Absätzen 1, 2 und 3 Buchst. b wird solange gezahlt, wie die anspruchsbegründende Tätigkeit ununterbrochen ausgeübt wird und die sonstigen Voraussetzungen für die Vergütungsgruppenzulage nach bisherigem Recht weiterhin bestehen. ²Sie verändert sich bei allgemeinen Entgeltanpassungen um den von den Tarifvertragsparteien für die jeweilige Entgeltgruppe festgelegten Vomhundertsatz.

**Niederschriftserklärung zu § 8 Abs. 1 Satz 2 und Abs. 2 Satz 2 sowie § 9 Abs. 2 bis 4:**

Eine missbräuchliche Entziehung der Tätigkeit mit dem ausschließlichen Ziel, eine Höhergruppierung zu verhindern, ist nicht zulässig.

## § 10
### Fortführung vorübergehender übertragener höherwertiger Tätigkeit

(1) ¹Beschäftigte, denen am 30. September 2005 eine Zulage nach § 24 BAT/BAT-O/BAT-Ostdeutsche Sparkassen zusteht, erhalten nach Überleitung in den TVöD eine Besitzstandszulage in Höhe ihrer bisherigen Zulage, solange sie die anspruchsbegründende Tätigkeit weiterhin ausüben und die Zulage nach bisherigem Recht zu zahlen wäre. ²Wird die anspruchsbegründende Tätigkeit über den 30. September 2007 hinaus beibehalten, finden mit Wirkung ab dem 1. Oktober 2007 die Regelungen des TVöD über die vorübergehende Übertragung einer höherwertiger Tätigkeit Anwendung. ³Für eine vor dem 1. Oktober 2005 vorübergehend übertragene höherwertige Tätigkeit, für die am 30. September 2005 wegen der zeitlichen Voraussetzungen des § 24 Abs. 1 bzw. 2 BAT/BAT-O/BAT-Ostdeutsche Sparkassen noch keine Zulage gezahlt wird, gilt Satz 1 und 2 ab dem Zeitpunkt entsprechend, zu dem nach bisherigem Recht die Zulage zu zahlen gewesen wäre. ⁴Sätze 1 bis 3 gelten für landesbezirkliche Regelungen gemäß § 9 Abs. 3 BMT-G und nach Abschnitt I. der Anlage 3 des Tarifvertrages zu § 20 Abs. 1 BMT-G-O (Lohngruppenverzeichnis) entsprechend. ⁵Sätze 1 bis 4 gelten bei besonderen tarifvertraglichen Vorschriften über die vorübergehende oder vertretungsweise Übertragung höherwertiger Tätigkeiten entsprechend.

(2) ¹Absatz 1 gilt in Fällen des § 2 der Anlage 3 zum BAT entsprechend. ²An die Stelle der Begriffe Vergütung und Vergütungsgruppe treten die Begriffe Entgelt und Entgeltgruppe.

Niederschriftserklärung zu Absatz 1 und 2:

Die Tarifvertragsparteien stellen klar, dass die vertretungsweise Übertragung einer höherwertigen Tätigkeit ein Unterfall der vorübergehenden Übertragung einer höherwertigen Tätigkeit ist. Gleiches gilt für die Zulage nach § 2 der Anlage 3 zum BAT.

## § 11
### Kinderbezogene Entgeltbestandteile

(1) ¹Für im September 2005 berücksichtigte Kinder werden die kinderbezogenen Entgeltbestandteile des BAT/BAT-O/BAT-Ostdeutsche Sparkassen oder BMT-G/BMT-G-O in der für September 2005 zustehenden Höhe als Besitzstandszulage fortgezahlt, solange für diese Kinder Kindergeld nach dem Einkommensteuergesetz (EStG) oder nach dem Bundeskindergeldgesetz (BKGG) ununterbrochen gezahlt wird oder ohne Berücksichtigung des § 64 oder § 65 EStG oder des § 3 oder § 4 BKGG gezahlt würde. ²Unterbrechungen wegen Ableistung von Grundwehrdienst, Zivildienst oder Wehrübungen sowie eines freiwilligen sozialen oder ökologischen Jahres sind unschädlich.

(2) ¹§ ■ TVöD [„zeitratierliche Bemessung des Entgelts bei Teilzeit"] ist anzuwenden. ²Die Besitzstandszulage nach Absatz 1 Satz 1 verändert sich bei allgemeinen Entgeltanpassungen um den von den Tarifvertragsparteien für die jeweilige Entgeltgruppe festgelegten Vomhundertsatz. ³Ansprüche nach Absatz 1 können für Kinder ab dem vollendeten 16. Lebensjahr durch Vereinbarung mit der/dem Beschäftigten abgefunden werden.

(3) Absätze 1 und 2 gelten entsprechend für

(a) zwischen dem 1. Oktober 2005 und dem 31. Dezember 2005 geborene Kinder der übergeleiteten Beschäftigten,

(b) die Kinder von bis zum 31. Dezember 2005 in ein Arbeitsverhältnis übernommenen Auszubildenden, Krankenpflege- und Hebammenschülern, sowie Praktikantinnen und Praktikanten aus tarifvertraglich geregelten Beschäftigungsverhältnissen, soweit diese Kinder vor dem 1. Januar 2006 geboren sind.

## § 12
### Strukturausgleich

(1) ¹Aus dem Geltungsbereich des BAT/BAT-O/BAT-Ostdeutsche Sparkassen übergeleitete Beschäftigte erhalten ausschließlich in den in Anlage 2 TVÜ aufgeführten Fällen zusätzlich zu ihrem monatlichen Entgelt einen nicht dynamischen Strukturausgleich. ²Maßgeblicher Stichtag für die anspruchsbegründenden Voraussetzungen (Vergütungsgruppe, Stufe, Ortszuschlag, Aufstiegszeiten) ist der 1. Oktober 2005, sofern in Anlage 2 TVÜ nicht ausdrücklich etwas anderes geregelt ist.

(2) Die Zahlung des Strukturausgleichs beginnt im Oktober 2007, sofern in Anlage 2 TVÜ nicht etwas anderes bestimmt ist.

(3) Bei Teilzeitbeschäftigung steht der Strukturausgleich anteilig zu (§ ■ TVöD [Entgelt Teilzeit]). § 5 Abs. 5 Satz 2 gilt entsprechend.

Protokollerklärung zu § 12 Abs. 3:

Bei späteren Veränderungen der individuellen regelmäßigen Arbeitszeit der/des Beschäftigten ändert sich der Strukturausgleich entsprechend.

(4) Bei Höhergruppierungen wird der Unterschiedsbetrag zum bisherigen Entgelt auf den Strukturausgleich angerechnet.

(5) Einzelvertraglich kann der Strukturausgleich abgefunden werden.

Niederschriftserklärung:

¹Die Tarifvertragsparteien sind sich angesichts der Fülle der denkbaren Fallgestaltungen bewusst, dass die Festlegung der Strukturausgleiche je nach individueller Fallgestaltung in Einzelfällen sowohl zu überproportional positiven Wirkungen als auch zu Härten führen kann. ²Sie nehmen diese Verwerfungen im Interesse einer für eine Vielzahl von Fallgestaltungen angestrebten Abmilderung von Exspektanzverlusten hin.

## § 13

### Entgeltfortzahlung im Krankheitsfall

¹Bei Beschäftigten, auf die bis zum 30. September 2005 § 71 BAT gegolten hat, wird abweichend von den Regelung des TVöD zur Entgeltfortzahlung im Krankheitsfall für die Dauer des über den 30. September 2005 hinaus ununterbrochen fortbestehenden Arbeitsverhältnisses der Krankengeldzuschuss in Höhe des Unterschiedsbetrages zwischen dem festgesetzten Nettokrankengeld oder der entsprechenden gesetzlichen Nettoleistung und dem Nettoentgelt (§ ▮ TVöD, [Nettoentgelt, das auch bei Urlaub gezahlt wird]) gezahlt. ²Nettokrankengeld ist das um die Arbeitnehmeranteile zur Sozialversicherung reduzierte Krankengeld. ²Für Beschäftigte, die nicht der Versicherungspflicht in der gesetzlichen Krankenversicherung unterliegen, ist bei der Berechnung des Krankengeldzuschusses der Höchstsatz des Nettokrankengeldes, der bei Pflichtversicherung in der gesetzlichen Krankenversicherung zustünde, zugrunde zu legen.

## § 14

### Zeiten für das Jubiläumsgeld

Für die Anwendung des § ▮ [Jubiläumsgeld] TVöD werden die bis zum 30. September 2005 zurückgelegte Zeiten, die nach Maßgabe

- des BAT anerkannte Dienstzeit,
- des BAT-O/BAT-Ostdeutsche Sparkassen, BMT-G/BMT-G-O anerkannte Beschäftigungszeit

sind, als Beschäftigungszeit im Sinne des § ... [Beschäftigungszeit] TVöD berücksichtigt.

## § 15

### Urlaub

(1) ¹Für die Dauer und die Bewilligung des Erholungsurlaubs bzw. von Zusatzurlaub für das Urlaubsjahr 2005 gelten die im September 2005 jeweils maßgebenden Vorschriften bis zum 31. Dezember 2005 fort. ²Die Regelungen des TVöD gelten für die Bemessung des Urlaubsentgelts sowie für eine Übertragung von Urlaub auf das Kalenderjahr 2006.

(2) ¹Aus dem Geltungsbereich des BAT/BAT-O/BAT-Ostdeutsche Sparkassen übergeleitete Beschäftigte der Vergütungsgruppen I und Ia, die für das Urlaubsjahr 2005 einen Anspruch auf 30 Arbeitstage Erholungsurlaub erworben haben, behalten bei einer Fünftagewoche diesen Anspruch für die Dauer des über den 30. September 2005 hinaus ununterbrochen fortbestehenden Arbeitsverhältnisses. ²Die Urlaubsregelungen des TVöD bei abweichender Verteilung der Arbeitszeit gelten entsprechend.

(3) § 42 Abs. 1 BMT-G/BMT-G-O i. V. m. bezirklichen Tarifverträgen zu § 42 Abs. 2 BMT-G und der Tarifvertrag zu § 42 Abs. 2 BMT-G-O (Zusatzurlaub für Arbeiter) gelten bis zum In-Kraft-Treten entsprechender landesbezirklicher Tarifverträge fort; im Übrigen gilt Absatz 1 entsprechend.

(4) ¹In den Fällen des § 48a BAT/BAT-O/BAT-Ostdeutsche Sparkassen oder § 41a BMT-G/BMT-G-O wird der sich nach dem Kalenderjahr 2005 zu bemessende Zusatzurlaub im Kalenderjahr 2006 gewährt. ²Die nach Satz 1 zustehenden Urlaubstage werden auf den nach den Bestimmungen des TVöD im Kalenderjahr 2006 zustehenden Zusatzurlaub für Wechselschichtarbeit und Schichtarbeit angerechnet. ³Absatz 1 Satz 2 gilt entsprechend.

## § 16

### Abgeltung

¹Durch Vereinbarungen mit den Beschäftigten können Entgeltbestandteile aus Besitzständen, ausgenommen für Vergütungsgruppenzulagen pauschaliert bzw. abgefunden werden. ²§ 11 Abs. 2 Satz 3 und § 12 Abs. 5 bleiben unberührt.

**Protokollerklärung zum 3. Abschnitt:**

¹Einvernehmlich werden die Verhandlungen zur Überleitung der Entgeltsicherung bei Leistungsminderung zurückgestellt. ²Da damit die fristgerechte Überleitung bei Beschäftigten, die eine Zahlung nach §§ 25 Abs. 4, 28 Abs. 1 und 2, § 28 a BMT-G/BMT-G-O bzw. § 56 BAT/BAT-O erhalten, nicht sichergestellt ist, erfolgt am 1. Oktober 2005 eine Fortzahlung der bisherigen Bezüge als zu verrechnender Abschlag auf das Entgelt, das diesen Beschäftigten nach dem noch zu erzielenden künftigen Verhandlungsergebnis zusteht.

## 4. Abschnitt:
### Sonstige vom TVöD abweichende oder ihn ergänzende Bestimmungen

### § 17
### Eingruppierung

(1) ¹Bis zum In-Kraft-Treten von Eingruppierungsvorschriften des TVöD (mit Entgeltordnung) gelten die §§ 22, 23, 25 BAT und Anlage 3 BAT, §§ 22, 23 BAT-O/BAT-Ostdeutsche Sparkassen einschließlich der Vergütungsordnung sowie die landesbezirklichen Lohngruppenverzeichnisse gemäß Rahmentarifvertrag zu § 20 BMT-G und des Tarifvertrages zu § 20 Abs. 1 BMT-G-O (Lohngruppenverzeichnis) über den 30. September 2005 hinaus fort. ²In gleicher Weise gilt Nr. 2a SR x i. V. m. § 11 Satz 2 BAT/BAT-O fort. ³Diese Regelungen finden auf übergeleitete und ab dem 1. Oktober 2005 neu eingestellte Beschäftigte im jeweiligen bisherigen Geltungsbereich nach Maßgabe dieses Tarifvertrages Anwendung. ⁴An die Stelle der Begriffe Vergütung und Lohn tritt der Begriff Entgelt.

(2) Abweichend von Absatz 1

- gelten Vergütungsordnungen und Lohngruppenverzeichnisse nicht für ab dem 1. Oktober 2005 in Entgeltgruppe 1 TVöD neu eingestellte Beschäftigte,
- gilt die Vergütungsgruppe I der Vergütungsordnung zum BAT/BAT-O/BAT-Ostdeutsche Sparkassen ab dem 1. Oktober 2005 nicht fort; die Ausgestaltung entsprechender Arbeitsverhältnisse erfolgt außertariflich.

(3) ¹Mit Ausnahme der Eingruppierung in die Entgeltgruppe 1 sind alle zwischen dem 1. Oktober 2005 und dem In-Kraft-Treten der neuen Entgeltordnung stattfindenden Eingruppierungsvorgänge (Neueinstellungen und Umgruppierungen) vorläufig und begründen keinen Vertrauensschutz und keinen Besitzstand. ²Dies gilt nicht für Aufstiege gemäß § 8 Abs. 1 Satz 1 und 2.

(4) Anpassungen der Eingruppierung aufgrund des Inkrafttretens der neuen Entgeltordnung erfolgen mit Wirkung für die Zukunft. Bei Rückgruppierungen, die in diesem Zusammenhang erfolgen, sind finanzielle Nachteile im Wege einer nicht dynamischen Besitzstandszulage auszugleichen, solange die Tätigkeit ausgeübt wird. Die Besitzstandszulage vermindert sich nach dem 30. September 2008 bei jedem Stufenaufstieg um die Hälfte des Unterschiedsbetrages zwischen der bisherigen und der neuen Stufe; bei Neueinstellungen (§ 1 Abs. 2) vermindert sich die Besitzstandszulage jeweils um den vollen Unterschiedsbetrag. Die Grundsätze korrigierender Rückgruppierung bleiben unberührt.

**Protokollerklärung zu § 17 Abs. 4:**

Dies gilt auch im Hinblick auf die Problematik des § 2 Abs. 4 des Rahmentarifvertrages zu § 20 Abs. 1 BMT-G (Eckeingruppierung in Lohngruppe 5 Fallgruppe 1 im Bereich des Kommunalen Arbeitgeberverbandes Nordrhein-Westfalen) mit folgenden Maßgaben:

- Neueinstellungen werden anstelle der Entgeltgruppe 5 zunächst der Entgeltgruppe 6 zugeordnet.

– Über deren endgültige Zuordnung werden im Rahmen der Verhandlungen über die neue Entgeltordnung entschieden, die insoweit zunächst auf landesbezirklicher Ebene geführt werden.

(5) ¹Bewährungs-, Fallgruppen- und Tätigkeitsaufstiege gibt es ab dem 1. Oktober 2005 nicht mehr; §§ 8 und 9 bleiben unberührt. ²Satz 1 gilt auch für Vergütungsgruppenzulagen, es sei denn, dem Tätigkeitsmerkmal einer Vergütungsgruppe der Allgemeinen Vergütungsordnung (Anlage 1a zum BAT) ist eine Vergütungsgruppenzulage zugeordnet, die unmittelbar mit Übertragung der Tätigkeit zusteht; bei Übertragung einer entsprechenden Tätigkeit wird diese bis zum In-Kraft-Treten der neuen Entgeltordnung, längstens bis zum 31. Dezember 2007, unter den Voraussetzungen des bisherigen Tarifrechts als Besitzstandszulage in der bisherigen Höhe gezahlt; § 9 Abs. 4 gilt entsprechend.

(6) In der Zeit zwischen dem 1. Oktober 2005 und dem In-Kraft-Treten der neuen Entgeltordnung erhalten Beschäftigte, denen ab dem 1. Oktober 2005 eine anspruchsbegründende Tätigkeit übertragen wird, längstens bis zum 31. Dezember 2007 eine persönliche Zulage, die sich betragsmäßig nach der entfallenen Techniker-, Meister- und Programmiererzulage bemisst, soweit die Anspruchsvoraussetzungen nach bisherigem Tarifrecht erfüllt sind.

(7) ¹Für Eingruppierungen zwischen dem 1. Oktober 2005 und dem Inkrafttreten der neuen Entgeltordnung werden die Vergütungsgruppen der Allgemeinen Vergütungsordnungen (Anlagen 1a), die Vergütungsgruppen der Allgemeinen Vergütungsordnungen für Angestellte im Pflegedienst (Anlagen 1b) und die Lohngruppen der Lohngruppenverzeichnisse gemäß Anlage 3 TVÜ den Entgeltgruppen des TVöD zugeordnet. ²Absatz 1 Satz 2 bleibt unberührt.

**Protokollerklärung zu § 17 Abs. 7:**

Die Protokollerklärung zu § 4 Abs. 1 betreffend die Überleitung der Lehrkräfte gilt entsprechend.

(8) ¹Beschäftigte, die zwischen dem 1. Oktober 2005 und dem Inkrafttreten der neuen Entgeltordnung in Entgeltgruppe 13 eingruppiert werden und die nach der allgemeinen Vergütungsordnung (Anlage 1a) in Vergütungsgruppe II BAT/BAT-O/BAT-Ostdeutsche Sparkassen mit fünf- bzw. sechsjährigem Aufstieg nach Vergütungsgruppe Ib BAT/BAT-O/BAT-Ostdeutsche Sparkassen eingruppiert wären, erhalten bis zum In-Kraft-Treten der neuen Entgeltordnung, längstens aber bis zum 31. Dezember 2007 eine persönliche Zulage in Höhe des Unterschiedsbetrages zwischen dem Entgelt ihrer Stufe nach Entgeltgruppe 13 und der entsprechenden Stufe der Entgeltgruppe 14. ²Von Satz 1 werden auch Fallgruppen der Vergütungsgruppe Ib BAT/BAT-O/BAT-Ostdeutsche Sparkassen erfasst, deren Tätigkeitsmerkmale eine bestimmte Tätigkeitsdauer voraussetzen. ³Die Sätze 1 und 2 gelten auch für Beschäftigte in Sinne des § 1 Abs. 2.

Niederschriftserklärung zu § 17 Abs. 8:

Mit dieser Regelung ist keine Entscheidung über die Zuordnung und Fortbestand/Besitzstand der Zulage im Rahmen der neuen Entgeltordnung verbunden.

(9) ¹Bis zum In-Kraft-Treten der Eingruppierungsvorschriften des TVöD gelten für Vorarbeiter/innen und Vorhandwerker/innen, Fachvorarbeiter/innen und vergleichbare Beschäftigte die bisherigen landesbezirklichen Regelungen und die Regelungen in Anlage 3 Teil I. des Tarifvertrages zu § 20 Abs. 1 BMT-G-O (Lohngruppenverzeichnis) im bisherigen Geltungsbereich fort; dies gilt auch für Beschäftigte im Sinne des § 1 Abs. 2. ²Satz 1 gilt für Lehrgesellen entsprechend, soweit hierfür besondere tarifliche Regelungen vereinbart sind.

(10) Die Absätze 1 bis 9 gelten für besondere tarifvertragliche Vorschriften über die Eingruppierungen entsprechend.

**Protokollerklärung zu § 17:**

¹Die Tarifvertragsparteien sind sich darin einig, dass in der noch zu verhandelnden Entgeltordnung die bisherigen unterschiedlichen materiellen Wertigkeiten aus Fachhochschulabschlüssen (ein-

schließlich Sozialpädagogen/innen und Ingenieuren/innen) auf das Niveau der vereinbarten Entgeltwerte der Entgeltgruppe 9 ohne Mehrkosten (unter Berücksichtigung der Kosten für den Personenkreis, der nach der Übergangsphase nicht mehr in eine höhere bzw. niedrigere Entgeltgruppe eingruppiert ist) zusammengeführt werden; die Abbildung von Heraushebungsmerkmalen oberhalb der Entgeltgruppe 9 bleibt davon unberührt. [2]Sollte hierüber bis zum 31. Dezember 2007 keine einvernehmliche Lösung vereinbart werden, so erfolgt ab dem 1. Januar 2008 bis zum In-Kraft-Treten der Entgeltordnung die einheitliche Eingruppierung aller ab dem 1. Januar 2008 neu einzugruppierenden Beschäftigten mit Fachhochschulabschluss nach den jeweiligen Regeln der Entgeltgruppe 9 zu „Vb BAT ohne Aufstieg nach IVb (mit und ohne FH-Abschluss)".

### § 18
### Vorübergehende Übertragung
### einer höherwertigen Tätigkeit nach dem 30. September 2005

(1) [1]Wird aus dem Geltungsbereich des BAT/BAT-O/BAT-Ostdeutsche Sparkassen übergeleiteten Beschäftigten in der Zeit zwischen dem 1. Oktober 2005 und dem 30. September 2007 erstmalig außerhalb von § 10 eine höherwertige Tätigkeit vorübergehend übertragen, findet der TVöD Anwendung. [2]Ist die/der Beschäftigte in eine individuelle Zwischenstufe übergeleitet worden, gilt für die Bemessung der persönlichen Zulage § 6 Abs. 2 Satz 1 und 2 entsprechend. [3]Bei Überleitung in eine individuelle Endstufe gilt § 6 Abs. 3 Satz 2 entsprechend. [4]In den Fällen des § 6 Abs. 4 bestimmt sich die Höhe der Zulage nach den Vorschriften des TVöD über die vorübergehende Übertragung einer höherwertigen Tätigkeit.

(2) Wird aus dem Geltungsbereich des BMT-G/BMT-G-O übergeleiteten Beschäftigten nach dem 30. September 2005 erstmalig außerhalb von § 10 eine höherwertige Tätigkeit vorübergehend übertragen, gelten bis zum In-Kraft-Treten eines Tarifvertrages über eine persönliche Zulage die bisherigen bezirklichen Regelungen gemäß § 9 Abs. 3 BMT-G und nach Anlage 3 Teil I. des Tarifvertrages zu § 20 Abs. 1 BMT-G-O (Lohngruppenverzeichnis) im bisherigen Geltungsbereich mit der Maßgabe entsprechend, dass sich die Höhe der Zulage nach dem TVöD richtet.

(3) Bis zum In-Kraft-Treten der Eingruppierungsvorschriften des TVöD gilt – auch für Beschäftigte im Sinne des § 1 Abs. 2 – die Regelung des TVöD zur vorübergehenden Übertragung einer höherwertigen Tätigkeit mit der Maßgabe, dass sich die Voraussetzungen für die übertragene höherwertige Tätigkeit nach § 22 Abs. 2 BAT/BAT-O bzw. den entsprechenden Regelungen für Arbeiter bestimmen.

(4) Die Absätze 1 und 3 gelten in Fällen des § 2 der Anlage 3 zum BAT entsprechend. An die Stelle der Begriffe Grundvergütung, Vergütungsgruppe und Vergütung treten die Begriffe Entgelt und Entgeltgruppe.

Niederschriftserklärungen zu § 18:

1. [1]Abweichend von der Grundsatzregelung des TVöD über eine persönliche Zulage bei vorübergehender Übertragung einer höherwertigen Tätigkeit ist durch einen landesbezirklichen Tarifvertrag im Rahmen eines Katalogs, der die hierfür in Frage kommenden Tätigkeiten aufführt, zu bestimmen, dass die Voraussetzung für die Zahlung einer persönlichen Zulagen bereits erfüllt ist, wenn die vorübergehende übertragene Tätigkeit mindestens drei Arbeitstage angedauert hat und der/die Beschäftigte ab dem ersten Tag der Vertretung in Anspruch genommen ist. [2]Die landesbezirklichen Tarifverträge sollen spätestens am 1. Juli 2007 in Kraft treten.

2. Die Niederschriftserklärung zu § 10 Abs. 1 und 2 gilt entsprechend.

## § 19
### Entgeltgruppen 2 Ü und 15 Ü

(1) Zwischen dem 1. Oktober 2005 und dem In-Kraft-Treten der neuen Entgeltordnung gelten für Beschäftigte, die in die Entgeltgruppe 2 Ü übergeleitet oder in die Lohngruppen 1 mit Aufstieg nach 2 und 2a oder in die Lohngruppe 2 mit Aufstieg nach 2a eingestellt werden, folgende Tabellenwerte:

| Stufe 1 | Stufe 2 | Stufe 3 | Stufe 4 | Stufe 5 | Stufe 6 |
| --- | --- | --- | --- | --- | --- |
| 1.503 | 1.670 | 1.730 | 1.810 | 1.865 | 1.906 |

(2) ¹Übergeleitete Beschäftigte der Vergütungsgruppe I BAT/BAT-O/BAT-Ostdeutsche Sparkassen unterliegen dem TVöD. ²Sie werden in die Entgeltgruppe 15 Ü mit folgenden Tabellenwerten übergeleitet:

| Stufe 2 | Stufe 3 | Stufe 4 | Stufe 5 | Stufe 6 |
| --- | --- | --- | --- | --- |
| 4.330 | 4.805 | 5.255 | 5.555 | 5.625 |

³Die Verweildauer in den Stufen 2 bis 5 beträgt jeweils fünf Jahre.

(3) Die Regelungen des TVöD über die Bezahlung im Tarifgebiet Ost gelten entsprechend.

## § 20
### Übergeleitete Beschäftigte mit Anspruch auf Beamtenversorgung

Aus dem Geltungsbereich des BAT/BAT-O/BAT-Ostdeutsche Sparkassen übergeleitete Beschäftigte, denen nach ihrem Arbeitsvertrag ein Anspruch auf Versorgung nach beamtenrechtlichen Vorschriften zusteht, unterliegen dem TVöD.

## § 21
### Jahressonderzahlung für die Jahre 2005 und 2006

(1) ¹Im Zeitraum vom 1. Oktober bis 31. Dezember 2005 gelten für Beschäftigte nach § 1 Abs. 1 und 2 im jeweiligen Geltungsbereich folgende Tarifverträge bzw. Tarifregelungen als den TVöD ergänzende Tarifverträge bzw. Tarifregelungen:

(a) Tarifvertrag über eine Zuwendung für Angestellte vom 12. Oktober 1973,

(b) Tarifvertrag über eine Zuwendung für Angestellte (TV Zuwendung Ang-O) vom 10. Dezember 1990,

(c) Tarifvertrag über eine Zuwendung für Angestellte (TV Zuwendung Ang-Ostdeutsche Sparkassen) vom 25. Oktober 1990,

(d) Tarifvertrag über eine Zuwendung für Arbeiter vom 12. Oktober 1973,

(e) Tarifvertrag über eine Zuwendung für Arbeiter (TV Zuwendung Arb-O) vom 10. Dezember 1990,

(f) Nr. 7 des Tarifvertrages über die Anwendung von Tarifverträgen auf Arbeiter (TV Arbeiter-Ostdeutsche Sparkassen) vom 25. Oktober 1990.

²Die unter Buchst. a bis f aufgezählten Tarifverträge bzw. Tarifregelungen finden auf Beschäftigte, die unter den Geltungsbereich des TVöD fallen, nach dem 31. Dezember 2005 keine Anwendung mehr.

(2) Im Zeitraum vom 1. Oktober bis 31. Dezember 2005 gelten für Beschäftigte nach § 1 Abs. 1 und 2 Nr. 5 SR 2s BAT und Nr. 5 SR 2s BAT-Ostdeutsche Sparkassen als den TVöD ergänzende Rege-

lung mit der Maßgabe, dass Bemessungsgrundlage für die Überstundenpauschvergütung das Vergleichsentgelt (§ 5) zuzüglich einer etwaigen Besitzstandszulage nach § 9 und der kinderbezogenen Entgeltbestandteile gemäß § 11 ist.

(3) Die mit dem Entgelt für den Monat November 2006 zu gewährende Jahressonderzahlung berechnet sich für Beschäftigte nach § 1 Abs. 1 und 2 nach den Bestimmungen des § ▌ (Jahressonderzahlung) TVöD mit folgenden Maßgaben:

1. Der Bemessungssatz der Jahressonderzahlung beträgt in allen Entgeltgruppen

    a) bei Beschäftigten, für die nach dem TVöD die Regelungen des Tarifgebiets West Anwendung finden, 82,14 v. H.

    b) bei Beschäftigten, für die nach dem TVöD die Regelungen des Tarifgebiets Ost Anwendung finden, 61,60 v. H.

2. $^1$Der sich nach Nr. 1 ergebende Betrag der Jahressonderzahlung erhöht sich um einen Betrag in Höhe von 255,65 EUR. $^2$Bei Beschäftigten, für die nach dem TVöD die Regelungen des Tarifgebiets West Anwendung finden und denen am 1. Juli 2006 Entgelt nach einer der Entgeltgruppen 1 bis 8 zusteht, erhöht sich dieser Zusatzbetrag auf 332,34 EUR. $^3$Satz 2 gilt entsprechend bei Beschäftigten – auch für Beschäftigte nach § 1 Abs. 2 – im Tarifgebiet West, denen bei Weitergeltung des BAT Grundvergütung nach der Vergütungsgruppen Kr. VI zugestanden hätte. $^4$Teilzeitbeschäftigte erhalten von dem Zusatzbetrag nach Satz 1 oder 2 den Teil, der dem Anteil ihrer Arbeitszeit an der Arbeitszeit vergleichbarer Vollzeitbeschäftigter entspricht. $^4$Der Zusatzbetrag nach den Sätzen 1 bis 3 ist kein zusatzversorgungspflichtiges Entgelt.

3. Der sich nach Nr. 1 ergebende Betrag der Jahressonderzahlung erhöht sich für jedes Kind, für das Beschäftigte im September 2006 kinderbezogene Entgeltbestandteile gemäß § 11 erhalten, um 25,56 EUR.

(4) Absatz 3 gilt nicht für Sparkassen.

## § 22
### Einmalzahlungen für 2006 und 2007

(1) Die von § 1 Abs. 1 und 2 erfassten Beschäftigten im Tarifgebiet West erhalten für die Jahre 2006 und 2007 jeweils eine Einmalzahlung in Höhe von 300 EUR, die in zwei Teilbeträgen in Höhe von jeweils 150 EUR mit den Bezügen für die Monate April und Juli der Jahre 2006 und 2007 ausgezahlt wird.

(2) $^1$Der Anspruch auf die Teilbeträge nach Absatz 1 besteht, wenn die/der Beschäftigte an mindestens einem Tag des jeweiligen Fälligkeitsmonats Anspruch auf Bezüge (Entgelt, Urlaubsentgelt oder Entgeltfortzahlung im Krankheitsfall) gegen einen Arbeitgeber im Sinne des § 1 Abs. 1 hat; dies gilt auch für Kalendermonate, in enen nur wegen der Höhe der Barleistungen des Sozialversicherungsträgers Krankengeldzuschuss nicht gezahlt wird. $^2$Die jeweiligen Teilbeträge werden auch gezahlt, wenn eine Beschäftigte wegen der Beschäftigungsverbote nach § 3 Abs. 2 und § 6 Abs. 1 des Mutterschutzgesetzes in dem jeweiligen Fälligkeitsmonat keine Bezüge erhalten hat.

(3) $^1$Nichtvollbeschäftigte erhalten den jeweiligen Teilbetrag der Einmalzahlung, der dem Verhältnis der mit ihnen vereinbarten durchschnittlichen Arbeitszeit zu der regelmäßigen wöchentlichen Arbeitszeit eines entsprechenden Vollbeschäftigten entspricht. $^2$Maßgebend sind die jeweiligen Verhältnisse am 1. April bzw. 1. Juli.

(4) Die Einmalzahlungen sind bei der Bemessung sonstiger Leistungen nicht zu berücksichtigen.

(5) $^1$Absätze 1 bis 4 gelten für das Jahr 2006 auch für Beschäftigte im Tarifgebiet West, die gem. § ▌ TVöD (Ausschluss von Versorgungsbetrieben, in Nahverkehrsbetrieben und in der Wasserwirtschaft in Nordrhein-Westfalen) vom Geltungsbereich des TVöD ausgenommen sind und wenn auf

sie nicht der TV-V, TV-WW/NW oder ein TV-N Anwendung findet. ²Gleiches gilt für das Jahr 2007 nur dann, wenn der Arbeitgeber die Anwendung des TV-V, TV-WW/NW bzw. TV-N ablehnt.

§ 23
Fortgeltung der Regelungen zum
Bereitschaftsdienst und zur Rufbereitschaft

Im bisherigen Geltungsbereich der SR 2a, 2b und 2c zum BAT/BAT-O gilt für Beschäftigte gem. § 1 Abs. 1 und 2 folgendes:

1. ¹Die Regelungen des § ▌ TVöD (§ a bis c und y Kr) treten am 1. Januar 2006 in Kraft. Bis zum In-Kraft-Treten dieser Regelungen gelten die für Bereitschaftsdienst und Rufbereitschaft einschlägigen tarifvertraglichen Regelungen des BAT/BAT-O abweichend von § 2 fort.

2. Aufgrund einer Betriebs- oder Dienstvereinbarung können bereits vor dem 1. Januar 2006 die Regelungen der §§ ▌ TVöD [§§ a bis c und y Kr] angewendet werden.

3. Abweichend von Absatz 1 tritt § ▌ TVöD [§ b Kr Abs. 7] für die von § 1 Abs. 1 erfassten Beschäftigten erst zum 1. Juli 2006 in Kraft, sofern dessen Anwendung zu Veränderungen führt.

§ 24
Erschwerniszuschläge

¹Bis zur Regelung in einem landesbezirklichen Tarifvertrag gelten für die von § 1 Abs. 1 und 2 erfassten Beschäftigten im jeweiligen bisherigen Geltungsbereich

- die jeweils geltenden bezirklichen Regelungen zu Erschwerniszuschlägen gemäß § 23 Abs. 3 BMT-G,
- der Tarifvertrag zu § 23 Abs. 3 BMT-G-O vom 14. Mai 1991,
- der Tarifvertrag über die Gewährung von Zulagen gemäß § 33 Abs. 1 Buchst. c) BAT vom 11. Januar 1962 und
- § 1 Abs. 1 Nr. 1des Tarifvertrages über Zulagen an Angestellte
  (TV Zulagen Ang-O) vom 8. Mai 1991

fort. ²Sind die Tarifverhandlungen nach Satz 1 nicht bis zum 31. Dezember 2007 abgeschlossen, gelten die landesbezirklichen Tarifverträge ab 1. Januar 2008 mit der Maßgabe fort, dass die Grenzen und die Bemessungsgrundlagen des § ▌ Abs. 4 TVöD (Erschwerniszuschläge) zu beachten sind.

§ 25
Bereitschaftszeiten

Die landesbezirklich für Hausmeister und Beschäftigtengruppen mit Bereitschaftszeiten innerhalb ihrer regelmäßigen Arbeitszeit getroffenen Tarifverträge und Tarifregelungen sowie Nr. 3 SR 2r BAT-O gelten fort. § ▌ Abs. TVöD [Sonderregelung Arbeitszeit Hausmeister und andere Beschäftigtengruppen] widersprechende Regelungen zur Arbeitszeit sind bis zum 31. Dezember 2005 entsprechend anzupassen.

§ 26
Übergangsregelung zur Zusatzversorgungspflicht der Feuerwehrzulage

¹Abweichend von der allgemeinen Regelung, dass die Feuerwehrzulage für Beschäftigte im feuerwehrtechnischen Dienst nicht zusatzversorgungspflichtig ist, ist diese Zulage bei Beschäftigten, die eine Zulage nach Nr. 2 Absatz 2 SR 2 x BAT/BAT-O bereits vor dem 1. Januar 1999 erhalten haben und bis zum 30. September 2005 nach Vergütungsgruppen X bis Va/b eingruppiert waren (§ 4 Abs. 1 Anlage 1 TVÜ), zusatzversorgungspflichtig nach Ablauf des Kalendermonats, in dem sie sieben Jahre lang bezogen worden ist, längstens jedoch bis zum 31. Dezember 2007. ²Auf die Min-

destzeit werden auch solche Zeiträume angerechnet, während derer die Feuerwehrzulage nur wegen Ablaufs der Krankenbezugsfristen nicht zugestanden hat. ³Sätze 1 und 2 gelten nicht, wenn der Beschäftigte bis zum 31. Dezember 2007 bei Fortgeltung des BAT/BAT-O oberhalb der Vergütungsgruppe Va/b eingruppiert wäre.

### § 27
### Angestellte als Lehrkräfte an Musikschulen

Für die bis zum 30. September 2005 unter den Geltungsbereich der Nr. 1 SR 2 l ll BAT fallenden Angestellten, die am 28. Februar 1987 in einem Arbeitsverhältnis standen, das am 1. März 1987 zu demselben Arbeitgeber bis zum 30. September 2005 fortbestanden hat, wird eine günstigere einzelarbeitsvertragliche Regelung zur Arbeitszeit durch das In-Kraft-Treten des TVöD nicht berührt.

### § 28
### Abrechnung unständiger Bezügebestandteile

Bezüge im Sinne des § 36 Abs. 1 Unterabs. 2 BAT/BAT-O/BAT-Ostdeutsche Sparkassen, § 26 a Abs. 1 Unterabs. 2 BMT-G/BMG-O für Arbeitsleistungen bis zum 30. September 2005 werden nach den bis dahin jeweils geltenden Regelungen abgerechnet als ob das Arbeitsverhältnis mit Ablauf des 30. September 2005 beendet worden wäre.

### 5. Abschnitt
### Besondere Regelungen für einzelne Mitgliedverbände der VKA

### § 29

(1) Mit In-Kraft-Treten dieses Tarifvertrages bleiben

- § 3 Abs. 1 Satz 2 des Vergütungstarifvertrages Nr. 7 zum BAT-O für den Bereich der Vereinigung der VKA,
- § 3 Abs. 1 Satz 2 des Vergütungstarifvertrages Nr. 7 zum BAT-Ostdeutsche Sparkassen
- § 3 Abs. 1 Satz 2 des Monatslohntarifvertrages zum BMT-G-O
- § 3 Abs. 1 Satz 2 des Monatslohntarifvertrages für die Arbeiter der ostdeutschen Sparkassen

unberührt.

(2) ...

Niederschriftserklärung zu § 29 Abs. 2 ff:

Die Tarifvertragsparteien werden hinsichtlich besonderer Regelungen für einzelne Mitgliedverbände der VKA hierzu baldmöglichst einen Termin vereinbaren.

### 6. Abschnitt:
### Übergangs- und Schlussvorschriften

### § 30
### In-Kraft-Treten, Laufzeit

(1) Dieser Tarifvertrag tritt am 1. Oktober 2005 in Kraft.

(2) ¹Der Tarifvertrag kann ohne Einhaltung einer Frist jederzeit schriftlich gekündigt werden, frühestens zum 31. Dezember 2007.

²Die §§ 17 bis 19 einschließlich Anlagen können ohne Einhaltung einer Frist, jedoch nur insgesamt, schriftlich gekündigt werden, frühestens zum 31. Dezember 2007; die Nachwirkung dieser Vorschriften wird ausgeschlossen.

Niederschriftserklärung zu § 30 Abs. 1:

Im Hinblick auf die notwendigen personalwirtschaftlichen, organisatorischen und technischen Vorarbeiten für die Überleitung der vorhandenen Beschäftigten in den TVöD sehen die Tarifvertragsparteien die Problematik einer fristgerechten Umsetzung der neuen Tarifregelungen zum 1. Oktober 2005. Sie bitten die personalverwaltenden und bezügezahlenden Stellen, im Interesse der Beschäftigten gleichwohl eine zeitnahe Überleitung zu ermöglichen und die Zwischenzeit mit zu verrechnenden Abschlagszahlungen zu überbrücken.

Köln/Berlin, den ▬ 2005

Für die

Vereinigung der kommunalen Arbeitgeberverbände

Der Vorstand


Für die

Vereinte Dienstleistungsgewerkschaft – ver.di – :

Bundesvorstand

## 1.2 Anlage 1 zum TVÜ-VKA

Zuordnung der Vergütungs- und Lohngruppen zu den Entgeltgruppen für am 30. September/1. Oktober 2005 vorhandene Beschäftigte für die Überleitung (VKA)

| Entgelt-gruppe | Vergütungsgruppe | Lohngruppe |
|---|---|---|
| 15 Ü | I | |
| 15 | Ia<br>Ia nach Aufstieg aus Ib<br>Ib mit ausstehendem Aufstieg nach Ia (keine Stufe 6) | - |
| 14 | Ib ohne Aufstieg nach Ia<br>Ib nach Aufstieg aus II<br>II mit ausstehendem Aufstieg nach Ib | - |
| 13 | II ohne Aufstieg nach Ib | |
| 12 | II nach Aufstieg aus III<br>III mit ausstehendem Aufstieg nach II | |
| 11 | III ohne Aufstieg nach II<br>III nach Aufstieg aus IVa<br>IVa mit ausstehendem Aufstieg nach III | - |
| 10 | IVa ohne Aufstieg nach III<br>IVa nach Aufstieg aus IVb<br>IVb mit ausstehendem Aufstieg nach IVa<br>Vb in den ersten sechs Monaten der Berufsausübung, wenn danach IVb mit Aufstieg nach IVa (Zuordnung zur Stufe 1) | - |
| 9 | IVb ohne Aufstieg nach IV a<br>IV b nach Aufstieg Vb<br>Vb mit ausstehendem Aufstieg nach IVb<br>Vb ohne Aufstieg nach IVb (Stufe 5 nach 9 Jahren in Stufe 4, keine Stufe 6)<br>Vb nach Aufstieg Vc (Stufe 5 nach 9 Jahren in Stufe 4, keine Stufe 6) | 9 (Stufe 4 nach 7 Jahren in Stufe 3, keine Stufen 5 und 6) |

# Arbeitshilfen

| Entgelt-gruppe | Vergütungsgruppe | Lohngruppe |
|---|---|---|
| 8 | Vc mit ausstehendem Aufstieg nach Vb<br><br>Vc ohne Aufstieg nach Vb<br><br>Vc nach Aufstieg aus VIb | 8a<br><br>8 mit ausstehendem Aufstieg nach 8a<br><br>8 nach Aufstieg aus 7<br><br>7 mit ausstehendem Aufstieg nach 8 und 8a |
| 7 | - | 7a<br><br>7 mit ausstehendem Aufstieg nach 7a<br><br>7 nach Aufstieg aus 6<br><br>6 mit ausstehendem Aufstieg nach 7 und 7a |
| 6 | VIb mit ausstehendem Aufstieg nach Vc<br><br>VIb ohne Aufstieg nach Vc<br><br>VIb nach Aufstieg aus VII | 6a<br><br>6 mit ausstehendem Aufstieg nach 6a<br><br>6 nach Aufstieg aus 5<br><br>5 mit ausstehendem Aufstieg nach 6 und 6a |
| 5 | VII mit ausstehendem Aufstieg nach VI b<br><br>VII ohne Aufstieg nach VIb<br><br>VII nach Aufstieg aus VIII | 5a<br><br>5 mit ausstehendem Aufstieg nach 5a<br><br>5 nach Aufstieg aus 4<br><br>4 mit ausstehendem Aufstieg nach 5 und 5a |
| 4 | - | 4a<br><br>4 mit ausstehendem Aufstieg nach 4a<br><br>4 nach Aufstieg aus 3<br><br>3 mit ausstehendem Aufstieg nach 4 und 4a |
| 3 | VIII nach Aufstieg aus IXa<br><br>VIII mit ausstehendem Aufstieg nach VII<br><br>VIII ohne Aufstieg nach VII | 3a<br><br>3 mit ausstehendem Aufstieg nach 3a<br><br>3 nach Aufstieg aus 2<br><br>2 mit ausstehendem Aufstieg nach 3 und 3a |

| Entgelt-gruppe | Vergütungsgruppe | Lohngruppe |
|---|---|---|
| 2 Ü | - | 2a<br><br>2 mit ausstehendem Aufstieg nach 2a<br><br>2 nach Aufstieg aus 1<br><br>1 mit ausstehendem Aufstieg nach 2 und 2 a |
| 2 | IXa<br><br>IX mit ausstehendem Aufstieg nach IX a oder VIII<br><br>IX nach Aufstieg aus X (keine Stufe 6)<br><br>X ( keine Stufe 6) | 1 a (keine Stufe 6)<br><br>1 mit ausstehendem Aufstieg nach 1 a (keine Stufe 6) |
| 1 | - | - |

# Arbeitshilfen

## Synopse der Überleitung gemäß Anlage 1

**Vergütungsgruppe am Stichtag (Ist-Eingruppierung)**

↓

| | | | | | |
|---|---|---|---|---|---|
| | X | | | EGr. 2 | keine Stufe 6 |
| X → | IX | | | EGr. 2 | keine Stufe 6 |
| | IX | → | IXa | EGr. 2 | |
| | IX | → | VIII | EGr. 2 | |
| | IXa | | | EGr. 2 | |
| IXa → | VIII | | | EGr. 3 | |
| | VIII | | | EGr. 3 | |
| | VIII | → | VII | EGr. 3 | |
| VIII → | VII | | | EGr. 5 | |
| | VII | | | EGr. 5 | |
| | VII | → | VIb | EGr. 5 | |
| VII → | VIb | | | EGr. 6 | |
| | VIb | | | EGr. 6 | |
| | VIb | → | Vc | EGr. 6 | |
| VIb → | Vc | | | EGr. 8 | |
| | Vc | → | Vb | EGr. 8 | |
| | Vc | | | EGr. 8 | |
| Vc → | Vb | | | EGr. 9 | Stufe 5 nach 9 Jahren in Stufe 4, keine Stufe 6 |
| | Vb | | | EGr. 9 | Stufe 5 nach 9 Jahren in Stufe 4, keine Stufe 6 |
| | Vb | → | IVb | EGr. 9 | |
| Vb → | IVb | | | EGr. 9 | |
| | IVb | | | EGr. 9 | |
| | Vb → IVb → IVa | | | EGr. 10 | Zuordnung zur Stufe 1 |
| | IVb | → | IVa | EGr. 10 | |
| IVb → | IVa | | | EGr. 10 | |
| | IVa | | | EGr. 10 | |
| | IVa | → | III | EGr. 11 | |
| IVa → | III | | | EGr. 11 | |
| | III | | | EGr. 11 | |
| | III | → | II | EGr. 12 | |
| III → | II | | | EGr. 12 | |
| | II | | | EGr. 13 | |
| | II | → | Ib | EGr. 14 | |
| II → | Ib | | | EGr. 14 | |
| | Ib | | | EGr. 14 | |
| | Ib | → | Ia | EGr. 15 | keine Stufe 6 |
| Ib → | Ia | | | EGr. 15 | |
| | Ia | | | EGr. 15 | |
| | I | | | EGr. 15 | Ü |

Übergangstabelle für vorhandene Beschäftigte der VergGr. I:

| Stufe 2* | Stufe 3* | Stufe 4* | Stufe 5* | Stufe 6* |
|---|---|---|---|---|
| 4.330 | 4.805 | 5.255 | 5.555 | 5.625 |

* Verweildauer in den Stufen 2 bis 5 jeweils fünf Jahre

Synopse (Arbeiter)

Lohngruppe
am Stichtag
(Ist-Eingruppierung)

↓

|  |  |  |  |  |  |
|---|---|---|---|---|---|
|  | 1 | → | 1a | EGr. 2 | keine Stufe 6 |
|  | 1a |  |  | EGr. 2 | keine Stufe 6 |
|  | 2 | → 3 | → 3a | EGr. 3 |  |
| 2 → | 3 |  |  | EGr. 3 |  |
|  | 3 | → 3a |  | EGr. 3 |  |
|  | 3a |  |  | EGr. 3 |  |
|  | 3 | → 4 | → 4a | EGr. 4 |  |
| 3 → | 4 |  |  | EGr. 4 |  |
|  | 4 | → 4a |  | EGr. 4 |  |
|  | 4a |  |  | EGr. 4 |  |
|  | 4 | → 5 | → 5a | EGr. 5 |  |
| 4 → | 5 |  |  | EGr. 5 |  |
|  | 5 | → 5a |  | EGr. 5 |  |
|  | 5a |  |  | EGr. 5 |  |
|  | 5 | → 6 | → 6a | EGr. 6 |  |
| 5 → | 6 |  |  | EGr. 6 |  |
|  | 6 | → 6a |  | EGr. 6 |  |
|  | 6a |  |  | EGr. 6 |  |
|  | 6 | → 7 | → 7a | EGr. 7 |  |
| 6 → | 7 |  |  | EGr. 7 |  |
|  | 7 | → 7a |  | EGr. 7 |  |
|  | 7a |  |  | EGr. 7 |  |
|  | 7 | → 8 | → 8a | EGr. 8 |  |
| 7 → | 8 |  |  | EGr. 8 |  |
|  | 8 | → 8a |  | EGr. 8 |  |
|  | 8a |  |  | EGr. 8 |  |
|  | 9 | → | 1a | EGr. 9 | Stufe 4 nach 7 Jahren in Stufe 3; keine Stufen 5 und 6 |

Für die nachstehend genannten Arbeiter gilt bis zum In-Kraft-Treten der neuen Entgeltordnung folgende Übergangstabelle:

|  |  |  |  |
|---|---|---|---|
|  | 1 | → 2 | → 2a |
| 1 → | 2 |  |  |
|  | 2 | → 2a |  |
|  | 2a |  |  |

| Stufe 1 | Stufe 2 | Stufe 3 | Stufe 4 | Stufe 5 | Stufe 6 |
|---|---|---|---|---|---|
| 1.503 | 1.670 | 1.730 | 1.810 | 1.865 | 1.906 |

Diese Überleitungstabelle gilt auch für Beschäftigte, die nach dem 30. September 2005 neu eingestellt werden und nach den vier vorgenannten Lohngruppen einzugruppieren wären.

# 1.3 Anlage 2 zum TVÜ-VKA

**Strukturausgleiche für Angestellte (VKA)**

Angestellte, deren Ortszuschlag sich nach § 29 Abschnitt B Abs. 5 BAT/BAT-0/Ostdeutsche Sparkassen bemisst, erhalten den entsprechenden Anteil, in jedem Fall aber die Hälfte des Strukturausgleichs für Verheiratete.

Soweit nicht anders ausgewiesen, beginnt die Zahlung des Strukturausgleichs am 1. Oktober 2007. Die Angabe „nach ... Jahren" bedeutet, dass die Zahlung nach den genannten Jahren ab dem In-Kraft-Treten des TVöD beginnt; so wird z. B. bei dem Merkmal „nach 4 Jahren" der Zahlungsbeginn auf den 1. Oktober 2009 festgelegt, wobei die Auszahlung eines Strukturausgleichs mit den jeweiligen Monatsbezügen erfolgt. Die Dauer der Zahlung ist ebenfalls angegeben; dabei bedeutet „dauerhaft" die Zahlung während der Zeit des Arbeitsverhältnisses.

Ist die Zahlung „für" eine bestimmte Zahl von Jahren angegeben, ist der Bezug auf diesen Zeitraum begrenzt (z. B. „für 5 Jahre" bedeutet Beginn der Zahlung im Oktober 2007 und Ende der Zahlung mit Ablauf September 2012). Eine Ausnahme besteht dann, wenn das Ende des Zahlungszeitraumes nicht mit einem Stufenaufstieg in der jeweiligen Entgeltgruppe zeitlich zusammenfällt; in diesen Fällen wird der Strukturausgleich bis zum nächsten Stufenaufstieg fortgezahlt. Diese Ausnahmeregelung gilt nicht, wenn der Stufenaufstieg in die Endstufe erfolgt; in diesen Fällen bleibt es bei der festgelegten Dauer.

Betrifft die Zahlung eines Strukturausgleichs eine Vergütungsgruppe (Fallgruppe) mit Bewährungs- bzw. Zeitaufstieg, wird dies ebenfalls angegeben. Soweit keine Aufstiegszeiten angegeben sind, gelten die Ausgleichsbeträge für alle Aufstiege.

| EG | Vergütungsgruppe | Ortszuschlag Stufe 1/2 | Überleitung aus Stufe | nach | für | Betrag Tarifgebiet West | Betrag Tarifgebiet Ost |
|---|---|---|---|---|---|---|---|
| 15 Ü | I | OZ 1 | 9 | 2 Jahren | 5 Jahre | 130 € | 126 € |
| | I | OZ 2 | 8 | 2 Jahren | dauerhaft | 50 € | 48 € |
| | I | OZ 2 | 10 | 2 Jahren | dauerhaft | 50 € | 48 € |
| | I | OZ 2 | 11 | 2 Jahren | dauerhaft | 50 € | 48 € |
| 15 | Ia | OZ 1 | 6 | 2 Jahren | 4 Jahre | 60 € | 58 € |
| | Ia | OZ 1 | 8 | 4 Jahren | dauerhaft | 30 € | 29 € |
| | Ia | OZ 1 | 9 | 2 Jahren | für 5 Jahre | 90 € | 87 € |
| | | | | | danach | 30 € | 29 € |
| | Ia | OZ 1 | 10 | 4 Jahren | dauerhaft | 30 € | 29 € |
| | Ia | OZ 1 | 11 | 2 Jahren | dauerhaft | 30 € | 29 € |
| | Ia | OZ 2 | 6 | 2 Jahren | für 4 Jahre | 110 € | 106 € |
| | | | | | danach | 60 € | 58 € |
| | Ia | OZ 2 | 7 | 4 Jahren | dauerhaft | 50 € | 48 € |
| | Ia | OZ 2 | 8 | 2 Jahren | dauerhaft | 80 € | 77 € |

| EG | Vergü-tungs-gruppe | Ortszu-schlag Stufe 1/2 | Überlei-tung aus Stufe | nach | für | Betrag Tarifge-biet West | Betrag Tarifgebiet Ost |
|---|---|---|---|---|---|---|---|
|  | Ia | OZ 2 | 9 | 4 Jahren | dauerhaft | 80 € | 77 € |
|  | Ia | OZ 2 | 10 | 2 Jahren | dauerhaft | 80 € | 77 € |
| 14 | Ib | OZ 1 | 5 | 2 Jahren | 4 Jahre | 50 € | 48 € |
|  | Ib | OZ 1 | 8 | 2 Jahren | 5 Jahre | 50 € | 48 € |
|  | Ib | OZ 2 | 5 | 2 Jahren | 4 Jahre | 130 € | 126 € |
|  |  |  |  |  | danach | 20 € | 19 € |
|  | Ib | OZ 2 | 7 | 2 Jahren | 5 Jahre | 90 € | 87 € |
|  |  |  |  |  | danach | 40 € | 38 € |
|  | Ib | OZ 2 | 8 | 2 Jahren | 5 Jahre | 110 € | 106 € |
|  |  |  |  |  | danach dhf. | 40 € | 38 € |
|  | Ib | OZ 2 | 9 | 2 Jahren | dauerhaft | 30 € | 29 € |
| 14 | II/5J. Ib | OZ 1 | 4 | 2 Jahren | 7 Jahre | 110 € | 106 € |
|  | II/5J. Ib | OZ 1 | 4 | 1 Jahr | 8 Jahre | 110 € | 106 € |
|  | II/5J. Ib | OZ 1 | 5 | 2 Jahren | 4 Jahre | 50 € | 48 € |
|  | II/5J. Ib | OZ 1 | 8 | 2 Jahren | 5 Jahre | 50 € | 48 € |
|  | II/5J. Ib | OZ 2 | 4 | 2 Jahren | 5 Jahre | 90 € | 87 € |
|  | II/5J. Ib | OZ 2 | 5 | 2 Jahren | 4 Jahre | 130 € | 126 € |
|  |  |  |  |  | danach | 20 € | 19 € |
|  | II/5J. Ib | OZ 2 | 7 | 4 Jahren | 3 Jahre | 90 € | 87 € |
|  |  |  |  |  | danach | 40 € | 38 € |
| 14 | II/5J. Ib | OZ 2 | 8 | 2 Jahren | 5 Jahre | 110 € | 106 € |
|  |  |  |  |  | danach dhf. | 40 € | 38 € |
|  | II/5J. Ib | OZ 2 | 9 | 2 Jahren | dauerhaft | 30 € | 29 € |
|  | II/6J. Ib | OZ 1 | 4 | 2 Jahren | 7 Jahre | 110 € | 106 € |
|  | II/6J. Ib | OZ 1 | 5 | 2 Jahren | 4 Jahre | 50 € | 48 € |
|  | II/6J. Ib | OZ 1 | 8 | 2 Jahren | 5 Jahre | 50 € | 48 € |
|  | II/6J. Ib | OZ 2 | 4 | 2 Jahren | 5 Jahre | 90 € | 87 € |
|  | II/6J. Ib | OZ 2 | 5 | 2 Jahren | 4 Jahre | 130 € | 126 € |
|  |  |  |  |  | danach | 20 € | 19 € |
| EG | Vergü-tungs-gruppe | Ortszu-schlag Stufe 1/2 | Überlei-tung aus Stufe | nach | für | Betrag Tarifge-biet West | Betrag Tarifgebiet Ost |

Arbeitshilfen

| EG | Vergütungsgruppe | Ortszuschlag Stufe 1/2 | Überleitung aus Stufe | nach | für | Betrag Tarifgebiet West | Betrag Tarifgebiet Ost |
|---|---|---|---|---|---|---|---|
| | II/6J. Ib | OZ 2 | 7 | 4 Jahren | 3 Jahre | 90 € | 87 € |
| | | | | | danach | 40 € | 38 € |
| | II/6J. Ib | OZ 2 | 8 | 2 Jahren | 5 Jahre | 110 € | 106 € |
| | | | | | danach dhf. | 40 € | 38 € |
| | II/6J. Ib | OZ 2 | 9 | 2 Jahren | dauerhaft | 30 € | 29 € |
| 13 | II | OZ 1 | 9 | 2 Jahren | 5 Jahre | 50 € | 48 € |
| | II | OZ 2 | 8 | 2 Jahren | 5 Jahre | 80 € | 77 € |
| 12 | III/5J. II | OZ 1 | 5 | 2 Jahren | 4 Jahre | 90 € | 87 € |
| | III/5J. II | OZ 1 | 8 | 2 Jahren | 5 Jahre | 80 € | 77 € |
| | III/5J. II | OZ 2 | 4 (aus III) | 1 Jahr | 2 Jahre | 110 € | 106 € |
| | III/5J. II | OZ 2 | 4 (aus II) | 2 Jahren | 4 Jahre | 90 € | 87 € |
| | III/5J. II | OZ 2 | 6 | 4 Jahren | dauerhaft | 30 € | 29 € |
| | III/5J. II | OZ 2 | 7 | 4 Jahren | dauerhaft | 60 € | 58 € |
| | III/5J. II | OZ 2 | 8 | 4 Jahren | dauerhaft | 50 € | 48 € |
| | III/5J. II | OZ 2 | 9 | 2 Jahren | dauerhaft | 50 € | 48 € |
| | III/5J. II | OZ 2 | 10 | 2 Jahren | dauerhaft | 30 € | 29 € |
| 12 | III/6J. II | OZ 1 | 5 | 2 Jahren | 4 Jahre | 90 € | 87 € |
| | III/6J. II | OZ 1 | 8 | 2 Jahren | 5 Jahre | 70 € | 67 € |
| | III/6J. II | OZ 2 | 4 (aus III) | 2 Jahren | 5 Jahre | 70 € | 67 € |
| | III/6J. II | OZ 2 | 4 (aus II) | 2 Jahren | für 4 Jahre | 90 € | 87 € |
| | III/6J. II | OZ 2 | 6 | 4 Jahren | dauerhaft | 30 € | 29 € |
| | III/6J. II | OZ 2 | 7 | 4 Jahren | dauerhaft | 60 € | 58 € |
| | III/6J. II | OZ 2 | 8 | 4 Jahren | dauerhaft | 50 € | 48 € |
| | III/6J. II | OZ 2 | 9 | 2 Jahren | dauerhaft | 50 € | 48 € |
| | III/6J. II | OZ 2 | 10 | 2 Jahren | dauerhaft | 30 € | 29 € |
| 12 | III/8J. II | OZ 1 | 5 (aus III) | 2 Jahren | 5 Jahre | 70 € | 67 € |
| | III/8J. II | OZ 1 | 5 (aus II) | 2 Jahren | 4 Jahre | 90 € | 87 € |
| | III/8J. II | OZ 1 | 8 | 2 Jahren | 5 Jahre | 70 € | 67 € |
| | III/8J. II | OZ 2 | 5 (aus III) | 2 Jahren | 4 Jahre | 130 € | 126 € |
| | III/8J. II | OZ 2 | 6 | 4 Jahren | dauerhaft | 30 € | 29 € |

| EG | Vergü-tungs-gruppe | Ortszu-schlag Stufe 1/2 | Überlei-tung aus Stufe | nach | für | Betrag Tarifge-biet West | Betrag Tarifgebiet Ost |
|---|---|---|---|---|---|---|---|
|  | III/8J. II | OZ 2 | 7 | 4 Jahren | dauerhaft | 60 € | 58 € |
|  | III/8J. II | OZ 2 | 8 | 4 Jahren | dauerhaft | 50 € | 48 € |
|  | III/8J. II | OZ 2 | 9 | 2 Jahren | dauerhaft | 50 € | 48 € |
|  | III/8J. II | OZ 2 | 10 | 2 Jahren | dauerhaft | 30 € | 29 € |
| 12 | III/10J. II | OZ 1 | 6 (aus III) | 2 Jahren | 4 Jahre | 90 € | 87 € |
|  | III/10J. II | OZ 1 | 8 | 2 Jahren | 5 Jahre | 70 € | 67 € |
|  | III/10J. II | OZ 2 | 6 (aus III) | 2 Jahren | 4 Jahre | 110 € | 106 € |
|  |  |  |  |  | danach | 60 € | 58 € |
|  | III/10J. II | OZ 2 | 6 (aus II) | 4 Jahren | dauerhaft | 30 € | 29 € |
|  | III/10J. II | OZ 2 | 7 | 4 Jahren | dauerhaft | 60 € | 58 € |
|  | III/10J. II | OZ 2 | 8 | 4 Jahren | dauerhaft | 50 € | 48 € |
|  | III/10J. II | OZ 2 | 9 | 2 Jahren | dauerhaft | 50 € | 48 € |
|  | III/10J. II | OZ 2 | 10 | 2 Jahren | dauerhaft | 30 € | 29 € |
| 11 | III | OZ 1 | 5 | 2 Jahren | 4 Jahre | 90 € | 87 € |
| 11 | III | OZ 1 | 9 | 2 Jahren | 5 Jahre | 60 € | 58 € |
|  | III | OZ 2 | 4 | 2 Jahren | 4 Jahre | 90 € | 87 € |
|  | III | OZ 2 | 7 | 4 Jahren | 3 Jahre | 90 € | 87 € |
|  | III | OZ 2 | 8 | 2 Jahren | 5 Jahre | 90 € | 87 € |
| 11 | IVa/4J. III | OZ 1 | 5 | 2 Jahren | 4 Jahre | 90 € | 87 € |
|  | IVa/4J. III | OZ 1 | 9 | 2 Jahren | 5 Jahre | 60 € | 58 € |
|  | IVa/4J. III | OZ 2 | 4 | 2 Jahren | 4 Jahre | 90 € | 87 € |
|  | IVa/4J. III | OZ 2 | 7 | 4 Jahren | 3 Jahre | 90 € | 87 € |
|  | IVa/4J. III | OZ 2 | 8 | 2 Jahren | 5 Jahre | 90 € | 87 € |
|  | IVa/6J. III | OZ 1 | 5 | 2 Jahren | 4 Jahre | 90 € | 87 € |
|  | IVa/6J. III | OZ 1 | 9 | 2 Jahren | 5 Jahre | 60 € | 58 € |
|  | IVa/6J. III | OZ 2 | 4 | 2 Jahren | 4 Jahre | 90 € | 87 € |
|  | IVa/6J. III | OZ 2 | 7 | 4 Jahren | 3 Jahre | 90 € | 87 € |
|  | IVa/6J. III | OZ 2 | 8 | 2 Jahren | 5 Jahre | 100 € | 97 € |
| 11 | IVa/8J. III | OZ 1 | 5 | 2 Jahren | 4 Jahre | 90 € | 87 € |
|  | IVa/8J. III | OZ 1 | 9 | 2 Jahren | 5 Jahre | 60 € | 58 € |
|  | IVa/8J. III | OZ 2 | 5 | 2 Jahren | 9 Jahre | 110 € | 106 € |

| EG | Vergü-tungs-gruppe | Ortszu-schlag Stufe 1/2 | Überlei-tung aus Stufe | nach | für | Betrag Tarifge-biet West | Betrag Tarifgebiet Ost |
|---|---|---|---|---|---|---|---|
|  | IVa/8J. III | OZ 2 | 7 | 4 Jahren | 3 Jahre | 90 € | 87 € |
|  | IVa/8J. III | OZ 2 | 8 | 2 Jahren | 5 Jahre | 90 € | 87 € |
| 10 | IVa | OZ 2 | 4 | 2 Jahren | 4 Jahre | 30 € | 29 € |
|  | IVa | OZ 2 | 7 | 4 Jahren | dauerhaft | 25 € | 24 € |
|  | IVa | OZ 2 | 8 | 2 Jahren | 5 Jahre | 50 € | 48 € |
|  |  |  |  |  | danach | 25 € | 24 € |
|  | IVa | OZ 2 | 9 | 2 Jahren | dauerhaft | 25 € | 24 € |
| 10 | IV b/2J. IVa | OZ 2 | 4 | 2 Jahren | 4 Jahre | 30 € | 29 € |
|  | IV b/2J. IVa | OZ 2 | 7 | 4 Jahren | dauerhaft | 25 € | 24 € |
|  | IV b/2J. IVa | OZ 2 | 8 | 2 Jahren | 5 Jahre | 50 € | 48 € |
|  |  |  |  |  | danach | 25 € | 24 € |
|  | IV b/2J. IVa | OZ 2 | 9 | 2 Jahren | dauerhaft | 25 € | 24 € |
| 10 | IV b/4J. IVa | OZ 2 | 4 | 2 Jahren | 4 Jahre | 30 € | 29 € |
|  | IV b/4J. IVa | OZ 2 | 7 | 4 Jahren | dauerhaft | 25 € | 24 € |
|  | IV b/4J. IVa | OZ 2 | 8 | 2 Jahren | 5 Jahre | 50 € | 48 € |
|  |  |  |  |  | danach | 25 € | 24 € |
|  | IV b/4J. IVa | OZ 2 | 9 | 2 Jahren | dauerhaft | 25 € | 24 € |
| 10 | IV b/5J. IVa | OZ 1 | 4 | 1 Jahr | 8 Jahre | 90 € | 87 € |
|  | IV b/5J. IVa | OZ 2 | 4 | 1 Jahr | 6 Jahre | 90 € | 87 € |
|  | IV b/5J. IVa | OZ 2 | 7 | 4 Jahren | dauerhaft | 25 € | 24 € |
|  | IV b/5J. IVa | OZ 2 | 8 | 2 Jahren | 5 Jahre | 50 € | 48 € |
|  |  |  |  |  | danach | 25 € | 24 € |
|  | IV b/5J. IVa | OZ 2 | 9 | 2 Jahren | dauerhaft | 25 € | 24 € |
| 10 | IV b/6J. IVa | OZ 1 | 4 | 2 Jahren | 7 Jahre | 90 € | 87 € |
|  | IV b/6J. IVa | OZ 2 | 4 | 2 Jahren | 5 Jahre | 90 € | 87 € |
|  | IV b/6J. IVa | OZ 2 | 7 | 4 Jahren | dauerhaft | 25 € | 24 € |
|  | IV b/6J. IVa | OZ 2 | 8 | 2 Jahren | 5 Jahre | 50 € | 48 € |
|  |  |  |  |  | danach | 25 € | 24 € |
|  | IV b/6J. IVa | OZ 2 | 9 | 2 Jahren | dauerhaft | 25 € | 24 € |
| 10 | IV b/8J. IVa | OZ 1 | 4 | 4 Jahren | 5 Jahre | 90 € | 87 € |
|  | IV b/8J. IVa | OZ 1 | 5 | 2 Jahren | 7 Jahre | 180 € | 174 € |

| EG | Vergü-tungs-gruppe | Ortszu-schlag Stufe 1/2 | Überlei-tung aus Stufe | nach | für | Betrag Tarifge-biet West | Betrag Tarifgebiet Ost |
|---|---|---|---|---|---|---|---|
|  | IV b/8J. IVa | OZ 2 | 5 | 2 Jahren | 5 Jahre | 115 € | 111 € |
|  |  |  |  |  | danach | 25 € | 24 € |
|  | IV b/8J. IVa | OZ 2 | 7 | 4 Jahren | dauerhaft | 25 € | 24 € |
|  | IV b/8J. IVa | OZ 2 | 8 | 2 Jahren | 5 Jahre | 50 € | 48 € |
|  |  |  |  |  | danach | 25 € | 24 € |
|  | IV b/8J. IVa | OZ 2 | 9 | 2 Jahren | dauerhaft | 25 € | 24 € |
| 9 | IVb | OZ 1 | 5 | 2 Jahren | 4 Jahre | 50 € | 48 € |
|  | IVb | OZ 1 | 8 | 2 Jahren | 5 Jahre | 50 € | 48 € |
|  | IVb | OZ 2 | 4 | 2 Jahren | 4 Jahre | 80 € | 77 € |
|  | IVb | OZ 2 | 6 | 2 Jahren | 5 Jahre | 25 € | 24 € |
|  | IVb | OZ 2 | 7 | 2 Jahren | 5 Jahre | 90 € | 87 € |
| 9 | Vb/2J. IVb | OZ 1 | 5 | 2 Jahren | 4 Jahre | 50 € | 48 € |
|  | Vb/2J. IVb | OZ 1 | 8 | 2 Jahren | 5 Jahre | 50 € | 48 € |
|  | Vb/2J. IVb | OZ 2 | 4 | 2 Jahren | 4 Jahre | 80 € | 77 € |
|  | Vb/2J. IVb | OZ 2 | 6 | 2 Jahren | 5 Jahre | 25 € | 24 € |
| 9 | Vb/2J. IVb | OZ 2 | 7 | 2 Jahren | 5 Jahre | 90 € | 87 € |
|  | Vb/4J. IVb | OZ 1 | 5 | 2 Jahren | 4 Jahre | 50 € | 48 € |
|  | Vb/4J. IVb | OZ 1 | 8 | 2 Jahren | 5 Jahre | 50 € | 48 € |
|  | Vb/4J. IVb | OZ 2 | 4 | 2 Jahren | 4 Jahre | 80 € | 77 € |
|  | Vb/4J. IVb | OZ 2 | 6 | 2 Jahren | 5 Jahre | 25 € | 24 € |
|  | Vb/4J. IVb | OZ 2 | 7 | 2 Jahren | 5 Jahre | 90 € | 87 € |
| 9 | Vb/5J. IVb | OZ 1 | 4 | 1 Jahr | 2 Jahre | 110 € | 106 € |
|  | Vb/5J. IVb | OZ 1 | 5 | 2 Jahren | 4 Jahre | 50 € | 48 € |
|  | Vb/5J. IVb | OZ 1 | 8 | 2 Jahren | 5 Jahre | 50 € | 48 € |
|  | Vb/5J. IVb | OZ 2 | 4 | 1 Jahr | 5 Jahre | 80 € | 77 € |
|  | Vb/5J. IVb | OZ 2 | 6 | 2 Jahren | 5 Jahre | 25 € | 24 € |
|  | Vb/5J. IVb | OZ 2 | 7 | 2 Jahren | 5 Jahre | 90 € | 87 € |
| 9 | Vb/6J. IVb | OZ 1 | 5 | 2 Jahren | 4 Jahre | 50 € | 48 € |
|  | Vb/6J. IVb | OZ 1 | 8 | 2 Jahren | 5 Jahre | 50 € | 48 € |
|  | Vb/6J. IVb | OZ 2 | 4 | 2 Jahren | 4 Jahre | 80 € | 77 € |
|  | Vb/6J. IVb | OZ 2 | 6 | 2 Jahren | 5 Jahre | 25 € | 24 € |

| EG | Vergü-tungs-gruppe | Ortszu-schlag Stufe 1/2 | Überlei-tung aus Stufe | nach | für | Betrag Tarifge-biet West | Betrag Tarifgebiet Ost |
|---|---|---|---|---|---|---|---|
|  | Vb/6J. IVb | OZ 2 | 7 | 2 Jahren | 5 Jahre | 90 € | 87 € |
| 9 | Vb | OZ 2 | 6 | 2 Jahren | 9 Jahre | 50 € | 48 € |
| 8 | Vc | OZ 1 | 2 | 9 Jahren | dauerhaft | 55 € | 53 € |
|  | Vc | OZ 1 | 3 | 9 Jahren | dauerhaft | 55 € | 53 € |
|  | Vc | OZ 1 | 4 | 7 Jahren | dauerhaft | 55 € | 53 € |
|  | Vc | OZ 1 | 5 | 6 Jahren | dauerhaft | 55 € | 53 € |
|  | Vc | OZ 1 | 6 | 2 Jahren | dauerhaft | 55 € | 53 € |
|  | Vc | OZ 1 | 7 | 2 Jahren | dauerhaft | 55 € | 53 € |
|  | Vc | OZ 1 | 8 | 2 Jahren | dauerhaft | 55 € | 53 € |
|  | Vc | OZ 2 | 2 | 5 Jahren | dauerhaft | 55 € | 53 € |
|  | Vc | OZ 2 | 3 | 3 Jahren | dauerhaft | 120 € | 116 € |
|  | Vc | OZ 2 | 4 | 2 Jahren | dauerhaft | 120 € | 116 € |
|  | Vc | OZ 2 | 5 | 2 Jahren | dauerhaft | 120 € | 116 € |
|  | Vc | OZ 2 | 6 | 2 Jahren | dauerhaft | 120 € | 116 € |
|  | Vc | OZ 2 | 7 | 2 Jahren | dauerhaft | 120 € | 116 € |
|  | Vc | OZ 2 | 8 | 2 Jahren | dauerhaft | 55 € | 53 € |
| 6 | VIb | OZ 1 | 2 | 9 Jahren | dauerhaft | 50 € | 48 € |
|  | VIb | OZ 1 | 3 | 9 Jahren | dauerhaft | 50 € | 48 € |
|  | VIb | OZ 1 | 4 | 7 Jahren | dauerhaft | 50 € | 48 € |
|  | VIb | OZ 1 | 5 | 6 Jahren | dauerhaft | 50 € | 48 € |
|  | VIb | OZ 1 | 6 | 6 Jahren | dauerhaft | 50 € | 48 € |
|  | VIb | OZ 1 | 7 | 2 Jahren | dauerhaft | 50 € | 48 € |
|  | VIb | OZ 1 | 8 | 2 Jahren | dauerhaft | 50 € | 48 € |
|  | VIb | OZ 1 | 9 | 2 Jahren | dauerhaft | 50 € | 48 € |
|  | VIb | OZ 2 | 2 | 7 Jahren | dauerhaft | 90 € | 87 € |
|  | VIb | OZ 2 | 3 | 6 Jahren | dauerhaft | 90 € | 87 € |
|  | VIb | OZ 2 | 4 | 6 Jahren | dauerhaft | 90 € | 87 € |
|  | VIb | OZ 2 | 5 | 2 Jahren | dauerhaft | 90 € | 87 € |
|  | VIb | OZ 2 | 6 | 2 Jahren | dauerhaft | 90 € | 87 € |
|  | VIb | OZ 2 | 7 | 2 Jahren | dauerhaft | 90 € | 87 € |
|  | VIb | OZ 2 | 8 | 2 Jahren | dauerhaft | 50 € | 48 € |

| EG | Vergütungsgruppe | Ortszuschlag Stufe 1/2 | Überleitung aus Stufe | nach | für | Betrag Tarifgebiet West | Betrag Tarifgebiet Ost |
|---|---|---|---|---|---|---|---|
| | VIb | OZ 2 | 9 | 2 Jahren | dauerhaft | 50 € | 48 € |
| 5 | VII | OZ 2 | 4 | 4 Jahren | dauerhaft | 20 € | 19 € |
| | VII | OZ 2 | 5 | 2 Jahren | dauerhaft | 20 € | 19 € |
| | VII | OZ 2 | 6 | 2 Jahren | dauerhaft | 20 € | 19 € |
| | VII | OZ 2 | 7 | 2 Jahren | dauerhaft | 20 € | 19 € |
| | VII | OZ 2 | 8 | 2 Jahren | dauerhaft | 20 € | 19 € |
| 3 | VIII | OZ 1 | 7 | 2 Jahren | 4 Jahre | 30 € | 29 € |
| | VIII | OZ 1 | 9 | 2 Jahren | 5 Jahre | 20 € | 19 € |
| | VIII | OZ 2 | 3 | 2 Jahren | 9 Jahre | 40 € | 38 € |
| | VIII | OZ 2 | 4 | 4 Jahren | 3 Jahre | 25 € | 24 € |
| | VIII | OZ 2 | 5 | 2 Jahren | dauerhaft | 50 € | 48 € |
| 3 | VIII | OZ 2 | 6 | 2 Jahren | dauerhaft | 50 € | 48 € |
| | VIII | OZ 2 | 7 | 2 Jahren | dauerhaft | 50 € | 48 € |
| | VIII | OZ 2 | 8 | 2 Jahren | dauerhaft | 50 € | 48 € |
| | VIII | OZ 2 | 9 | 2 Jahren | dauerhaft | 35 € | 33 € |
| | VIII | OZ 2 | 10 | 2 Jahren | dauerhaft | 25 € | 24 € |
| 2 | IX 2J. IXa | OZ 2 | 4 | 2 Jahren | 5 Jahre | 45 € | 43 € |
| 2 | X 2J. IX | OZ 1 | 5 | 2 Jahren | 4 Jahre | 25 € | 24 € |
| | X 2J. IX | OZ 2 | 3 | 4 Jahren | dauerhaft | 40 € | 38 € |
| | X 2J. IX | OZ 2 | 4 | 4 Jahren | dauerhaft | 40 € | 38 € |
| | X 2J. IX | OZ 2 | 5 | 2 Jahren | dauerhaft | 40 € | 38 € |
| | X 2J. IX | OZ 2 | 6 | 2 Jahren | dauerhaft | 40 € | 38 € |
| | X 2J. IX | OZ 2 | 7 | 2 Jahren | dauerhaft | 25 € | 24 € |

## 1.4 Anlage 3 zum TVÜ-VKA

**Vorläufige Zuordnung der Vergütungs- und Lohngruppen zu den Entgeltgruppen für zwischen dem 1. Oktober 2005 und dem In-Kraft-Treten der neuen Entgeltordnung stattfindende Eingruppierungs- und Einreihungsvorgänge (VKAd)**

| Entgeltgruppe | Vergütungsgruppe | Lohngruppe |
|---|---|---|
| 15 | Ia<br>Ib mit Aufstieg nach Ia (zwingend Stufe 1, keine Stufe 6) | - |
| 14 | Ib ohne Aufstieg nach Ia | - |
| 13 | Beschäftigte mit Tätigkeiten, die eine abgeschlossene wissenschaftliche Hochschulausbildung voraussetzen (II mit und ohne Aufstieg nach Ib) [ggf. mit Zulagenregelung nach § 17 Abs. 8 TVÜ-VKA] | - |
| 12 | III mit Aufstieg nach II | - |
| 11 | III ohne Aufstieg nach II<br>IVa mit Aufstieg nach III | - |
| 10 | IVa ohne Aufstieg nach III<br>IVb mit Aufstieg nach IVa<br>Vb in den ersten sechs Monaten der Berufsausübung, wenn danach IVb mit Aufstieg nach IVa | - |
| 9 | IVb ohne Aufstieg nach IVa<br>Vb mit Aufstieg nach IVb<br>Vb ohne Aufstieg nach IVb (Stufe 5 nach 9 Jahren in Stufe 4, keine Stufe 6) | 9 (zwingend Stufe 1, Stufe 4 nach 7 Jahren in Stufe 3, keine Stufen 5 und 6) |
| 8 | Vc mit Aufstieg nach Vb<br>Vc ohne Aufstieg nach Vb | 7 mit Aufstieg nach 8 und 8a |
| 7 | Keine | 7 mit Aufstieg nach 7a<br>6 mit Aufstieg nach 7 und 7a |
| 6 | VIb mit Aufstieg nach Vc<br>VIb ohne Aufstieg nach Vc | 6 mit Aufstieg nach 6a<br>5 mit Aufstieg nach 6 und 6a |
| 5 | VII mit Aufstieg nach VIb<br>VII ohne Aufstieg nach VIb | 5 mit Aufstieg nach 5a<br>4 mit Aufstieg nach 5 und 5a |
| 4 | Keine | 4 mit Aufstieg nach 4a<br>3 mit Aufstieg nach 4 und 4a |
| 3 | VIII mit Aufstieg nach VII<br>VIII ohne Aufstieg nach VII | 3 mit Aufstieg nach 3a<br>2 mit Aufstieg nach 3 und 3a |
| 2 Ü | Keine | 2 mit Aufstieg nach 2a |

| Entgelt-gruppe | Vergütungsgruppe | Lohngruppe |
|---|---|---|
|  |  | 1 mit Aufstieg nach 2 und 2a |
| 2 | IX a mit Aufstieg nach VIII<br>IX mit Aufstieg nach IXa oder VIII<br>X ( keine Stufe 6) | 1 mit Aufstieg nach 1a (keine Stufe 6) |
| 1 | Beschäftigte mit einfachsten Tätigkeiten, zum Beispiel<br>- Essens- und Getränkeausgeber/innen<br>- Garderobenpersonal<br>- Spülen und Gemüseputzen und sonstige Tätigkeiten im Haus- und Küchenbereich<br>- Reiniger/innen in Außenbereichen wie Höfe, Wege, Grünanlagen, Parks<br>- Wärter/innen von Bedürfnisanstalten<br>- Servierer/innen<br>- Hausarbeiter/innen<br>- Hausgehilfe/Hausgehilfin<br>- Bote/Botin (ohne Aufsichtsfunktion)<br><br>Ergänzungen können durch landesbezirklichen Tarifvertrag geregelt werden.<br><br>Hinweis: Diese Zuordnung gilt unabhängig von bisherigen tariflichen Zuordnungen zu Vergütungs-/Lohngruppen. |  |

Arbeitshilfen

## 1.5 Datenblätter zur Überleitung der Angestellten und Arbeiter in den TVöD

### Daten zur Überleitung der Angestellten in den TVöD[1]

| Arbeitgeber/ggf. Organisationseinheit | Name, Vorname, ggf. Personal-/Ordnungsnummer: |
|---|---|

| | |
|---|---|
| Vergütungsgruppe/Fallgruppe:[2] | |
| Eingruppierungsgrundlage (z. B. TV Neufassung Fallgruppen 1): | |

| | am 30. September 2005[3] | im Oktober 2005 |
|---|---|---|
| Ausstehender Aufstieg:[4] <br> - wenn ja, Hälfte der Aufstiegszeit erfüllt: <br> - Anspruch erfüllt am: | ja/nein | ------------- <br> ------------- |
| Ausstehende Vergütungsgruppenzulage ohne erfolgtem Aufstieg:[5] <br> - wenn ja, Hälfte der Wartezeit erfüllt: <br> - Anspruch erfüllt am: | ja/nein | ------------- <br> ------------- |
| Ausstehende Vergütungsgruppenzulage nach vorherigen Aufstieg:[6] <br> - wenn ja, Hälfte der Wartezeit erfüllt: <br> - Anspruch erfüllt am: | ja/nein | ------------- <br> ------------- |
| für Strukturausgleich: Eingruppiert nach erfolgtem Aufstieg nach .... Jahren[7] | | |

| | | |
|---|---|---|
| Grundvergütung/Stufe[8] | | |
| Grundvergütung/Betrag:[9] | € | € |
| Allgemeine Zulage : | € | € |
| Ortszuschlag Stufe 1: | € | € |
| Ortszuschlag Stufe 2: | € | € |
| wenn Ortszuschlag Stufe 2: <br> - Ehegatte ortszuschlags-/familienzuschlagsberechtigt | ja/nein <br> ja/nein | ------------- <br> ------------- |

| | | |
|---|---|---|
| - wenn ja, wird TVöD auf Ehegatte angewandt[10]<br>- Höhe des Ehegattenanteils im Ortszuschlag | € | ---------------------- |
| Funktionszulagen, die ins Vergleichsentgelt eingehen:[11] | | |
| 1. Art | € | ---------------------- |
| 2. Art | € | ---------------------- |
| 3. Art | € | ---------------------- |
| Gesamtvergütung:[12] | € | ---------------------- |
| Wöchentliche Arbeitszeit, wenn nicht vollbeschäftigt:<br>- in Stunden<br>- in v. H.[13] | | ----------------------<br>---------------------- |

nachrichtlich:

| (Besitzstands-) Zulagen, die nicht ins Vergleichsentgelt eingehen:[14] | | |
|---|---|---|
| 1. Bezeichnung | € | ---------------------- |
| 2. Bezeichnung | € | ---------------------- |
| 3. Bezeichnung | € | ---------------------- |
| **Kinder**, für die der kinderbezogene Anteil im Ortszuschlag/der Sozialzuschlag als Besitzstand weitergezahlt wird[15] | | |
| Name | geboren am | Zahlbetrag |
| | | € |
| | | € |
| | | € |

Arbeitshilfen

## Daten zur Überleitung der Arbeiter in den TVöD[1]

| Arbeitgeber/ggf. Organisationseinheit | Name, Vorname, ggf. Personal-/Ordnungsnummer: |
|---|---|
| | |

| Lohngruppe/Fallgruppe:[2] | |
|---|---|
| Beginn der Beschäftigungszeit (§ 6 BMT-G/BMT-G-O):[16] | |

| | am 30. September 2005[3] | im Oktober 2005 |
|---|---|---|
| Monatstabellenlohn/Stufe[8] | | |
| Monatstabellenlohn/Betrag:[9] | € | € |
| Lohngruppe<br>- mit ausstehendem Aufstieg nach Lohngruppe:<br>- nach erfolgtem Aufstieg aus Lohngruppe: | | ----------------------<br>---------------------- |
| Funktionszulagen, die ins Vergleichsentgelt eingehen:[11] | | |
| 1. Art | € | ---------------------- |
| 2. Art | € | ---------------------- |
| 3. Art | € | ---------------------- |
| Volllohn:[17] | € | ---------------------- |
| Wöchentliche Arbeitszeit, wenn nicht vollbeschäftigt:<br>- in Stunden<br>- in v. H.[13] | | ----------------------<br>---------------------- |

nachrichtlich:

| (Besitzstands-) Zulagen, die nicht ins Vergleichsentgelt eingehen:[14] | | |
|---|---|---|
| 1. Bezeichnung | € | ---------------------- |
| 2. Bezeichnung | € | ---------------------- |
| 3. Bezeichnung | € | ---------------------- |
| **Kinder**, für die der kinderbezogene Anteil im Ortszuschlag/der Sozialzuschlag als Besitzstand weitergezahlt wird[15] | | |
| Name | geboren am | Zahlbetrag |
| | | € |
| | | € |
| | | € |

**Erläuterungen zu den Überleitungsblättern**

1. Grundlage für die Überleitung ist der Tarifvertrag zur Überleitung der Beschäftigten der kommunalen Arbeitgeber in den TVöD und zur Regelung des Übergangsrechts (TVÜ-VKA) vom 1. Juni 2005.

2. Maßgebend für die **Überleitung** in die Entgeltgruppen des TVöD ist die **Vergütungsgruppe der/des Angestellten** bzw. die **Lohngruppe der Arbeiterin/des Arbeiters**, die sie/er am 30. September 2005 inne hat (§ 4 Abs. 1 TVÜ-VKA).

Angestellte und Arbeiter, die im Oktober 2005 bei Fortgeltung des bisherigen Tarifrechts die Voraussetzungen für einen Bewährungs-, Fallgruppen- oder Tätigkeitsaufstieg erfüllt hätten, werden für die Überleitung in die Entgeltgruppen des TVöD so behandelt, als wären sie bereits im September 2005 höhergruppiert worden (§ 4 Abs. 2 TVÜ-VKA).

Angestellte und Arbeiter, die im Oktober 2005 bei Fortgeltung des bisherigen Tarifrechts in eine niedrigere Vergütungs- bzw. Lohngruppe eingruppiert worden wären, werden für die Überleitung in die Entgeltgruppen des TVöD so behandelt, als wären sie bereits im September 2005 herabgruppiert worden (§ 4 Abs. 3 TVÜ-VKA).

Die Angabe der **Fallgruppe** und des Tarifvertrages als Grundlage der Eingruppierung wird für die Feststellung benötigt, ob die/der **Angestellte** bei Fortgeltung des bisherigen Rechts noch einen Bewährungs-, Tätigkeits- oder Zeitaufstieg erreicht oder ob sie/er die Voraussetzungen für die Gewährung einer Vergütungsgruppenzulage erreicht hätte (siehe Endnoten 6, 7 und 8). Bei Angestellten hängt auch der Strukturausgleich (§ 12 TVÜ-VKA) – abgesehen von Angestellten der Vergütungsgruppen VIb und Vc – von der konkreten Eingruppierungsgrundlage ab. Bei **Arbeitern** wird die Fallgruppe zur Feststellung benötigt, ob sie/er nach einem Aufstieg in der jeweiligen Lohngruppe eingruppiert oder ob noch ein Aufstieg bei Fortgeltung des bisherigen Rechts möglich wäre. Abhängig davon ist, in welche Entgeltgruppe die Arbeiterin/der Arbeiter übergeleitet wird.

Maßgebend für die **Stufenzuordnung** ist bei Angestellten ein **Vergleichsentgelt**, das sich aus der im September 2005 erhaltenen Grundvergütung, allgemeinen Zulage und Ortszuschlag der Stufen 1, 1 ½ oder 2 zusammen setzt (§ 5 Abs. 1 und 2 TVöD). Bei Arbeiterinnen und Arbeitern bestimmt sich das Vergleichsentgelt nach dem im September 2005 erhaltenen Monatstabellenlohn (§ 5 Abs. 1 und 3 TVÜ-VKA). Ebenfalls in das Vergleichsentgelt einzubeziehen sind im September 2005 erhaltene Funktionszulagen, die nach dem TVöD nicht mehr zustehen (§ 5 Abs. 2 und 3 TVöD); welche dies sein werden, ist erst noch im Rahmen der weiteren Redaktionsverhandlungen zum TVöD zu entscheiden.

Bei Angestellten und Arbeiterinnen/Arbeiter, die gemäß § 27 Abschn. A Abs. 6 oder Abschn. B Abs. 7 BAT/BAT-O/BAT-Ostdeutsche Sparkassen bzw. den entsprechenden Regelungen für Arbeiterinnen und Arbeiter den Unterschiedsbetrag zwischen der Grundvergütung bzw. dem Monatstabellenlohn ihrer bisherigen zur nächsthöheren Stufe im September 2005 nur zur Hälfte erhalten, wird für die Bestimmung des Vergleichsentgelts die volle Grundvergütung bzw. der volle Monatstabellenlohn aus der nächsthöheren Stufe zugrunde gelegt.

3. Für Angestellte und Arbeiterinnen/Arbeiter, die **nicht für alle Tage im September 2005** oder für keinen Tag dieses Monats Bezüge erhalten, wird das Vergleichsentgelt so bestimmt, als hätten sie für alle Tage dieses Monats Bezüge erhalten; in den Fällen des § 27 Abschn. A Abs. 3 Unterabs. 6 und Abschn. B Abs. 3 Unterabs. 4 BAT/BAT-O/BAT-Ostdeutsche Sparkassen bzw. der entsprechenden Regelungen für Arbeiterinnen und Arbeiter werden die Beschäftigten für das Ver-

gleichsentgelt so gestellt, als hätten sie am 1. September 2005 die Arbeit wieder aufgenommen (§ 5 Abs. 7 TVÜ-VKA).

4. **Angestellte**, die bei Fortgeltung des bisherigen Rechts die für eine Höhergruppierung erforderliche Zeit der Bewährung oder Tätigkeit zur Hälfte erfüllt haben, erhalten ihren **Aufstieg nach Maßgabe des § 8 TVÜ-VKA gesichert**. Angestellte der Vergütungsgruppen VIII bis Vc werden zum individuellen Aufstiegszeitpunkt höhergruppiert; bei Angestellte der übrigen Vergütungsgruppen erhöht sich zum individuellen Aufstiegszeitpunkt ihr Vergleichsentgelt um den Höhergruppierungsgewinn, den sie bei Fortgeltung des bisherigen Rechts erhalten hätten.

5. Angestellte, die bei Fortgeltung des bisherigen Rechts die für eine **Vergütungsgruppenzulage** erforderliche Zeit der Bewährung oder Tätigkeit zur Hälfte erfüllt haben, erhalten die Vergütungsgruppenzulage nach Maßgabe des § 9 Abs. 2 TVÜ-VKA gesichert, wenn die Vergütungsgruppenzulage ohne vorherigen Aufstieg zusteht.

6. Bei Angestellten der Vergütungsgruppen VIII bis Vc, denen bei Fortgeltung des bisherigen Rechts die Vergütungsgruppenzulage nach einem Aufstieg zustünde, wird nach näherer Maßgabe des § 9 Abs. 3 TVÜ-VKA wie folgt differenziert:

    a) Haben sie die Aufstiegsvergütungsgruppe am 30. September 2005 noch nicht erreicht, sind zu dem Zeitpunkt, zu dem sie nach bisherigem Recht höhergruppiert worden wären, in eine höhere Entgeltgruppe des TVöD eingruppiert; eine Besitzstandszulage für eine Vergütungsgruppenzulage steht nicht zu.

    b) Haben sie den Fallgruppenaufstieg am 30. September 2005 bereits erreicht, erhalten sie zum individuellen Zeitpunkt die Vergütungsgruppenzulage, wenn sie am 30. September 2005 die Hälfte der Gesamtzeit für den Anspruch auf die Vergütungsgruppenzulage einschließlich der Zeit für den vorausgehenden Aufstieg zurückgelegt haben.

7. Angabe wird zur Prüfung benötigt, ob ein/e übergeleitete/r **Angestellte/r** Anspruch auf einen **Strukturausgleich** hat. Dies hängt – ausgenommen bei Angestellten der Vergütungsgruppen VIb und Vc – von der konkreten Eingruppierungsgrundlage und davon ab, ob sie in ihrer jetzigen Vergütungsgruppe im Wege eines Aufstiegs von bestimmter Dauer eingruppiert sind oder ob sie einen entsprechenden Aufstieg bei Weitergeltung des bisherigen Rechts noch vor sich hätten. Es empfiehlt sich, anhand der Tabelle über die Strukturausgleiche zu prüfen, ob die entsprechende Angabe benötigt wird.

8. Angestellte und Arbeiterinnen/Arbeiter, die im Oktober 2005 bei Fortgeltung des bisherigen Rechts die Grundvergütung der nächsthöheren Stufe erhalten hätten, werden für die Bemessung des Vergleichsentgelts so behandelt, als wäre der Stufenaufstieg bereits im September 2005 erfolgt (§ 5 Abs. 4 Satz 1 TVÜ-VKA).

    Fällt bei Angestellten im Oktober 2005 eine Stufensteigerung mit einer Höhergruppierung zusammen, ist zunächst die Stufensteigerung in der bisherigen Vergütungsgruppe und danach die Höhergruppierung durchzuführen (Protokollerklärung zu § 5 Abs. 4 TVÜ-VKA).

9. Maßgebend ist nur die Grundvergütung und der Monatstabellenlohn; eventuelle Zulagen und Zuschläge werden hier nicht berücksichtigt.

10. Bei bisheriger Anwendung der **Konkurrenzregeln für die Stufe 2 des Ortszuschlags** wird bei der Einbeziehung des Ehegattenanteils im Ortszuschlag danach unterschieden, ob der Ehegatte ebenfalls unter den TVöD fällt oder weiter unter den BAT (z. B. als Angestellte/r des Landes), ob sie/er Beamtin/Beamter ist oder ob Ortszuschlag auf anderer Grundlage gewährt wird (z. B. AVR, ABD usw.).

11. Aufzuführen sind die im September 2005 erhaltenen **Funktionszulagen**, die nach dem TVöD nicht mehr zustehen (§ 5 Abs. 2 TVöD); welche dies sein werden, ist erst noch im Rahmen der weiteren Redaktionsverhandlungen zum TVöD zu entscheiden.

    Achtung: Techniker, Meister- und Programmiererzulage fließen nicht in das Vergleichsentgelt ein; sie werden als Besitzstandszulage vorerst bis zum 31. Dezember 2007 fortgezahlt (Protokollerklärung zu § 5 Abs. 2 Satz 3 TVÜ-VKA) und sind in der Spalte „(Besitzstands-)Zulagen" aufzuführen.

    Achtung: Die bisherige Funktionszulage für Vorarbeiter/innen und Vorhandwerker/innen, Fachvorarbeiter/innen und vergleichbare Beschäftigte sowie für Lehrgesellen, fließen in das Vergleichsentgelt nicht ein; sie werden wie bisher weitergezahlt (§ 17 Abs. 9 TVÜ-VKA) und sind in der Spalte „(Besitzstands-) Zulagen" aufzuführen.

12. § 30 BAT/BAT-O/BAT-Ostdeutsche Sparkassen

13. Bei **Teilzeitbeschäftigten** wird das Vergleichsentgelt auf der Grundlage eines vergleichbaren Vollbeschäftigten bestimmt (§ 5 Abs. 5 Satz 1 TVÜ-VKA). Bei Vereinbarung einer Stundenzahl ist für die Überleitung die Stundenzahl ins Verhältnis zur Arbeitszeit einer/eines vergleichbaren vollbeschäftigten Angestellten zu setzen und auf zwie Stellen hinter dem Komma (kaufmännisch gerundet) umzurechnen.

    Dies gilt für Beschäftigte, deren Arbeitszeit nach § 3 des Tarifvertrages zur sozialen Absicherung herabgesetzt ist, entsprechend (§ 5 Abs. 5 Satz 2 TVÜ-VKA).

14. Zum Beispiel bei Angestellten im September 2005 zustehende Vergütungsgruppenzulage (§ 9 Abs. 1 TVÜ-VKA), Meister-, Techniker- oder Programmiererzulage (Protokollerklärung zu § 5 Abs. 2 Satz 3 TVÜ-VKA), Zulage nach § 24 BAT/BAT-O/BAT-Ostdeutsche Sparkassen, Zulage nach § 2 der Anlage 3 zum BAT.

    Zum Beispiel bei Arbeitern die Zulage für Vorarbeiter/innen und Vorhandwerker/innen, Fachvorarbeiter/innen und vergleichbare Beschäftigte sowie für Lehrgesellen.

15. Zum Besitzstand für bislang bezogenen **Kinderanteil im Ortszuschlag/Sozialzuschlag** siehe § 11 TVÜ-VKA. Anzugeben ist/sind der/die Zahlbeträge im September 2005.

16. Arbeiter: Nach der Beschäftigungszeit bestimmt sich die Stufenzuordnung der Arbeiterin/des Arbeiters (§ 7 Abs. 1 und 2 TVÜ-VKA).

17. Arbeiter: § 21 Abs. 1 Buchst. a BMT-G/BMT-G-O

… Arbeitshilfen …

# 2 Bund

## 2.1 TVÜ-Bund

**Tarifvertrag zur Überleitung der Beschäftigten des Bundes in den TVöD und zur Regelung des Übergangsrechts (TVÜ-Bund)[28] vom 1. Juni 2005\***

(\*Paraphierte Fassung. Mit den Gewerkschaften ver.di und dbb tarifunion wurden jeweils separate, aber gleich lautende Vereinbarungen getroffen.)

Zwischen

der Bundesrepublik Deutschland,

vertreten durch das Bundesministerium des Innern,

einerseits

und

dbb tarifunion

- vertreten durch den Vorstand -

andererseits

wird Folgendes vereinbart:

**1. Abschnitt:**
**Allgemeine Vorschriften**

**§ 1**
**Geltungsbereich**

(1) ¹ Dieser Tarifvertrag gilt für Angestellte, Arbeiterinnen und Arbeiter, deren Arbeitsverhältnis zum Bund über den 30. September 2005 hinaus fortbesteht, und die am 1. Oktober 2005 unter den Geltungsbereich des Tarifvertrages für den öffentlichen Dienst (TVöD) fallen, für die Dauer des ununterbrochen fortbestehenden Arbeitsverhältnisses. ²Dieser Tarifvertrag gilt ferner für die unter § 19 Abs. 2 und § 20 fallenden Beschäftigten.

Protokollerklärung zu § 1 Abs. 1 Satz 1: In der Zeit bis zum 30. September 2007 sind Unterbrechungen von bis zu einem Monat unschädlich.

(2) Nur soweit nachfolgend ausdrücklich bestimmt, gelten die Vorschriften dieses Tarifvertrages auch für Beschäftigte, deren Arbeitsverhältnis zum Bund nach dem 30. September 2005 beginnt und die unter den Geltungsbereich des TVöD fallen.

(3) Die Bestimmungen des TVöD gelten, soweit dieser Tarifvertrag keine abweichenden Regelungen trifft.

---

[28] Vorbehaltlich redaktioneller Anpassungen an den TVöD.

## § 2
### Ersetzung bisheriger Tarifverträge durch den TVöD

¹Der TVöD ersetzt für den Bereich des Bundes die in Anlage 1 TVÜ Teil A und Anlage 1 TVÜ Teil B aufgeführten Tarifverträge (einschließlich Anlagen) bzw. Tarifvertragsregelungen, soweit in diesem Tarifvertrag oder im TVöD nicht ausdrücklich etwas anderes bestimmt ist. ²Die Ersetzung erfolgt mit Wirkung vom 1. Oktober 2005, soweit kein abweichender Termin bestimmt ist.

Protokollerklärung zu § 2:

Die noch abschließend zu verhandelnde Anlage 1 TVÜ Teil B (Negativliste) enthält – über die Anlage 1 TVÜ Teil A hinaus – die Tarifverträge bzw. die Tarifvertragsregelungen, die am 1. Oktober 2005 ohne Nachwirkung außer Kraft treten. Ist für diese Tarifvorschriften in der Negativliste ein abweichender Zeitpunkt für das Außerkrafttreten bzw. eine vorübergehende Fortgeltung vereinbart, beschränkt sich die Fortgeltung dieser Tarifverträge auf deren bisherigen Geltungsbereich (Arbeiter/ Angestellte und Tarifgebiet Ost/Tarifgebiet West).

Niederschriftserklärung zu § 2: Die Tarifvertragsparteien gehen davon aus, dass der TVöD und der TVÜ das bisherige Tarifrecht auch dann ersetzen, wenn arbeitsvertragliche Bezugnahmen nicht ausdrücklich den Fall der ersetzenden Regelung beinhalten.

## 2. Abschnitt:
### Überleitungsregelungen

## § 3
### Überleitung in den TVöD

Die von § 1 Abs. 1 erfassten Beschäftigten werden am 1. Oktober 2005 gemäß den nachfolgenden Regelungen in den TVöD übergeleitet.

## § 4
### Zuordnung der Vergütungs- und Lohngruppen

(1) ¹Für die Überleitung der Beschäftigten wird ihre Vergütungs- bzw. Lohngruppe (§ 22 BAT/BAT-O bzw. entsprechende Regelungen für Arbeiterinnen und Arbeiter bzw. besondere tarifvertragliche Vorschriften für bestimmte Berufsgruppen) nach der Anlage 2 TVÜ den Entgeltgruppen des TVöD zugeordnet.

Protokollerklärung zu § 4 Abs. 1:

¹Die Überleitung von Lehrkräften wird noch verhandelt. ²Am 1. Oktober 2005 erfolgt vorerst die Fortzahlung der bisherigen Bezüge als zu verrechnender Abschlag auf das Entgelt, das diesen Beschäftigten nach der Überleitung zusteht.

Niederschriftserklärung zur Protokollerklärung zu § 4 Abs. 1:

Die Tarifvertragsparteien werden hierzu baldmöglichst einen Termin vereinbaren.

(2) Beschäftigte, die im Oktober 2005 bei Fortgeltung des bisherigen Tarifrechts die Voraussetzungen für einen Bewährungs-, Fallgruppen- oder Tätigkeitsaufstieg erfüllt hätten, werden für die Überleitung so behandelt, als wären sie bereits im September 2005 höhergruppiert worden.

(3) Beschäftigte, die im Oktober 2005 bei Fortgeltung des bisherigen Tarifrechts in eine niedrigere Vergütungs- bzw. Lohngruppe eingruppiert bzw. eingereiht worden wären, werden für die Überlei-

tung so behandelt, als wären sie bereits im September 2005 herabgruppiert bzw. niedriger eingereiht worden.

## § 5
### Vergleichsentgelt

(1) Für die Zuordnung zu den Stufen der Entgelttabelle des TVöD wird für die Beschäftigten nach § 4 ein Vergleichsentgelt auf der Grundlage der im September 2005 erhaltenen Bezüge gemäß den Absätzen 2 bis 7 gebildet.

(2) ¹Bei Beschäftigten aus dem Geltungsbereich des BAT/BAT-O setzt sich das Vergleichsentgelt aus Grundvergütung, allgemeiner Zulage und Ortszuschlag der Stufe 1 oder 2 zusammen. ²Ist auch eine andere Person im Sinne von § 29 Abschn. B Abs. 5 BAT/BAT-O ortszuschlagsberechtigt oder nach beamtenrechtlichen Grundsätzen familienzuschlagsberechtigt, wird nur die Stufe 1 zugrundegelegt; findet der TVöD am 1. Oktober 2005 auch auf die andere Person Anwendung, geht der jeweils individuell zustehende Teil des Unterschiedsbetrages zwischen den Stufen 1 und 2 des Ortszuschlags in das Vergleichsentgelt ein. ³Ferner fließen im September 2005 tarifvertraglich zustehende Funktionszulagen insoweit in das Vergleichsentgelt ein, als sie nach dem TVöD nicht mehr vorgesehen sind. ⁴Erhalten Beschäftigte eine Gesamtvergütung (§ 30 BAT/BAT-O), bildet diese das Vergleichsentgelt.

Protokollerklärung zu § 5 Abs. 2 Satz 3:

Vorhandene Beschäftigte erhalten bis zum In-Kraft-Treten der neuen Entgeltordnung, längstens bis zum 31. Dezember 2007, ihre Techniker-, Meister- und Programmiererzulagen unter den bisherigen Voraussetzungen als persönliche Besitzstandszulage.

(3) ¹Bei Beschäftigten aus dem Geltungsbereich des MTArb/MTArb-0 wird der Monatstabellenlohn als Vergleichsentgelt zugrunde gelegt. ²Absatz 2 Satz 3 gilt entsprechend. ³Erhalten Beschäftigte Lohn nach § 23 Abs. 1 MTArb/MTArb-O, bildet dieser das Vergleichsentgelt.

(4) ¹Beschäftigte, die im Oktober 2005 bei Fortgeltung des bisherigen Rechts die Grundvergütung bzw. den Monatstabellenlohn der nächsthöheren Lebensalters- bzw. Lohnstufe erhalten hätten, werden für die Bemessung des Vergleichsentgelts so behandelt, als wäre der Stufenaufstieg bereits im September 2005 erfolgt. ²§ 4 Abs. 2 und 3 gilt bei der Bemessung des Vergleichsentgelts entsprechend.

(5) ¹Bei Teilzeitbeschäftigten wird das Vergleichsentgelt auf der Grundlage eines vergleichbaren Vollzeitbeschäftigten bestimmt. ²Satz 1 gilt für Beschäftigte, deren Arbeitszeit nach § 3 des Tarifvertrages zur sozialen Absicherung vom 6. Juli 1992 herabgesetzt ist, entsprechend.

Niederschriftserklärung zu § 5 Abs. 5:

Lediglich das Vergleichsentgelt wird auf der Grundlage eines entsprechenden Vollzeitbeschäftigten ermittelt; sodann wird nach der Stufenzuordnung das zustehende Entgelt zeitratierlich berechnet.

(6) Für Beschäftigte, die nicht für alle Tage im September 2005 oder für keinen Tag dieses Monats Bezüge erhalten, wird das Vergleichsentgelt so bestimmt, als hätten sie für alle Tage dieses Monats Bezüge erhalten; in den Fällen des § 27 Abschn. A Abs. 7 und Abschn. B Abs. 3 Unterabs. 4 BAT/BAT-O bzw. der entsprechenden Regelungen für Arbeiterinnen und Arbeiter werden die Beschäftigten für das Vergleichsentgelt so gestellt, als hätten sie am 1. September 2005 die Arbeit wieder aufgenommen.

(7) Abweichend von den Absätzen 2 bis 6 wird bei Beschäftigten, die gemäß § 27 Abschn. A Abs. 8 oder Abschn. B Abs. 7 BAT/BAT-O bzw. den entsprechenden Regelungen für Arbeiterinnen und Arbeiter den Unterschiedsbetrag zwischen der Grundvergütung bzw. dem Monatstabellenlohn ihrer bisherigen zur nächsthöheren Lebensalters- bzw. Lohnstufe im September 2005 nur zur Hälfte erhal-

ten, für die Bestimmung des Vergleichsentgelts die volle Grundvergütung bzw. der volle Monatstabellenlohn aus der nächsthöheren Lebensalters- bzw. Lohnstufe zugrunde gelegt.

## § 6
### Stufenzuordnung der Angestellten

(1) ¹Beschäftigte aus dem Geltungsbereich des BAT/BAT-O werden einer ihrem Vergleichsentgelt entsprechenden individuellen Zwischenstufe der gemäß § 4 bestimmten Entgeltgruppe zugeordnet. ²Zum 1. Oktober 2007 steigen diese Beschäftigten in die dem Betrag nach nächsthöhere reguläre Stufe ihrer Entgeltgruppe auf. ³Der weitere Stufenaufstieg richtet sich nach den Regelungen des TVöD.

(2) ¹Werden Beschäftigte vor dem 1. Oktober 2007 höhergruppiert (nach § 8 Abs. 1, § 9 Abs. 3 Buchst. a oder aufgrund Übertragung einer mit einer höheren Entgeltgruppe bewerteten Tätigkeit), so erhalten sie in der höheren Entgeltgruppe Entgelt nach der regulären Stufe, deren Betrag mindestens der individuellen Zwischenstufe entspricht, jedoch nicht weniger als das Entgelt der Stufe 2; der weitere Stufenaufstieg richtet sich nach den Regelungen des TVöD. ²Werden Beschäftigte vor dem 1. Oktober 2007 herabgruppiert, werden sie in der niedrigeren Entgeltgruppe derjenigen individuellen Zwischenstufe zugeordnet, die sich bei Herabgruppierung im September 2005 ergeben hätte; der weitere Stufenaufstieg richtet sich nach Absatz 1 Satz 2 und 3.

(3) Liegt das Vergleichsentgelt über der höchsten Stufe der gemäß § 4 bestimmten Entgeltgruppe, werden die Beschäftigten abweichend von Absatz 1 einer dem Vergleichsentgelt entsprechenden individuellen Endstufe zugeordnet. ²Werden Beschäftigte aus einer individuellen Endstufe höhergruppiert, so erhalten sie in der höheren Entgeltgruppe mindestens den Betrag, der ihrer bisherigen individuellen Endstufe entspricht. ³Im Übrigen gilt Absatz 2 entsprechend. ⁴Die individuelle Endstufe verändert sich um denselben Vomhundertsatz bzw. in demselben Umfang wie die höchste Stufe der jeweiligen Entgeltgruppe.

(4) ¹Beschäftigte, deren Vergleichsentgelt niedriger ist als das Entgelt in der Stufe 2, werden abweichend von Absatz 1 der Stufe 2 zugeordnet. ²Der weitere Stufenaufstieg richtet sich nach den Regelungen des TVöD. ³Abweichend von Satz 1 werden Beschäftigte, denen am 30. September 2005 eine in der Allgemeinen Vergütungsordnung (Anlage 1a) durch die Eingruppierung in Vergütungsgruppe Va BAT/BAT-O mit Aufstieg nach IVb und IVa abgebildete Tätigkeit übertragen ist, in Entgeltgruppe 10 der Stufe 1 zugeordnet.

## § 7
### Stufenzuordnung der Arbeiterinnen und Arbeiter

(1) ¹Beschäftigte aus dem Geltungsbereich des MTArb/MTArb-O werden entsprechend ihrer Beschäftigungszeit nach § 6 MTArb/MTArb-O der Stufe der gemäß § 4 bestimmten Entgeltgruppe zugeordnet, die sie erreicht hätten, wenn die Entgelttabelle des TVöD bereits seit Beginn ihrer Beschäftigungszeit gegolten hätte; Stufe 1 ist hierbei ausnahmslos mit einem Jahr zu berücksichtigen. ²Der weitere Stufenaufstieg richtet sich nach den Regelungen des TVöD.

(2) § 6 Abs. 3 und Abs. 4 Satz 1 und 2 gilt für Beschäftigte gemäß Absatz 1 entsprechend.

(3) ¹Ist das Entgelt nach Absatz 1 Satz 1 niedriger als das Vergleichsentgelt, werden die Beschäftigten einer dem Vergleichsentgelt entsprechenden individuellen Zwischenstufe zugeordnet. ²Der Aufstieg aus der individuellen Zwischenstufe in die dem Betrag nach nächsthöhere reguläre Stufe ihrer Entgeltgruppe findet zu dem Zeitpunkt statt, zu dem sie gemäß Absatz 1 Satz 1 die Voraussetzungen für diesen Stufenaufstieg aufgrund der Beschäftigungszeit erfüllt haben.

(4) ¹Werden Beschäftigte während ihrer Verweildauer in der individuellen Zwischenstufe höhergruppiert, erhalten sie in der höheren Entgeltgruppe Entgelt nach der regulären Stufe, deren Betrag min-

destens der individuellen Zwischenstufe entspricht, jedoch nicht weniger als das Entgelt der Stufe 2; der weitere Stufenaufstieg richtet sich nach den Regelungen des TVöD. ²Werden Beschäftigte während ihrer Verweildauer in der individuellen Zwischenstufe herabgruppiert, erfolgt die Stufenzuordnung in der niedrigeren Entgeltgruppe, als sei die niedrigere Einreihung bereits im September 2005 erfolgt; der weitere Stufenaufstieg richtet sich bei Zuordnung zu einer individuellen Zwischenstufe nach Absatz 3 Satz 2, sonst nach Absatz 1 Satz 2.

### 3. Abschnitt:
### Besitzstandsregelungen

### § 8
### Bewährungs- und Fallgruppenaufstiege

(1) ¹Aus dem Geltungsbereich des BAT/BAT-O in eine der Entgeltgruppen 3, 5, 6 oder 8 übergeleitete Beschäftigte, die am 1. Oktober 2005 bei Fortgeltung des bisherigen Tarifrechts die für eine Höhergruppierung erforderliche Zeit der Bewährung oder Tätigkeit zur Hälfte erfüllt haben, sind zu dem Zeitpunkt, zu dem sie nach bisherigem Recht höhergruppiert wären, in die nächsthöhere Entgeltgruppe des TVöD eingruppiert. ²Abweichend von Satz 1 erfolgt die Höhergruppierung in die Entgeltgruppe 5, wenn die Beschäftigten aus der Vergütungsgruppe VIII BAT/BAT-O mit ausstehendem Aufstieg nach Vergütungsgruppe VII BAT/BAT-O übergeleitet worden sind; sie erfolgt in die Entgeltgruppe 8, wenn die Beschäftigten aus der Vergütungsgruppe VIb BAT/BAT-O mit ausstehendem Aufstieg nach Vergütungsgruppe Vc BAT/BAT-O übergeleitet worden sind.

Voraussetzung für die Höhergruppierung nach Satz 1 und 2 ist, dass

- zum individuellen Aufstiegszeitpunkt keine Anhaltspunkte vorliegen, die bei Fortgeltung des bisherigen Rechts einer Höhergruppierung entgegengestanden hätten, und
- bis zum individuellen Aufstiegszeitpunkt nach Satz 1 weiterhin eine Tätigkeit auszuüben ist, die diesen Aufstieg ermöglicht hätte.

⁴Die Sätze 1 bis 3 gelten nicht in den Fällen des § 4 Abs. 2.⁵Erfolgt die Höhergruppierung vor dem 1. Oktober 2007, gilt – gegebenenfalls unter Berücksichtigung des Satzes 2 – § 6 Abs. 2 Satz 1 entsprechend.

(2) ¹Aus dem Geltungsbereich des BAT/BAT-O in eine der Entgeltgruppen 2 sowie 9 bis 15 übergeleitete Beschäftigte, die am 1. Oktober 2005 bei Fortgeltung des bisherigen Tarifrechts die für eine Höhergruppierung erforderliche Zeit der Bewährung oder Tätigkeit zur Hälfte erfüllt haben, und in der Zeit zwischen dem 1. November 2005 und dem 30. September 2007 höhergruppiert worden wären, erhalten ab dem Zeitpunkt, zu dem sie nach bisherigem Recht höhergruppiert wären, in ihrer bisherigen Entgeltgruppe Entgelt nach derjenigen individuellen Zwischen- bzw. Endstufe, die sich ergeben hätte, wenn sich ihr Vergleichsentgelt (§ 5) nach der Vergütung aufgrund der Höhergruppierung bestimmt hätte.

Voraussetzung für diesen Stufenaufstieg ist, dass

- zum individuellen Aufstiegszeitpunkt keine Anhaltspunkte vorliegen, die bei Fortgeltung des bisherigen Rechts einer Höhergruppierung entgegengestanden hätten, und
- bis zum individuellen Aufstiegszeitpunkt nach Satz 1 weiterhin eine Tätigkeit auszuüben ist, die diesen Aufstieg ermöglicht hätte.

³Ein etwaiger Strukturausgleich wird ab dem individuellen Aufstiegszeitpunkt nicht mehr gezahlt. ⁴Der weitere Stufenaufstieg richtet sich bei Zuordnung zu einer individuellen Zwischenstufe nach § 6 Abs. 1. ⁵§ 4 Abs. 2 bleibt unberührt.

Niederschriftserklärung zu § 8 Abs. 2:

Die Neuberechnung des Vergleichsentgelts führt nicht zu einem Wechsel der Entgeltgruppe.

## § 9
### Vergütungsgruppenzulagen

(1) Aus dem Geltungsbereich des BAT/BAT-O übergeleitete Beschäftigte, denen am 30. September 2005 nach der Vergütungsordnung zum BAT/BAT-O eine Vergütungsgruppenzulage zusteht, erhalten in der Entgeltgruppe, in die sie übergeleitet werden, eine Besitzstandszulage in Höhe ihrer bisherigen Vergütungsgruppenzulage.

(2) ¹Aus dem Geltungsbereich des BAT/BAT-O übergeleitete Beschäftigte, die bei Fortgeltung des bisherigen Rechts nach dem 30. September 2005 eine Vergütungsgruppenzulage ohne vorausgehenden Fallgruppenaufstieg erreicht hätten, erhalten ab dem Zeitpunkt, zu dem ihnen die Zulage nach bisherigem Recht zugestanden hätte, eine Besitzstandszulage. ²Die Höhe der Besitzstandszulage bemisst sich nach dem Betrag, der als Vergütungsgruppenzulage zu zahlen gewesen wäre, wenn diese bereits am 30. September 2005 zugestanden hätte. Voraussetzung ist, dass

- am 1. Oktober 2005 die für die Vergütungsgruppenzulage erforderliche Zeit der Bewährung oder Tätigkeit nach Maßgabe des § 23 b Abschn. A BAT/BAT-O zur Hälfte erfüllt ist,
- zu diesem Zeitpunkt keine Anhaltspunkte vorliegen, die bei Fortgeltung des bisherigen Rechts der Vergütungsgruppenzulage entgegengestanden hätten und
- bis zum individuellen Zeitpunkt nach Satz 1 weiterhin eine Tätigkeit auszuüben ist, die zu der Vergütungsgruppenzulage geführt hätte.

(3) ¹Für aus dem Geltungsbereich des BAT/BAT-O übergeleitete Beschäftigte, die bei Fortgeltung des bisherigen Rechts nach dem 30. September 2005 im Anschluss an einen Fallgruppenaufstieg eine Vergütungsgruppenzulage erreicht hätten, gilt Folgendes:

a) ¹In eine der Entgeltgruppen 3, 5, 6 oder 8 übergeleitete Beschäftigte, die den Fallgruppenaufstieg am 30. September 2005 noch nicht erreicht haben, sind zu dem Zeitpunkt, zu dem sie nach bisherigem Recht höhergruppiert worden wären, in die nächsthöhere Entgeltgruppe des TVöD eingruppiert; § 8 Abs. 1 Satz 2 bis 5 gilt entsprechend. ²Eine Besitzstandszulage für eine Vergütungsgruppenzulage steht nicht zu.

b) Ist ein der Vergütungsgruppenzulage vorausgehender Fallgruppenaufstieg am 30. September 2005 bereits erfolgt, gilt Absatz 2 mit der Maßgabe, dass am 1. Oktober 2005 die Hälfte der Gesamtzeit für den Anspruch auf die Vergütungsgruppenzulage einschließlich der Zeit für den vorausgehenden Aufstieg zurückgelegt sein muss.

(4) ¹Die Besitzstandszulage nach den Absätzen 1, 2 und 3 Buchst. b wird so lange gezahlt, wie die anspruchsbegründende Tätigkeit ununterbrochen ausgeübt wird und die sonstigen Voraussetzungen für die Vergütungsgruppenzulage nach bisherigem Recht weiterhin bestehen. ²Sie verändert sich bei allgemeinen Entgeltanpassungen um den von den Tarifvertragsparteien für die jeweilige Entgeltgruppe festgelegten Vomhundertsatz.

Niederschriftserklärung zu § 8 Abs. 1 Satz 2 und Abs. 2 Satz 2 sowie § 9 Abs. 2 bis 4:

Eine missbräuchliche Entziehung der Tätigkeit mit dem ausschließlichen Ziel, eine Höhergruppierung zu verhindern, ist nicht zulässig.

## § 10
### Fortführung vorübergehend übertragener höherwertiger Tätigkeit

¹Beschäftigte, denen am 30. September 2005 eine Zulage nach § 24 BAT/BAT-O zusteht, erhalten nach Überleitung in den TVöD eine Besitzstandszulage in Höhe ihrer bisherigen Zulage, solange sie die anspruchsbegründende Tätigkeit weiterhin ausüben und die Zulage nach bisherigem Recht zu zahlen wäre. ²Wird die anspruchsbegründende Tätigkeit über den 30. September 2007 hinaus beibehalten, finden mit Wirkung ab dem 1. Oktober 2007 die Regelungen des TVöD über die vorübergehende Übertragung einer höherwertiger Tätigkeit Anwendung. ³Für eine vor dem 1. Oktober 2005 vorübergehend übertragene höherwertige Tätigkeit, für die am 30. September 2005 wegen der zeitlichen Voraussetzungen des § 24 Abs. 1 bzw. 2 BAT/BAT-O noch keine Zulage gezahlt wird, gilt Satz 1 und 2 ab dem Zeitpunkt entsprechend, zu dem nach bisherigem Recht die Zulage zu zahlen gewesen wäre. ⁴Sätze 1 bis 3 gelten in den Fällen des § 9 MTArb/MTArb-0 entsprechend; bei Vertretung einer Arbeiterin/eines Arbeiters bemisst sich die Zulage nach dem Unterschiedsbetrag zwischen dem Lohn nach § 9 Abs. 2 Buchst. a MTArb/MTArb-0 und dem im September 2005 ohne Zulage zustehenden Lohn. ⁵Sätze 1 bis 4 gelten bei besonderen tarifvertraglichen Vorschriften über die vorübergehende oder vertretungsweise Übertragung höherwertiger Tätigkeiten entsprechend.

Niederschriftserklärung zu § 10: Die Tarifvertragsparteien stellen klar, dass die vertretungsweise Übertragung einer höherwertigen Tätigkeit ein Unterfall der vorübergehenden Übertragung einer höherwertigen Tätigkeit ist.

## § 11
### Kinderbezogene Entgeltbestandteile

(1) ¹Für im September 2005 berücksichtigte Kinder werden die kinderbezogenen Entgeltbestandteile des BAT/BAT-O oder MTArb/MTArb-0 in der für September 2005 zustehenden Höhe als Besitzstandszulage fortgezahlt, solange für diese Kinder Kindergeld nach dem Einkommensteuergesetz (EStG) oder nach dem Bundeskindergeldgesetz (BKGG) ununterbrochen gezahlt wird oder ohne Berücksichtigung des § 64 oder § 65 EStG oder des § 3 oder § 4 BKGG gezahlt würde. ²Unterbrechungen wegen Ableistung von Grundwehrdienst, Zivildienst oder Wehrübungen sowie eines freiwilligen sozialen oder ökologischen Jahres sind unschädlich.

(2) ¹§ ▓ TVöD [„Zeitratierliche Bemessung des Entgelts bei Teilzeit"] ist anzuwenden. ²Die Besitzstandszulage nach Absatz 1 Satz 1 verändert sich bei allgemeinen Entgeltanpassungen um den von den Tarifvertragsparteien für die jeweilige Entgeltgruppe festgelegten Vomhundertsatz. ³Ansprüche nach Absatz 1 können für Kinder ab dem vollendeten 16. Lebensjahr durch Vereinbarung mit der/dem Beschäftigten abgefunden werden.

(3) Absätze 1 und 2 gelten entsprechend für

a) zwischen dem 1. Oktober 2005 und dem 31. Dezember 2005 geborenen Kinder der übergeleiteten Beschäftigten,

b) die Kinder von bis zum 31. Dezember 2005 in ein Arbeitsverhältnis übernommenen Auszubildenden, Krankenpflege- und Hebammenschülern, sowie Praktikantinnen und Praktikanten aus tarifvertraglich geregelten Beschäftigungsverhältnissen, soweit diese Kinder vor dem 1. Januar 2006 geboren sind.

### § 12 Strukturausgleich

(1) ¹Aus dem Geltungsbereich des BAT/BAT-O übergeleitete Beschäftigte erhalten ausschließlich in den in Anlage 3 TVÜ aufgeführten Fällen zusätzlich zu ihrem monatlichen Entgelt einen nicht dynamischen Strukturausgleich. Maßgeblicher Stichtag für die anspruchsbegründenden Voraussetzungen (Vergütungsgruppe, Lebensalterstufe, Ortszuschlag, Aufstiegszeiten) ist der 1. Oktober 2005, sofern in Anlage 3 TVÜ nicht ausdrücklich etwas anderes geregelt ist.

(2) Die Zahlung des Strukturausgleichs beginnt im Oktober 2007, sofern in <u>Anlage 3 TVÜ</u> nicht etwas anderes bestimmt ist.

(3) Für Beschäftigte, für die nach dem TVöD die Regelungen des Tarifgebiets Ost Anwendung finden, gilt der jeweilige Bemessungssatz.

(4) ¹Bei Teilzeitbeschäftigung steht der Strukturausgleich anteilig zu (§ ■ TVöD [Entgelt Teilzeit]). ²§ 5 Abs. 5 Satz 2 gilt entsprechend.

<u>Protokollerklärung zu § 12 Abs. 4:</u> Bei späteren Veränderungen der individuellen regelmäßigen wöchentlichen Arbeitszeit der/des Beschäftigten ändert sich der Strukturausgleich entsprechend.

(5) Bei Höhergruppierungen wird der Unterschiedsbetrag zum bisherigen Entgelt auf den Strukturausgleich angerechnet.

(6) Einzelvertraglich kann der Strukturausgleich abgefunden werden.

<u>Niederschriftserklärung zu § 12:</u> Die Tarifvertragsparteien sind sich angesichts der Fülle der denkbaren Fallgestaltungen bewusst, dass die Festlegung der Strukturausgleiche je nach individueller Fallgestaltung in Einzelfällen sowohl zu überproportional positiven Folgen als auch zu Härten führen kann. Sie nehmen diese Verwerfungen im Interesse einer für eine Vielzahl von Fallgestaltungen angestrebten Abmilderung von Exspektanzverlusten hin.

## § 13
### Entgeltfortzahlung im Krankheitsfall

¹Bei Beschäftigten, für die bis zum 30. September 2005 § 71 BAT gegolten hat, wird abweichend von den Regelungen des TVöD zur Entgeltfortzahlung im Krankheitsfall für die Dauer des über den 30. September 2005 hinaus ununterbrochen fortbestehenden Arbeitsverhältnisses der Krankengeldzuschuss in Höhe des Unterschiedsbetrages zwischen dem festgesetzten Nettokrankengeld oder der entsprechenden gesetzlichen Nettoleistung und dem Nettoentgelt (§ ■ TVöD, [Nettoentgelt, das auch bei Urlaub gezahlt wird]) gezahlt. ²Nettokrankengeld ist das um die Arbeitnehmeranteile zur Sozialversicherung reduzierte Krankengeld. ³Für Beschäftigte, die nicht der Versicherungspflicht in der gesetzlichen Krankenversicherung unterliegen, ist bei der Berechnung des Krankengeldzuschusses der Höchstsatz des Nettokrankengeldes, der bei Pflichtversicherung in der gesetzlichen Krankenversicherung zustünde, zugrunde zu legen.

## § 14
### Zeiten für das Jubiläumsgeld

Für die Anwendung des § ■ [Jubiläumsgeld] TVöD werden die bis zum 30. September 2005 zurückgelegte Zeiten, die nach Maßgabe

- des BAT anerkannte Dienstzeit,
- des BAT-O bzw. MTArb-O anerkannte Beschäftigungszeit,
- des MTArb anerkannte Jubiläumszeit

sind, als Beschäftigungszeit im Sinne des § ■ [Beschäftigungszeit] TVöD berücksichtigt.

## § 15
### Urlaub

(1) ¹Für die Dauer und die Bewilligung des Erholungsurlaubs bzw. von Zusatzurlaub für das Urlaubsjahr 2005 gelten die im September 2005 jeweils maßgebenden Vorschriften bis zum 31. Dezember 2005 fort. ²Die Regelungen des TVöD gelten für die Bemessung des Urlaubsentgelts sowie für eine Übertragung von Urlaub auf das Kalenderjahr 2006.

(2) ¹Aus dem Geltungsbereich des BAT/BAT-O übergeleitete Beschäftigte der Vergütungsgruppen I und Ia, die für das Urlaubsjahr 2005 einen Anspruch auf 30 Arbeitstage Erholungsurlaub erworben haben, behalten bei einer Fünftagewoche diesen Anspruch für die Dauer des über den 30. September 2005 hinaus ununterbrochen fortbestehenden Arbeitsverhältnisses. ²Die Urlaubsregelungen des TVöD bei abweichender Verteilung der Arbeitszeit gelten entsprechend.

(3) § 49 Abs. 1 und 2 MTArb/MTArb-O i. V. m. dem Tarifvertrag über Zusatzurlaub für gesundheitsgefährdende Arbeiten für Arbeiter des Bundes gelten bis zum In-Kraft-Treten eines entsprechenden Tarifvertrags des Bundes fort; im Übrigen gilt Absatz 1 entsprechend.

(4) ¹In den Fällen des § 48a BAT/BAT-O oder § 48a MTArb/MTArb-O wird der sich nach dem Kalenderjahr 2005 zu bemessende Zusatzurlaub im Kalenderjahr 2006 gewährt. ²Die nach Satz 1 zustehenden Urlaubstage werden auf den nach den Bestimmungen des TVöD im Kalenderjahr 2006 zustehenden Zusatzurlaub für Wechselschichtarbeit und Schichtarbeit angerechnet. ³Absatz 1 Satz 2 gilt entsprechend.

## § 16
### Abgeltung

¹Durch Vereinbarung mit der/dem Beschäftigten können Entgeltbestandteile aus Besitzständen, ausgenommen für Vergütungsgruppenzulagen, pauschaliert bzw. abgefunden werden. ²§ 11 Abs. 2 Satz 3 und § 12 Abs. 6 bleiben unberührt.

Protokollerklärung zum 3. Abschnitt:

Einvernehmlich werden die Verhandlungen zur Überleitung der Entgeltsicherung bei Leistungsminderung zurückgestellt. Da damit die fristgerechte Überleitung bei Beschäftigten, die eine Zahlung nach §§ 25, 37 MTArb/MTArb-O bzw. § 56 BAT/BAT-O erhalten, nicht sichergestellt ist, erfolgt am 1. Oktober 2005 eine Fortzahlung der bisherigen Bezüge als zu verrechnender Abschlag auf das Entgelt, das diesen Beschäftigten nach dem noch zu erzielenden künftigen Verhandlungsergebnis zusteht.

## 4. Abschnitt:
### Sonstige vom TVöD abweichende oder ihn ergänzende Bestimmungen

## § 17
### Eingruppierung

(1) ¹Bis zum In-Kraft-Treten von Eingruppierungsvorschriften des TVöD (mit Entgeltordnung) gelten die §§ 22, 23 BAT/BAT-O einschließlich der Vergütungsordnung und §§ 1, 2 Absätze 1 und 2 und § 5 des Tarifvertrages über das Lohngruppenverzeichnis des Bundes zum MTArb (TVLohngrV) einschließlich des Lohngruppenverzeichnisses mit Anlagen 1 und 2 über den 30. September 2005 hinaus fort. ²Diese Regelungen finden auf übergeleitete und ab dem 1. Oktober 2005 neu eingestellte

Beschäftigte im jeweiligen bisherigen Geltungsbereich nach Maßgabe dieses Tarifvertrages Anwendung. ³An die Stelle der Begriffe Vergütung und Lohn tritt der Begriff Entgelt.

(2) Abweichend von Absatz 1

- gelten Vergütungsordnung und Lohngruppenverzeichnis nicht für ab dem 1. Oktober 2005 in Entgeltgruppe 1 TVöD neu eingestellte Beschäftigte,
- gilt die Vergütungsgruppe I der Vergütungsordnung zum BAT/BAT-O ab dem 1. Oktober 2005 nicht fort; die Ausgestaltung entsprechender Arbeitsverhältnisse erfolgt außertariflich.

(3) ¹Mit Ausnahme der Eingruppierung in die Entgeltgruppe 1 sind alle zwischen dem 1. Oktober 2005 und dem In-Kraft-Treten der neuen Entgeltordnung stattfindenden Eingruppierungs- bzw. Einreihungsvorgänge (Neueinstellungen und Umgruppierungen) vorläufig und begründen keinen Vertrauensschutz und keinen Besitzstand. ²Dies gilt nicht für Aufstiege gemäß § 8 Abs. 1 Satz 1 und 2.

(4) ¹Anpassungen der Eingruppierung aufgrund des In-Kraft-Tretens der neuen Entgeltordnung erfolgen mit Wirkung für die Zukunft. ²Bei Rückgruppierungen, die in diesem Zusammenhang erfolgen, sind finanzielle Nachteile im Wege einer nicht dynamischen Besitzstandszulage auszugleichen, solange die Tätigkeit ausgeübt wird. ³Die Besitzstandszulage vermindert sich nach dem 30. September 2008 bei jedem Stufenaufstieg um die Hälfte des Unterschiedsbetrages zwischen der bisherigen und der neuen Stufe; bei Neueinstellungen (§ 1 Abs. 2) vermindert sich die Besitzstandszulage jeweils um den vollen Unterschiedsbetrag. ⁴Die Grundsätze korrigierender Rückgruppierung bleiben unberührt.

(5) ¹Bewährungs-, Fallgruppen- und Tätigkeitsaufstiege gibt es ab dem 1. Oktober 2005 nicht mehr; §§ 8 und 9 bleiben unberührt. ²Satz 1 gilt auch für Vergütungsgruppenzulagen, es sei denn, dem Tätigkeitsmerkmal einer Vergütungsgruppe der Allgemeinen Vergütungsordnung (Anlage 1a zum BAT) ist eine Vergütungsgruppenzulage zugeordnet, die unmittelbar mit Übertragung der Tätigkeit zusteht; bei Übertragung einer entsprechenden Tätigkeit wird diese bis zum In-Kraft-Treten der neuen Entgeltordnung, längstens bis zum 31. Dezember 2007, unter den Voraussetzungen des bisherigen Tarifrechts als Besitzstandszulage in der bisherigen Höhe gezahlt; § 9 Abs. 4 gilt entsprechend.

(6) In der Zeit zwischen dem 1. Oktober 2005 und dem In-Kraft-Treten der neuen Entgeltordnung erhalten Beschäftigte, denen ab dem 1. Oktober 2005 eine anspruchsbegründende Tätigkeit übertragen wird, längstens bis zum 31. Dezember 2007 eine persönliche Zulage, die sich betragsmäßig nach der entfallenen Techniker-, Meister- und Programmiererzulage bemisst, soweit die Anspruchsvoraussetzungen nach bisherigem Tarifrecht erfüllt sind.

(7) ¹Für Eingruppierungen bzw. Einreihungen zwischen dem 1. Oktober 2005 und dem In-Kraft-Treten der neuen Entgeltordnung werden die Vergütungsgruppen der Allgemeinen Vergütungsordnung (Anlage 1a), die Vergütungsgruppen der Allgemeinen Vergütungsordnung für Angestellte im Pflegedienst (Anlage 1b) und die Lohngruppen des Lohngruppenverzeichnisses gemäß Anlage 4 TVÜ den Entgeltgruppen des TVöD zugeordnet. ²Absatz 1 Satz 2 bleibt unberührt.

Protokollerklärung zu § 17 Abs. 7:

Die Protokollerklärung zu § 4 Abs. 1 betreffend die Überleitung der Lehrkräfte gilt entsprechend.

(8) ¹Beschäftigte, die zwischen dem 1. Oktober 2005 und dem In-Kraft-Treten der neuen Entgeltordnung in Entgeltgruppe 13 eingruppiert werden und die nach der Allgemeinen Vergütungsordnung (Anlage 1a) in Vergütungsgruppe IIa BAT/BAT-O mit fünf- bzw. sechsjährigem Aufstieg nach Vergütungsgruppe Ib BAT/BAT-O eingruppiert wären, erhalten bis zum In-Kraft-Treten der neuen Entgeltordnung, längstens aber bis zum 31. Dezember 2007 eine persönliche Zulage in Höhe des Unterschiedsbetrages zwischen dem Entgelt ihrer Stufe nach Entgeltgruppe 13 und der entsprechenden Stufe der Entgeltgruppe 14. ²Von Satz 1 werden auch Fallgruppen der Vergütungsgruppe Ib

BAT/BAT-O erfasst, deren Tätigkeitsmerkmale eine bestimmte Tätigkeitsdauer voraussetzen. ³Die Sätze 1 und 2 gelten auch für Beschäftigte in Sinne des § 1 Abs. 2.

Niederschriftserklärung zu § 17 Abs. 8:

Mit dieser Regelung ist keine Entscheidung über die Zuordnung und Fortbestand/Besitzstand der Zulage im Rahmen der neuen Entgeltordnung verbunden.

(9) ¹Bis zum In-Kraft-Treten der Eingruppierungsvorschriften des TVöD gelten die bisherigen Regelungen für Vorarbeiter/innen und für Vorhandwerker/innen im bisherigen Geltungsbereich fort; dies gilt auch für Beschäftigte im Sinne des § 1 Abs. 2. ²Satz 1 gilt für Lehrgesellen entsprechend.

(10) Die Absätze 1 bis 9 gelten für besondere tarifvertragliche Vorschriften über die Eingruppierungen entsprechend.

Protokollerklärung zu § 17:

¹Die Tarifvertragsparteien sind sich darin einig, dass in der noch zu verhandelnden Entgeltordnung die bisherigen unterschiedlichen materiellen Wertigkeiten aus Fachhochschulabschlüssen (einschließlich Sozialpädagogen/innen und Ingenieuren/innen) auf das Niveau der vereinbarten Entgeltwerte der Entgeltgruppe 9 ohne Mehrkosten (unter Berücksichtigung der Kosten für den Personenkreis, der nach der Übergangsphase nicht mehr in eine höhere bzw. niedrigere Entgeltgruppe eingruppiert ist) zusammengeführt werden; die Abbildung von Heraushebungsmerkmalen oberhalb der Entgeltgruppe 9 bleibt davon unberührt. Sollte hierüber bis zum 31. Dezember 2007 keine einvernehmliche Lösung vereinbart werden, so erfolgt ab dem 1. Januar 2008 bis zum In-Kraft-Treten der Entgeltordnung die einheitliche Eingruppierung aller ab dem 1. Januar 2008 neu einzugruppierenden Beschäftigten mit Fachhochschulabschluss nach den jeweiligen Regeln der Entgeltgruppe 9 zu „Vb BAT ohne Aufstieg nach IVb (mit und ohne FH-Abschluss)".

# § 18
## Vorübergehende Übertragung einer höherwertigen Tätigkeit nach dem 30. September 2005

(1) ¹Wird aus dem Geltungsbereich des BAT/BAT-O übergeleiteten Beschäftigten in der Zeit zwischen dem 1. Oktober 2005 und dem 30. September 2007 erstmalig außerhalb von § 10 eine höherwertige Tätigkeit vorübergehend übertragen, findet der TVöD Anwendung. ²Ist die/der Beschäftigte in eine individuelle Zwischenstufe übergeleitet worden, gilt für die Bemessung der persönlichen Zulage § 6 Abs. 2 Satz 1 entsprechend. ³Bei Überleitung in eine individuelle Endstufe gilt § 6 Abs. 3 Satz 2 entsprechend. ⁴In den Fällen des § 6 Abs. 4 bestimmt sich die Höhe der Zulage nach den Vorschriften des TVöD über die vorübergehende Übertragung einer höherwertigen Tätigkeit.

(2) Wird aus dem Geltungsbereich des MTArb/MTArb-0 übergeleiteten Beschäftigten nach dem 30. September 2005 erstmalig außerhalb von § 10 eine höherwertige Tätigkeit vorübergehend übertragen, gelten bis zum In-Kraft-Treten eines Tarifvertrages über eine persönliche Zulage die bisherigen Regelungen des MTArb/MTArb-0 mit der Maßgabe entsprechend, dass sich die Höhe der Zulage nach dem TVöD richtet.

(3) Bis zum In-Kraft-Treten der Eingruppierungsvorschriften des TVöD gilt – auch für Beschäftigte im Sinne des § 1 Abs. 2 – die Regelung des TVöD zur vorübergehenden Übertragung einer höherwertigen Tätigkeit mit der Maßgabe, dass sich die Voraussetzungen für die übertragene höherwertige Tätigkeit nach § 22 Abs. 2 BAT/BAT-O bzw. den entsprechenden Regelungen für Arbeiter bestimmen.

Niederschriftserklärungen zu § 18:

1. Abweichend von der Grundsatzregelung des TVöD über eine persönliche Zulage bei vorübergehender Übertragung einer höherwertigen Tätigkeit ist durch einen Tarifvertrag für den Bund im Rahmen eines Katalogs, der die hierfür in Frage kommenden Tätigkeiten aufführt, zu bestimmen, dass die Voraussetzung für die Zahlung einer persönlichen Zulagen bereits erfüllt ist, wenn die vorübergehende übertragene Tätigkeit mindestens drei Arbeitstage angedauert hat und der/die Beschäftigte ab dem ersten Tag der Vertretung in Anspruch genommen ist. Der Tarifvertrag soll spätestens am 1. Juli 2007 in Kraft treten.

2. Die Niederschriftserklärung zu § 10 gilt entsprechend.

## § 19
### Entgeltgruppen 2 Ü und 15 Ü

(1) Zwischen dem 1. Oktober 2005 und dem In-Kraft-Treten der neuen Entgeltordnung gelten für Beschäftigte, die in die Entgeltgruppe 2 Ü übergeleitet oder in die Lohngruppen 1 mit Aufstieg nach 2 und 2a oder in die Lohngruppe 2 mit Aufstieg nach 2a eingestellt werden, folgende Tabellenwerte:

| Stufe 1 | Stufe 2 | Stufe 3 | Stufe 4 | Stufe 5 | Stufe 6 |
|---|---|---|---|---|---|
| 1.503 | 1.670 | 1.730 | 1.810 | 1.865 | 1.906 |

(2) Übergeleitete Beschäftigte der Vergütungsgruppe I zum BAT/BAT-O unterliegen dem TVöD. Sie werden in die Entgeltgruppe 15 Ü mit folgenden Tabellenwerten übergeleitet:

| Stufe 1 | Stufe 2 | Stufe 3 | Stufe 4 | Stufe 5 |
|---|---|---|---|---|
| 4.275 | 4.750 | 5.200 | 5.500 | 5.570 |

²Die Verweildauer in den Stufen 1 bis 4 beträgt jeweils fünf Jahre. ³§ 6 Abs. 4 findet keine Anwendung.

(3) Die Regelungen des TVöD über die Bezahlung im Tarifgebiet Ost gelten entsprechend.

## § 20
### Übergeleitete Beschäftigte mit Anspruch auf Beamtenversorgung

Aus dem Geltungsbereich des BAT/BAT-O übergeleitete Beschäftigte, denen nach ihrem Arbeitsvertrag ein Anspruch auf Versorgung nach beamtenrechtlichen Vorschriften zusteht, unterliegen dem TVöD.

## § 21
### Jahressonderzahlung 2006

Die mit dem Entgelt für den Monat November 2006 zu zahlende Jahressonderzahlung berechnet sich für Beschäftigte nach § 1 Abs. 1 und 2 nach den Bestimmungen des § ▉ [Jahressonderzahlung] TVöD mit folgenden Maßgaben:

1. Der Bemessungssatz der Jahressonderzahlung beträgt in allen Entgeltgruppen

    a) bei Beschäftigten, für die nach dem TVöD die Regelungen des Tarifgebiets West Anwendung finden, 82,14 v. H.

    b) bei Beschäftigten, für die nach dem TVöD die Regelungen des Tarifgebiets Ost Anwendung finden, 61,60 v. H.

2. ¹Der sich nach Nr. 1 ergebende Betrag der Jahressonderzahlung erhöht sich um einen Betrag in Höhe von 255,65 EUR. ²Bei Beschäftigten, für die nach dem TVöD die Regelungen des Tarifgebiets West Anwendung finden und denen am 1. Juli 2006 Entgelt nach einer der Entgeltgruppen 1 bis 8 zusteht, erhöht sich dieser Zusatzbetrag auf 332,34 EUR. ³Satz 2 gilt entsprechend bei Beschäftigten – auch für Beschäftigte nach § 1 Abs. 2 – im Tarifgebiet West, denen bei Weitergeltung des BAT Grundvergütung nach der Vergütungsgruppe Kr VI zugestanden hätte. Teilzeitbeschäftigte erhalten von dem Zusatzbetrag nach Satz 1 oder 2 den Teil, der dem Anteil ihrer Arbeitszeit an der Arbeitszeit vergleichbarer Vollzeitbeschäftigter entspricht. ⁴Der Zusatzbetrag nach den Sätzen 1 bis 3 ist kein zusatzversorgungspflichtiges Entgelt.

3. Der sich nach Nr. 1 ergebende Betrag der Jahressonderzahlung erhöht sich für jedes Kind, für das Beschäftigte im September 2006 kinderbezogene Entgeltbestandteile gemäß § 11 erhalten, um 25,56 EUR.

Protokollerklärung zu § 21:

Diese Regelung ersetzt die nachwirkenden Tarifverträge über ein Urlaubsgeld sowie über eine Zuwendung mit Wirkung ab 1. Januar 2006.

Niederschriftserklärung zu § 21:

Die Tarifvertragsparteien sind sich einig:

1. Beschäftigte, deren Arbeitsverhältnis mit dem Bund nach dem 31. Juli 2003 begründet worden ist, erhalten im Jahr 2005 mit den Bezügen für den Monat November 2005 eine Zuwendung in gleicher Weise (Anspruchsgrund und Anspruchshöhe) wie im Jahr 2004

2. Beschäftigte, deren Arbeitsverhältnis mit dem Bund vor dem 1. August 2003 begründet worden ist, erhalten im Jahr 2005 eine Jahressonderzahlung, bestehend aus Urlaubsgeld und Zuwendung nach Maßgabe der nachwirkenden Tarifverträge über ein Urlaubsgeld sowie über eine Zuwendung.

## § 22
### Abrechnung unständiger Bezügebestandteile

Bezüge im Sinne des § 36 Abs. 1 Unterabs. 2 BAT/BAT-O, § 31 Abs. 2 Unterabs. 2 MTArb/MTArb-O für Arbeitsleistungen bis zum 30. September 2005 werden nach den bis dahin jeweils geltenden Regelungen abgerechnet als ob das Arbeitsverhältnis mit Ablauf des 30. September 2005 beendet worden wäre.

## § 23
### Bereitschaftszeiten

Nr. 3 SR 2r BAT/BAT-O für Hausmeister und entsprechende Tarifregelungen für Beschäftigtengruppen mit Bereitschaftszeiten innerhalb ihrer regelmäßigen Arbeitszeit gelten fort. § ▪ Abs. ▪ TVöD [Sonderregelung Arbeitszeit Hausmeister und andere Beschäftigtengruppen] widersprechende Regelungen zur Arbeitszeit sind bis zum 31. Dezember 2005 entsprechend anzupassen.

## § 24
### Sonderregelungen für besondere Berufsgruppen

Die Überleitungs-, Übergangs- und Besitzstandsregelungen für besondere Berufsgruppen im Bereich des Bundes ergeben sich aus der Anlage 5 TVÜ (z. B. für Beschäftigte des ehemaligen Luftfahrtbundesamtes; Mautkontrolleure; Pauschalkraftfahrer).

### 5. Abschnitt:
### Übergangs- und Schlussvorschriften

### § 25
### In-Kraft-Treten, Laufzeit

(1) Dieser Tarifvertrag tritt am 1. Oktober 2005 in Kraft.

(2) ¹Der Tarifvertrag kann ohne Einhaltung einer Frist jederzeit schriftlich gekündigt werden, frühestens zum 31. Dezember 2007.

²Die §§ 17 bis 19 einschließlich Anlagen können ohne Einhaltung einer Frist, jedoch nur insgesamt, schriftlich gekündigt werden, frühestens zum 31. Dezember 2007; die Nachwirkung dieser Vorschriften wird ausgeschlossen.

Niederschriftserklärung zu § 25 Abs. 1:

Im Hinblick auf die notwendigen personalwirtschaftlichen, organisatorischen und technischen Vorarbeiten für die Überleitung der vorhandenen Beschäftigten in den TVöD sehen die Tarifvertragsparteien die Problematik einer fristgerechten Umsetzung der neuen Tarifregelungen zum 1. Oktober 2005. Sie bitten die personalverwaltenden und bezügezahlenden Stellen, im Interesse der Beschäftigten gleichwohl eine terminnahe Überleitung zu ermöglichen und die Zwischenzeit mit zu verrechnenden Abschlagszahlungen zu überbrücken.

Berlin, den ▇ 2005

Für die

Bundesrepublik Deutschland:

Der Bundesminister des Innern

In Vertretung


Für die

dbb tarifunion:

Vorstand

## 2.2 Anlage 1 TVÜ Teil A (ersetzte Manteltarifverträge)

### Anlage 1 TVÜ Teil A

1. Bundes-Angestelltentarifvertrag (BAT) vom 23. Februar 1961 in der Fassung des 78. Tarifvertrages zur Änderung des BAT vom 31 Januar 2003

2. Tarifvertrag zur Anpassung des Tarifrechts – Mantelrechtliche Vorschriften – (BAT-O) vom 10. Dezember 1990 in der Fassung des Änderungstarifvertrages Nr. 13 vom 31. Januar 2003

3. Manteltarifvertrag für Arbeiterinnen und Arbeiter des Bundes und der Länder (MTArb) vom 6. Dezember 1995, zuletzt geändert durch den Änderungstarifvertrag Nr. 4 vom 31. Januar 2003

4. Tarifvertrag zur Anpassung des Tarifrechts für Arbeiter an den MTArb – (MTArb-O) vom 10. Dezember 1990, zuletzt geändert durch den Änderungstarifvertrag Nr. 11 vom 31. Januar 2003

## 2.3 Anlage 2 TVÜ (Zuordnung vorhandener Beschäftigter zu den Entgeltgruppen)

Zuordnung der Vergütungs- und Lohngruppen zu den Entgeltgruppen für am
30. September/1. Oktober 2005 vorhandene Beschäftigte für die Überleitung (Bund)

| Entgeltgruppe | Vergütungsgruppe | Lohngruppe |
|---|---|---|
| 15 Ü | I | Keine |
| 15 | Keine Stufe 6<br><br>Ia<br><br>Ia nach Aufstieg aus Ib<br><br>Ib mit ausstehendem Aufstieg nach Ia | Keine |
| 14 | Keine Stufe 6<br><br>Ib ohne Aufstieg nach Ia<br><br>Ib nach Aufstieg aus IIa<br><br>IIa mit ausstehendem Aufstieg nach Ib | Keine |
| 13 | Keine Stufe 6<br><br>IIa ohne Aufstieg nach Ib | Keine |
| 12 | Keine Stufe 6<br><br>IIa nach Aufstieg aus III<br><br>III mit ausstehendem Aufstieg nach IIa | Keine |
| 11 | Keine Stufe 6<br><br>III ohne Aufstieg nach IIa<br><br>III nach Aufstieg aus IVa<br><br>IVa mit ausstehendem Aufstieg nach III | Keine |
| 10 | Keine Stufe 6<br><br>IVa ohne Aufstieg nach III<br><br>IVa nach Aufstieg aus IVb<br><br>IVb mit ausstehendem Aufstieg nach IVa<br><br>Va in den ersten sechs Monaten der Berufsausübung, wenn danach IVb mit Aufstieg nach IVa (Zuordnung zu Stufe 1) | Keine |

| Entgeltgruppe | Vergütungsgruppe | Lohngruppe |
|---|---|---|
| 9 | IVb ohne Aufstieg nach IVa (keine Stufe 6) IVb nach Aufstieg aus Va ohne weiteren Aufstieg nach IVa (keine Stufe 6)<br><br>IVb nach Aufstieg aus Vb (keine Stufe 6)<br><br>Va mit ausstehendem Aufstieg nach IVb ohne weiteren Aufstieg nach IVa (keine Stufe 6)<br><br>Va ohne Aufstieg nach IVb (Stufe 3 nach 5 Jahren in Stufe 2, Stufe 4 nach 9 Jahren in der Stufe 3, keine Stufen 5 und 6)<br><br>Vb mit ausstehendem Aufstieg nach IVb (keine Stufe 6)<br><br>Vb ohne Aufstieg nach IVb (Stufe 3 nach 5 Jahren in Stufe 2, Stufe 4 nach 9 Jahren in der Stufe 3, keine Stufen 5 und 6)<br><br>Vb nach Aufstieg aus Vc (Stufe 3 nach 5 Jahren in Stufe 2, Stufe 4 nach 9 Jahren in der Stufe 3, keine Stufen 5 und 6) | 9<br><br>(Stufe 4 nach 7 Jahren in Stufe 3, keine Stufen 5 und 6) |
| 8 | Vc mit ausstehendem Aufstieg nach Vb<br><br>Vc ohne Aufstieg nach Vb<br><br>Vc nach Aufstieg aus VIb | 8a<br><br>8 mit ausstehendem Aufstieg nach 8a |
| 7 | Keine | 7a<br><br>7 mit ausstehendem Aufstieg nach 7a<br><br>7 nach Aufstieg aus 6<br><br>6 mit ausstehendem Aufstieg nach 7 und 7a |
| 6 | VIb mit ausstehendem Aufstieg nach Vc VIb ohne Aufstieg nach Vc<br><br>VIb nach Aufstieg aus VII | 6a<br><br>6 mit ausstehendem Aufstieg nach 6a<br><br>6 nach Aufstieg aus 5<br><br>5 mit ausstehendem Aufstieg nach 6 und 6a |

| Entgeltgruppe | Vergütungsgruppe | Lohngruppe |
|---|---|---|
| 5 | VII mit ausstehendem Aufstieg nach VIb VII ohne Aufstieg nach VIb<br><br>VII nach Aufstieg aus VIII | 5a<br><br>5 mit ausstehendem Aufstieg nach 5a<br><br>5 nach Aufstieg aus 4<br><br>4 mit ausstehendem Aufstieg nach 5 und 5a |
| 4 | Keine | 4a<br><br>4 mit ausstehendem Aufstieg nach 4a<br><br>4 nach Aufstieg aus 3<br><br>3 mit ausstehendem Auf- |
| 3 | Keine Stufe 6<br><br>VIII mit ausstehendem Aufstieg nach VII VIII ohne Aufstieg nach VII<br><br>VIII nach Aufstieg aus IXb | 3a<br><br>3 mit ausstehendem Aufstieg nach 3a<br><br>3 nach Aufstieg aus 2 und 2a mit ausstehendem Aufstieg nach 3a<br><br>3 nach Aufstieg aus 2a mit ausstehendem Aufstieg nach 3a<br><br>3 nach Aufstieg aus 2 und 2a (keine Stufe 6)<br><br>2a nach Aufstieg aus 2 mit ausstehendem Aufstieg nach 3 und 3a<br><br>2a mit ausstehendem Aufstieg nach 3 und 3a<br><br>2a nach Aufstieg aus 2 (keine Stufe 6)<br><br>2 mit ausstehendem Aufstieg nach 2a, 3 und 3a<br><br>2 mit ausstehendem Aufstieg nach 2a und 3 (keine Stufe 6) |

| Entgeltgruppe | Vergütungsgruppe | Lohngruppe |
|---|---|---|

| Entgeltgruppe | Vergütungsgruppe | Lohngruppe |
|---|---|---|
| 2Ü | Keine | 2a |
| | | 2 mit ausstehendem Aufstieg nach 2a |
| | | 2 nach Aufstieg aus 1 |
| | | 1 mit ausstehendem Aufstieg nach 2 und 2a |
| 2 | IXa | 1a (keine Stufe 6) |
| | IXb mit ausstehendem Aufstieg nach VIII | 1 mit ausstehendem Aufstieg nach 1a (keine Stufe 6) |
| | IXb mit ausstehendem Aufstieg nach IXa | |
| | IXb nach Aufstieg aus X (keine Stufe 6) | |
| | X ( keine Stufe 6) | |
| 1 | Keine | Keine |

## 2.4 Anlage 3 TVÜ (Strukturausgleichsliste)

### Strukturausgleiche für Angestellte (Bund)

Angestellte, deren Ortszuschlag sich nach § 29 Abschnitt B Abs. 5 BAT/BAT-O bemisst, erhalten den entsprechenden Anteil, in jedem Fall aber die Hälfte des Strukturausgleichs für Verheiratete.

Soweit nicht anders ausgewiesen, beginnt die Zahlung des Strukturausgleichs am 1. Oktober 2007. Die Angabe „nach ... Jahren" bedeutet, dass die Zahlung nach den genannten Jahren ab dem In-Kraft-Treten des TVöD beginnt; so wird z. B. bei dem Merkmal „nach 4 Jahren" der Zahlungsbeginn auf den 1. Oktober 2009 festgelegt, wobei die Auszahlung eines Strukturausgleichs mit den jeweiligen Monatsbezügen erfolgt. Die Dauer der Zahlung ist ebenfalls angegeben; dabei bedeutet „dauerhaft" die Zahlung während der Zeit des Arbeitsverhältnisses.

Ist die Zahlung „für" eine bestimmte Zahl von Jahren angegeben, ist der Bezug auf diesen Zeitraum begrenzt (z. B. „für 5 Jahre" bedeutet Beginn der Zahlung im Oktober 2007 und Ende der Zahlung mit Ablauf September 2012). Eine Ausnahme besteht dann, wenn das Ende des Zahlungszeitraumes nicht mit einem Stufenaufstieg in der jeweiligen Entgeltgruppe zeitlich zusammenfällt; in diesen Fällen wird der Strukturausgleich bis zum nächsten Stufenaufstieg fortgezahlt. Diese Ausnahmeregelung gilt nicht, wenn der Stufenaufstieg in die Endstufe erfolgt; in diesen Fällen bleibt es bei der festgelegten Dauer.

Betrifft die Zahlung eines Strukturausgleichs eine Vergütungsgruppe (Fallgruppe) mit Bewährungs- bzw. Zeitaufstieg, wird dies ebenfalls angegeben. Soweit keine Aufstiegszeiten angegeben sind, gelten die Ausgleichsbeträge für alle Aufstiege.

| Entgelt-gruppe | Vergütungs-gruppe bei In-Kraft-Treten TVÜ | Aufstieg | Orts-Zuschlag Stufe 1,2 bei In-Kraft-Treten TVÜ | Lebens-altersstufe | Höhe Aus-gleichsbetrag | Dauer |
|---|---|---|---|---|---|---|
| 2 | X | IXb nach 2 Jahren | OZ2 | 23 | 40 € | für 4 Jahre |
| 2 | X | IXb nach 2 Jahren | OZ2 | 29 | 30 € | dauerhaft |
| 2 | X | IXb nach 2 Jahren | OZ2 | 31 | 30 € | dauerhaft |
| 2 | X | IXb nach 2 Jahren | OZ2 | 33 | 30 € | dauerhaft |
| 2 | X | IXb nach 2 Jahren | OZ2 | 35 | 20 € | dauerhaft |
| 3 | VIII | ohne | OZ2 | 25 | 35 € | nach 4 Jahren dauerhaft |
| 3 | VIII | ohne | OZ2 | 27 | 35 € | dauerhaft |
| 3 | VIII | ohne | OZ2 | 29 | 35 € | nach 4 Jahren dauerhaft |
| 3 | VIII | ohne | OZ2 | 31 | 35 € | dauerhaft |
| 3 | VIII | ohne | OZ2 | 33 | 35 € | dauerhaft |
| 3 | VIII | ohne | OZ2 | 35 | 35 € | dauerhaft |
| 3 | VIII | ohne | OZ2 | 37 | 20 € | dauerhaft |
| 6 | VI b | ohne | OZ2 | 29 | 50 € | dauerhaft |
| 6 | VI b | ohne | OZ2 | 31 | 50 € | dauerhaft |
| 6 | VI b | ohne | OZ2 | 33 | 50 € | dauerhaft |
| 6 | VI b | ohne | OZ2 | 35 | 50 € | dauerhaft |
| 6 | VI b | ohne | OZ2 | 37 | 50 € | dauerhaft |
| 6 | VI b | ohne | OZ2 | 39 | 50 € | dauerhaft |
| 8 | Vc | ohne | OZ2 | 37 | 40 € | dauerhaft |
| 8 | Vc | ohne | OZ2 | 39 | 40 € | dauerhaft |
| 9 | Vb | ohne | OZ1 | 29. | 60 € | für 12 Jahre |
| 9 | Vb | ohne | OZ1 | 31. | 60 € | nach 4 Jahren für 7 Jahre |
| 9 | Vb | ohne | OZ1 | 33. | 60 € | für 7 Jahre |
| 9 | Vb | ohne | OZ2 | 27. | 90 € | nach 4 Jahren für 7 Jahre |
| 9 | Vb | ohne | OZ2 | 29 | 90 € | für 7 Jahre |
| 9 | Vb | ohne | OZ2 | 35 | 20 € | nach 4 Jahren dauerhaft |
| 9 | Vb | ohne | OZ2 | 37 | 40 € | nach 4 Jahren dauerhaft |
| 9 | Vb | ohne | OZ2 | 39 | 40 € | dauerhaft |
| 9 | Vb | ohne | OZ2 | 41 | 40 € | dauerhaft |

| Entgelt-gruppe | Vergütungs-gruppe bei In-Kraft-Treten TVÜ | Aufstieg | Orts-Zuschlag Stufe 1,2 bei In-Kraft-Treten TVÜ | Lebens-altersstufe | Höhe Aus-gleichsbetrag | Dauer |
|---|---|---|---|---|---|---|
| 9 | Vb | IVb nach 6 Jahren | OZ1 | 29 | 50 € | für 3 Jahre |
| 9 | Vb | IVb nach 2, 3, 4, 6 Jahren | OZ1 | 35 | 60 € | für 4 Jahre |
| 9 | Vb | IVb nach 2, 3, 4, 6 Jahren | OZ2 | 31 | 50 € | für 4 Jahre |
| 9 | Vb | IVb nach 2, 3, 4, 6 Jahren | OZ2 | 37 | 60 € | dauerhaft |
| 9 | Vb | IVb nach 2, 3, 4, 6 Jahren | OZ2 | 39 | 60 € | dauerhaft |
| 9 | Vb | IVb nach 2, 3, 4, 6 Jahren | OZ2 | 41 | 60 € | dauerhaft |
| 9 | IVb | ohne | OZ1 | 35 | 60 € | für 4 Jahre |
| 9 | IVb | ohne | OZ2 | 31 | 50 € | für 4 Jahre |
| 9 | IVb | ohne | OZ2 | 37 | 60 € | dauerhaft |
| 9 | IVb | ohne | OZ2 | 39 | 60 € | dauerhaft |
| 9 | IVb | ohne | OZ2 | 41 | 60 € | dauerhaft |
| 10 | IVb | IVa nach 2, 4, 6 Jahren | OZ1 | 35 | 40 € | für 4 Jahre |
| 10 | IVb | IVa nach 2, 4 Jahren | OZ1 | 41 | 40 € | für 10 Jahre |
| 10 | IVb | IVa nach 6 Jahren | OZ1 | 41 | 30 € | dauerhaft |
| 10 | IVb | IVa nach 2, 4 Jahren | OZ1 | 43 | 40 € | dauerhaft |
| 10 | IVb | IVa nach 6 Jahren | OZ1 | 43 | 30 € | dauerhaft |
| 10 | IVb | IVa nach 6 Jahren | OZ2 | 29 | 70 € | für 7 Jahre |
| 10 | IVb | IVa nach 2, 4, 6 Jahren | OZ2 | 37 | 60 € | nach 4 Jahren dauerhaft |
| 10 | IVb | IVa nach 2, 4, 6 Jahren | OZ2 | 39 | 60 € | dauerhaft |
| 10 | IVb | IVa nach 2, 4,6 Jahren | OZ2 | 41 | 85 € | dauerhaft |
| 10 | IVb | IVa nach 2, 4,6 Jahren | OZ2 | 43 | 60 € | dauerhaft |
| 10 | IVa | ohne | OZ1 | 35 | 40 € | für 4 Jahre |
| 10 | IVa | ohne | OZ1 | 41 | 40 € | dauerhaft |
| 10 | IVa | ohne | OZ1 | 43 | 40 € | dauerhaft |

Arbeitshilfen

| Entgelt-gruppe | Vergütungs-gruppe bei In-Kraft-Treten TVÜ | Aufstieg | Orts-Zuschlag Stufe 1,2 bei In-Kraft-Treten TVÜ | Lebens-altersstufe | Höhe Aus-gleichsbetrag | Dauer |
|---|---|---|---|---|---|---|
| 10 | IVa | ohne | OZ2 | 37 | 60 € | nach 4 Jahren dauerhaft |
| 10 | IVa | ohne | OZ2 | 39 | 60 € | dauerhaft |
| 10 | IVa | ohne | OZ2 | 41 | 85 € | dauerhaft |
| 10 | IVa | ohne | OZ2 | 43 | 60 € | dauerhaft |
| 11 | IVa | III nach 4, 6, 8 Jahren | OZ1 | 41 | 40 € | dauerhaft |
| 11 | IVa | III nach 4, 6, 8 Jahren | OZ1 | 43 | 40 € | dauerhaft |
| 11 | IVa | III nach 4, 6, 8 Jahren | OZ2 | 37 | 70 € | nach 4 Jahren dauerhaft |
| 11 | IVa | III nach 4, 6, 8 Jahren | OZ2 | 39 | 70 € | dauerhaft |
| 11 | IVa | III nach 4, 6 8 Jahren III | OZ2 | 41 | 85 € | dauerhaft |
| 11 | IVa | III nach 4, 6 8 Jahren | OZ2 | 43 | 70 € | dauerhaft |
| 11 | III | ohne | OZ1 | 41 | 40 € | nach vier Jahren dauer-haft |
| 11 | III | ohne | OZ1 | 43 | 40 € | dauerhaft |
| 11 | III | ohne | OZ2 | 37 | 70 € | nach 4 Jahren dauerhaft |
| 11 | III | ohne | OZ2 | 39 | 70 € | dauerhaft |
| 11 | III | ohne | OZ2 | 41 | 85 € | dauerhaft |
| 11 | III | ohne | OZ2 | 43 | 70 € | dauerhaft |
| 12 | III | IIa nach 10 Jahren | OZ1 | 33 | 95 € | für 5 Jahre |
| 12 | III | IIa nach 10 Jahren | OZ1 | 35 | 95 € | für 4 Jahre |
| 12 | III | IIa nach 10 Jahren | OZ1 | 39 | 50 € | nach 4 Jahren dauerhaft |
| 12 | III | IIa nach 10 Jahren | OZ1 | 41 | 50 € | dauerhaft |

| Entgelt-gruppe | Vergütungs-gruppe bei In-Kraft-Treten TVÜ | Aufstieg | Orts-Zuschlag Stufe 1,2 bei In-Kraft-Treten TVÜ | Lebens-altersstufe | Höhe Aus-gleichsbetrag | Dauer |
|---|---|---|---|---|---|---|
| 12 | III | IIa nach 10 Jahren | OZ1 | 43 | 50 € | dauerhaft |
| 12 | III | IIa nach 10 Jahren | OZ2 | 33 | 100€ | für 4 Jahre |
| 12 | III | IIa nach 10 Jahren | OZ2 | 37 | 100€ | nach 4 Jahren dauerhaft |
| 12 | III | IIa nach 10 Jahren | OZ2 | 39 | 100€ | dauerhaft |
| 12 | III | IIa nach 10 Jahren | OZ2 | 41 | 100€ | dauerhaft |
| 12 | III | IIa nach 10 Jahren | OZ2 | 43 | 85 € | dauerhaft |
| 12 | III | IIa nach 8 Jahren | OZ1 | 35 | 95 € | für 4 Jahre |
| 12 | III | IIa nach 8 Jahren | OZ1 | 39 | 50 € | nach 4 Jahren dauerhaft |
| 12 | III | IIa nach 8 Jahren | OZ1 | 41 | 50 € | dauerhaft |
| 12 | III | IIa nach 8 Jahren | OZ1 | 43 | 50 € | dauerhaft |
| 12 | III | IIa nach 8 Jahren | OZ2 | 31 | 100€ | für 5 Jahre |
| 12 | III | IIa nach 8 Jahren | OZ2 | 33 | 100€ | für 4 Jahre |
| 12 | III | IIa nach 8 Jahren | OZ2 | 37 | 100€ | nach 4 Jahren dauerhaft |
| 12 | III | IIa nach 8 Jahren | OZ2 | 39 | 100€ | dauerhaft |
| 12 | III | IIa nach 8 Jahren | OZ2 | 41 | 100€ | dauerhaft |
| 12 | III | IIa nach 8 Jahren | OZ2 | 43 | 85 € | dauerhaft |
| 12 | III | IIa nach 5 Jahren | OZ1 | 29 | 100€ | für 3 Jahre |
| 12 | III | IIa nach 5 u. 6 Jahren | OZ1 | 35 | 95 € | für 4 Jahre |
| 12 | III | IIa nach 5 u. 6 Jahren | OZ1 | 39 | 50 € | nach 4 Jahren dauerhaft |
| 12 | III | IIa nach 5 u. 6 Jahren | OZ1 | 41 | 50 € | dauerhaft |
| 12 | III | IIa nach 5 u. 6 Jahren | OZ1 | 43 | 50 € | dauerhaft |
| 12 | III | IIa nach 6 Jahren | OZ2 | 31 | 100€ | für 4 Jahre |
| 12 | III | IIa nach 5 u. 6 Jahren | OZ2 | 33 | 100€ | für 4 Jahre |

| Entgelt-gruppe | Vergütungs-gruppe bei In-Kraft-Treten TVÜ | Aufstieg | Orts-Zuschlag Stufe 1,2 bei In-Kraft-Treten TVÜ | Lebens-altersstufe | Höhe Aus-gleichsbetrag | Dauer |
|---|---|---|---|---|---|---|
| 12 | III | IIa nach 5 u. 6 Jahren | OZ2 | 37 | 100€ | nach 4 Jahren dauerhaft |
| 12 | III | IIa nach 5 u. 6 Jahren | OZ2 | 39 | 100€ | dauerhaft |
| 12 | III | IIa nach 5 u. 6 Jahren | OZ2 | 41 | 100€ | dauerhaft |
| 12 | III | IIa nach 5 u. 6 Jahren | OZ2 | 43 | 85 € | dauerhaft |
| 13 | IIa | ohne | OZ2 | 39 | 60 € | nach 4 Jahren dauerhaft |
| 13 | IIa | ohne | OZ2 | 41 | 60 € | dauerhaft |
| 13 | IIa | ohne | OZ2 | 43 | 60 € | dauerhaft |
| 14 | IIa | Ib nach 15 Jahren | OZ1 | 39 | 80 € | dauerhaft |
| 14 | IIa | Ib nach 15 Jahren | OZ1 | 41 | 80 € | dauerhaft |
| 14 | IIa | Ib nach 15 Jahren | OZ1 | 43 | 80 € | dauerhaft |
| 14 | IIa | Ib nach 15 Jahren | OZ1 | 45 | 60 € | dauerhaft |
| 14 | IIa | Ib nach 15 Jahren | OZ2 | 37 | 110 € | dauerhaft |
| 14 | IIa | Ib nach 15 Jahren | OZ2 | 39 | 110 € | dauerhaft |
| 14 | IIa | Ib nach 15 Jahren | OZ2 | 41 | 110 € | dauerhaft |
| 14 | IIa | Ib nach 15 Jahren | OZ2 | 43 | 110 € | dauerhaft |
| 14 | IIa | Ib nach 15 Jahren | OZ2 | 45 | 60 € | dauerhaft |
| 14 | IIa | Ib nach 5 u. 6 Jahren | OZ1 | 31 | 100€ | für 3 Jahre |
| 14 | IIa | Ib nach 5 u. 6 Jahren | OZ1 | 35 | 100€ | für 4 Jahre |
| 14 | IIa | Ib nach 5 u. 6 Jahren | OZ1 | 41 | 80 € | nach 4 Jahren dauerhaft |
| 14 | IIa | Ib nach 5 u. 6 Jahren | OZ1 | 43 | 80 € | dauerhaft |
| 14 | IIa | Ib nach 5 u. 6 Jahren | OZ1 | 45 | 60 € | dauerhaft |
| 14 | IIa | Ib nach 5 u. 6 Jahren | OZ2 | 31 | 110 € | für 7 Jahre |
| 14 | IIa | Ib nach 5 u. 6 Jahren | OZ2 | 33 | 50 € | für 4 Jahre |

| Entgelt-gruppe | Vergütungs-gruppe bei In-Kraft-Treten TVÜ | Aufstieg | Orts-Zuschlag Stufe 1,2 | Lebens-altersstufe | Höhe Ausgleichsbetrag | Dauer |
|---|---|---|---|---|---|---|
| | | | bei In-Kraft-Treten TVÜ | | | |
| 14 | IIa | Ib nach 5 u. Jahren | OZ2 | 39 | 110 € | nach 4 Jahren dauerhaft |
| 14 | IIa | Ib nach 5 u. 6 Jahren | OZ2 | 41 | 110 € | dauerhaft |
| 14 | IIa | Ib nach 5 u. 6 Jahren | OZ2 | 43 | 110 € | dauerhaft |
| 14 | IIa | Ib nach 5 u. 6 Jahren | OZ2 | 45 | 60 € | dauerhaft |
| 14 | IIa | Ib nach 11 Jahren | OZ1 | 33 | 50 € | nach 4 Jahren für 5 Jahre |
| 14 | IIa | Ib nach 11 Jahren | OZ1 | 35 | 50 € | für 5 Jahre |
| 14 | IIa | Ib nach 11 Jahren | OZ1 | 37 | 80 € | für 4 Jahre |
| 14 | IIa | Ib nach 11 Jahren | OZ1 | 41 | 80 € | nach 4 Jahren dauerhaft |
| 14 | IIa | Ib nach 11 Jahren | OZ1 | 43 | 80 € | dauerhaft |
| | | | | | | |
| 14 | IIa | Ib nach 11 Jahren | OZ1 | 45 | 60 € | dauerhaft |
| 14 | IIa | Ib nach 11 Jahren | OZ2 | 35 | 110 € | nach 3 Jahren für 3 Jahre |
| 14 | IIa | Ib nach 11 Jahren | OZ2 | 37 | 110 € | dauerhaft |
| 14 | IIa | Ib nach 11 Jahren | OZ2 | 39 | 110 € | nach 4 Jahren dauerhaft |
| 14 | IIa | Ib nach 11 Jahren | OZ2 | 41 | 110 € | dauerhaft |
| 14 | IIa | Ib nach 11 Jahren | OZ2 | 43 | 110 € | dauerhaft |
| 14 | IIa | Ib nach 11 Jahren | OZ2 | 45 | 60 € | dauerhaft |
| 14 | Ib | ohne | OZ1 | 35 | 100 € | für 4 Jahre |
| 14 | Ib | ohne | OZ1 | 41 | 80 € | nach 4 Jahren dauerhaft |
| 14 | Ib | ohne | OZ1 | 43 | 80 € | dauerhaft |
| 14 | Ib | ohne | OZ1 | 45 | 60 € | dauerhaft |
| 14 | Ib | ohne | OZ2 | 33 | 50 € | für 4 Jahre |

Arbeitshilfen

| Entgelt-gruppe | Vergütungs-gruppe bei In-Kraft-Treten TVÜ | Aufstieg | Orts-Zuschlag Stufe 1,2 bei In-Kraft-Treten TVÜ | Lebens-altersstufe | Höhe Aus-gleichsbetrag | Dauer |
|---|---|---|---|---|---|---|
| 14 | Ib | ohne | OZ2 | 39 | 110 € | nach 4 Jahren dauerhaft |
| 14 | Ib | ohne | OZ2 | 41 | 110 € | dauerhaft |
| 14 | Ib | ohne | OZ2 | 43 | 110 € | dauerhaft |
| 14 | Ib | ohne | OZ2 | 45 | 60 € | dauerhaft |
| 15 | Ia | ohne | OZ1 | 39 | 110 € | für 4 Jahre |
| 15 | Ia | ohne | OZ1 | 43 | 50 € | dauerhaft |
| 15 | Ia | ohne | OZ1 | 45 | 50 € | dauerhaft |
| 15 | Ia | ohne | OZ2 | 37 | 110 € | für 4 Jahre |
| 15 | Ia | ohne | OZ2 | 41 | 50 € | dauerhaft |
| 15 | Ia | ohne | OZ2 | 43 | 50 € | dauerhaft |
| 15 | Ia | ohne | OZ2 | 45 | 50 € | dauerhaft |
| 15 | Ib | Ia nach 8 Jahren | OZ1 | 39 | 110 € | für 4 Jahre |
| 15 | Ib | Ia nach 8 Jahren | OZ1 | 43 | 50 € | dauerhaft |
| 15 | Ib | Ia nach 8 Jahren | OZ1 | 45 | 50 € | dauerhaft |
| 15 | Ib | Ia nach 8 Jahren | OZ2 | 37 | 110 € | für 4 Jahre |
| 15 | Ib | Ia nach 8 Jahren | OZ2 | 41 | 50 € | dauerhaft |
| 15 | Ib | a nach 8 Jahren | OZ2 | 43 | 50 € | dauerhaft |
| 15 | Ib | Ia nach 8 Jahren | OZ2 | 45 | 50 € | dauerhaft |
| 15 | Ib | Ia nach 4 Jahren | OZ1 | 39 | 110 € | für 4 Jahre |
| 15 | Ib | Ia nach 4 Jahren | OZ1 | 43 | 50 € | dauerhaft |
| 15 | Ib | Ia nach 4 Jahren | OZ1 | 45 | 50 € | dauerhaft |
| 15 | Ib | Ia nach 4 Jahren | OZ2 | 37 | 110 € | für 4 Jahre |
| 15 | Ib | Ia nach 4 Jahren | OZ2 | 41 | 50 € | dauerhaft |
| 15 | Ib | Ia nach 4 Jahren | OZ2 | 43 | 50 € | dauerhaft |
| 15 | Ib | Ia nach 4 Jahren | OZ2 | 45 | 50 € | dauerhaft |
| 15 Ü | I | ohne | OZ2 | 43 | 50 € | dauerhaft |
| 15 Ü | I | ohne | OZ2 | 45 | 50 € | dauerhaft |

## 2.5 Anlage 4 TVÜ (Zuordnung von Beschäftigten zu den Entgeltgruppen ab dem 1. Oktober 2005)

Vorläufige Zuordnung der Vergütungs- und Lohngruppen zu den Entgeltgruppen für zwischen dem 1. Oktober 2005 und dem In-Kraft-Treten der neuen Entgeltordnung stattfindende Eingruppierungs- und Einreihungsvorgänge (Bund)

| Entgeltgruppe | Vergütungsgruppe | Lohngruppe |
|---|---|---|
| 15 | Zwingend Stufe 1, keine Stufe 6<br><br>Ia<br><br>Ib mit Aufstieg nach Ia | - |
| 14 | Zwingend Stufe 1, keine Stufe 6<br><br>Ib ohne Aufstieg nach Ia | - |
| 13 | Zwingend Stufe 1, keine Stufe 6<br><br>Beschäftigte mit Tätigkeiten, die eine abgeschlossene wissenschaftliche Hochschulausbildung voraussetzen (IIa mit und ohne Aufstieg nach Ib)<br><br>[ggf. Zulage nach § 17 Abs. 8 TVÜ] | - |
| 12 | Zwingend Stufe 1, keine Stufe 6<br><br>III mit Aufstieg nach IIa | - |
| 11 | Zwingend Stufe 1, keine Stufe 6<br><br>III ohne Aufstieg nach IIa<br><br>IVa mit Aufstieg nach III | - |
| 10 | Zwingend Stufe 1, keine Stufe 6<br><br>IVa ohne Aufstieg nach III<br><br>IVb mit Aufstieg nach IVa<br><br>Va in den ersten sechs Monaten der Berufsausübung, wenn danach IVb mit Aufstieg nach IVa | - |

# Arbeitshilfen

| Entgeltgruppe | Vergütungsgruppe | Lohngruppe |
|---|---|---|
| 9 | IVb ohne Aufstieg nach IV a (zwingend Stufe 1, keine Stufe 6)<br><br>Va mit Aufstieg nach IVb ohne weiteren Aufstieg nach IVa (zwingend Stufe 1, keine Stufe 6)<br><br>Va ohne Aufstieg nach IVb (zwingend Stufe 1, Stufe 3 nach 5 Jahren in Stufe 2, Stufe 4 nach 9 Jahren in der Stufe 3, keine Stufen 5 und 6)<br><br>Vb mit Aufstieg nach IVb (zwingend Stufe 1, keine Stufe 6)<br><br>Vb ohne Aufstieg nach IVb (zwingend Stufe 1, Stufe 3 | 9 (zwingend Stufe 1, Stufe 4 nach 7 Jahren in Stufe 3, keine Stufen 5 und 6) |
| 8 | Vc mit Aufstieg nach Vb<br><br>Vc ohne Aufstieg nach Vb | 8 mit Aufstieg nach 8a |
| 7 | Keine | 7 mit Aufstieg nach 7a<br><br>6 mit Aufstieg nach 7 und 7a |
| 6 | VIb mit Aufstieg nach Vc<br><br>VIb ohne Aufstieg nach Vc | 6 mit Aufstieg nach 6a<br><br>5 mit Aufstieg nach 6 und 6a |
| 5 | VII mit Aufstieg nach VIb<br><br>VII ohne Aufstieg nach VIb | 5 mit Aufstieg nach 5a<br><br>4 mit Aufstieg nach 5 und 5a |
| 4 | Keine | 4 mit Aufstieg nach 4a<br><br>3 mit Aufstieg nach 4 und 4a |
| 3 | Keine Stufe 6<br><br>VIII mit Aufstieg nach VII<br><br>VIII ohne Aufstieg nach VII | 3 mit Aufstieg nach 3a<br><br>2a mit Aufstieg nach 3 und 3a<br><br>2 mit Aufstieg nach 2a, 3 und 3a<br><br>2 mit Aufstieg nach 2a |
| 2Ü | Keine | 2 mit Aufstieg nach 2a<br><br>1 mit Aufstieg nach 2 und 2a |
| 2 | IX b mit Aufstieg nach VIII<br><br>IX b mit Aufstieg nach IXa<br><br>X mit Aufstieg nach IXb (keine Stufe 6) | 1 mit Aufstieg nach 1 a (keine Stufe 6) |

| 1 | Beschäftigte mit einfachsten Tätigkeiten, zum Beispiel |
|---|---|
| | – Essens- und Getränkeausgeber/innen |
| | – Garderobenpersonal |
| | – Spülen und Gemüseputzen und sonstige Tätigkeiten im Haus- und Küchenbereich |
| | – Reiniger/innen in Außenbereichen wie Höfe, Wege, Grünanlagen, Parks |
| | – Wärter/innen von Bedürfnisanstalten |
| | – Servierer/innen |
| | – Hausarbeiter/innen |
| | – Hausgehilfe/Hausgehilfin |
| | – Bote/Botin (ohne Aufsichtsfunktion) |
| | Ergänzungen können durch Tarifvertrag auf Bundesebene geregelt werden. |
| | Hinweis: Diese Zuordnung gilt unabhängig von bisherigen tariflichen Zuordnungen zu Vergütungs-/Lohngruppen. |

# 3 TV-Meistbegünstigung

**Entwurf**

Tarifvertrag über die Vereinbarung einer Meistbegünstigungsklausel
(TV-Meistbegünstigung)
vom 9. Februar 2005

Zwischen

der Bundesrepublik Deutschland,
vertreten durch das Bundesministerium des Innern

und

der Vereinigung der kommunalen Arbeitgeberverbände, vertreten durch den Vorstand,

einerseits

und

der Vereinten Dienstleistungsgewerkschaft – ver.di –
– Bundesvorstand –,

diese zugleich handelnd für
Gewerkschaft der Polizei,
Industriegewerkschaft Bauen – Agrar – Umwelt,
Gewerkschaft Erziehung und Wissenschaft,
Marburger Bund,
andererseits

wird Folgendes vereinbart:

### § 1 Meistbegünstigungsklausel

Sofern die vertragsschließende Gewerkschaft ver.di für ein oder mehrere Bundesländer einen Tarifvertrag abschließt, der von den Regelungen des TVöD oder der ihn ergänzenden Tarifverträge in den Bereichen Arbeitszeit und Sonderzahlung (Zuwendung, Urlaubsgeld u. ä.) abweichende Inhalte hat oder beim Entgelt (insb. Einmalzahlung, Übergangskosten) für die Arbeitgeber günstigere Regelungen enthält, vereinbaren die Tarifvertragsparteien ohne weitere Verhandlungen folgendes:

- Die rechtsverbindliche Unterschrift der Gewerkschaft ver.di unter den ausgehandelten Tarifvertrag gilt zugleich als unwiderrufliches Angebot an den Bund und die Vereinigung der Kommunalen Arbeitgeberverbände, die Regelungen des Tarifvertrags insgesamt oder in ihren einzelnen Bestandteilen in den TVöD oder ihn ergänzende Tarifverträge (ersetzend oder ergänzend) zu übernehmen. Ver.di verpflichtet sich, den Tarifvertrag unverzüglich dem Bund und der Vereinigung der Kommunalen Arbeitgeberverbände zur Kenntnis zu geben.

- Der Bund und die Vereinigung der Kommunalen Arbeitgeberverbände können jeder für sich binnen einer Frist von vier Wochen nach Kenntnisnahme des entsprechenden Tarifvertrags das Angebot schriftlich annehmen.

Niederschriftserklärung zu § 1:

Die Tarifvertragsparteien stellen klar:

Abweichende Inhalte können sich auch daraus ergeben, dass ein Regelungsgegenstand in einem Tarifvertrag nicht ausdrücklich geregelt wird.

### § 2 In-Kraft-Treten und Kündigung

(1) Dieser Tarifvertrag tritt am 9. Februar 2005 in Kraft

(2) Dieser Tarifvertrag kann erstmalig zum 31. Dezember 2007 gekündigt werden. Eine spätere Kündigung ist mit einer Frist von drei Monaten zum Quartalsende zulässig. Eine Nachwirkung wird ausgeschlossen.

Berlin, den 26. Mai 2005

Für die Bundesrepublik Deutschland:
Der Bundesminister des Innern
In Vertretung

Für die Vereinigung der kommunalen Arbeitgeberverbände
Der Vorstand

Für die
Vereinte Dienstleistungsgewerkschaft
Bundesvorstand